世界で一番やさしい

木造耐震診断

最新改訂版

保坂貴司＝著

21

CONTENTS

CONTENTS

本書は建築知識創刊60周年を記念し、ご好評いただいたエクスナレッジムック『世界で一番やさしい木造耐震診断』(2010年3月)を改訂したものです。

第1章

耐震診断の概要を知る

001

耐震診断とは

▶地震波から木造住宅を守るために
▶震度6を超える地震から建物を守る

▼地震波と耐震診断

耐震診断とは、地震に対する建物の耐震性を調べることである。

地震は始めに震源からP波が届き、次いでS波、そして表面波（ラヴ波、レーリー波など）が届く。P波は震源からくるので、下から突き上げるような衝撃がある。

確かに突然下から突き上げられるような衝撃を受けるので恐怖感を覚える。しかし地球上には重力があることから、衝撃は受けるが、建物が浮き上がることは、1G（約980ガル）を超えなければない。

例えば平成7年の阪神淡路大震災においても、神戸の海洋気象台で観測された加速度は、水平方向が818ガルに対して、鉛直方向は331ガルであった。したがって、鉛直方向に浮き上がることはなく、衝撃も瞬間的であることから、P波による建築物に対する被害はあまり生じなかった。

しかし、その後にくる表面波は818ガルと加速度も大きく、揺れている時間も長く、建築物に大きな被害を与えた。神戸での震災被害の大半はこの表面波によるものであった。

したがって、地震の時に生じる建物に加わる横からの力（水平力）の検討を行うことが必要になる。それが耐震診断である。

▼耐震診断

建築基準法では、震度階5強程度（建物の重さの2割の横の力0.2G）の地震でも建物に損傷がないように、そして震度階6（250ガル）を超える地震でも建物を倒壊から守ることを目的としている。

調査内容は、地盤・基礎・水平構面、接合部、建物の平面計画、バランス、劣化状況などを調べる。もちろん、建物の構造によっても耐震診断の内容は変わるが、本書では木造住宅を中心に話を進める。

第3種地盤に建つ木造建物

地盤が悪い場所では地震のときに大きく揺すられ建物も大きく揺れる。

木造建物は表面波（L波）が特に問題となり、第3種地盤では木造建物の壁量は増やさなければならない。建築基準法では壁量を5割増やすことになっている。

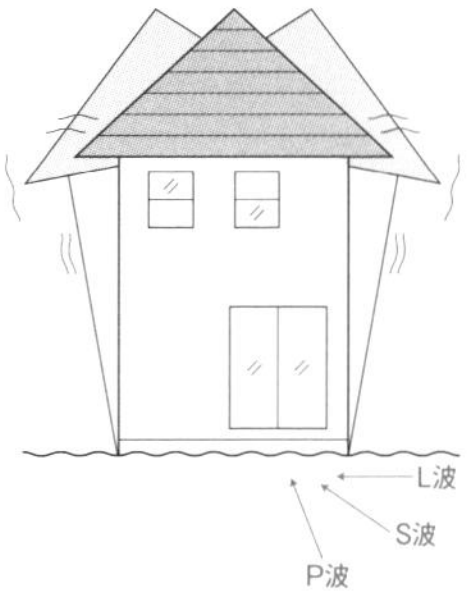

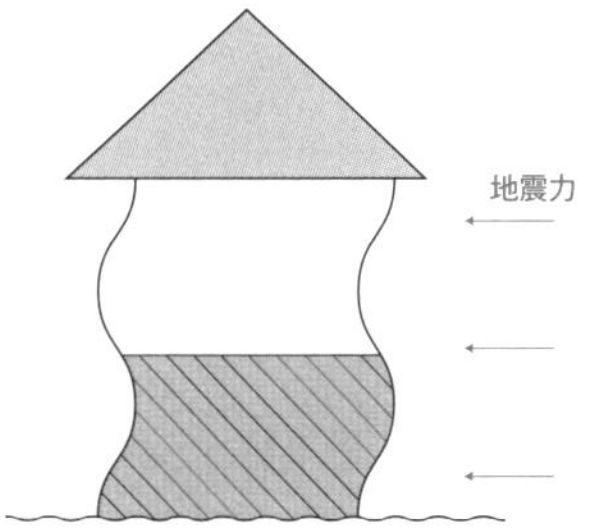

地震力は木造住宅の重さに比例し、重い建物ほど地震力を受けることになり、1階により大きな地震力を受けることになる。

木造住宅で耐震性に劣る建物の例

● オーバーハングしている建物

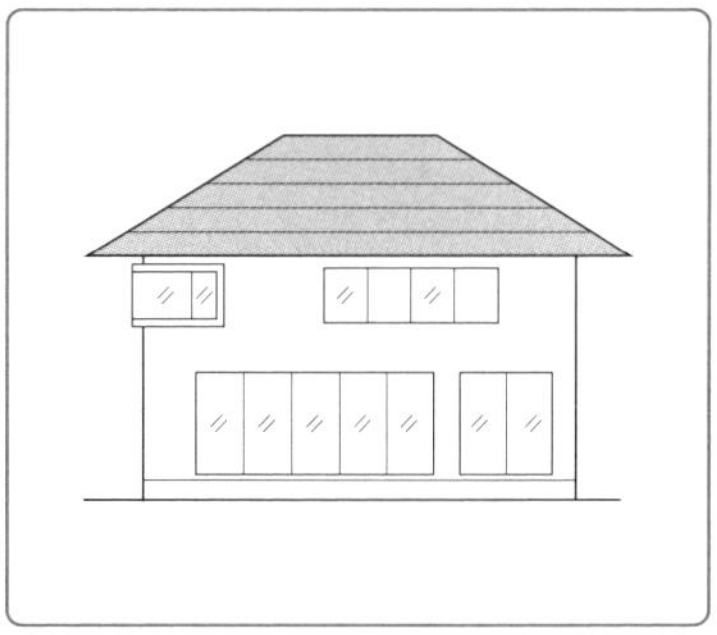

● 開口部の多い建物

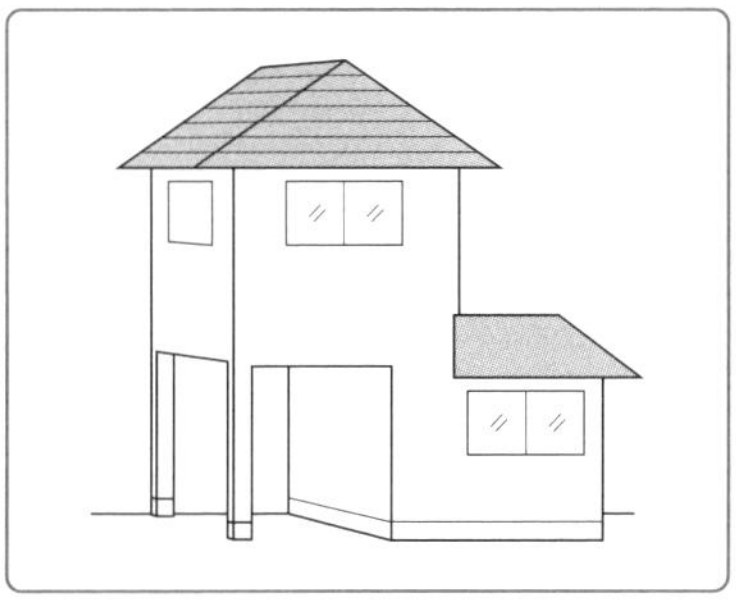

● 構造上バランスの悪い建物

第3種地盤とは、30m以上ある厚い軟弱層または3m以上の埋土をして30年経過していない地盤をいう。

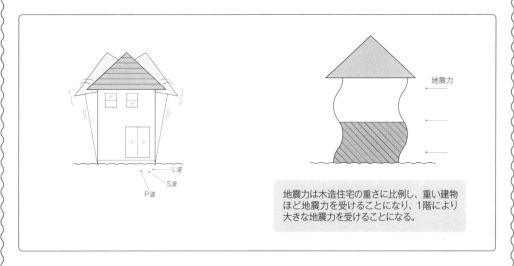

002

耐震診断の必要性

▶建築基準法の変遷
▶耐震診断

▼建築基準法の変遷

建築基準法が制定されたのは昭和25年である。それ以前の基礎は独立基礎となっており、壁量においても数量規定もなかった。昭和25年に地震力に対する必要壁量（壁の長さ）が制定され、壁の種類と倍率（壁の強さ）が定められた。

昭和46年に木造基礎は鉄筋コンクリート造の布基礎と定められた。昭和56年には、新耐震設計法の導入により地震力の必要壁量の改正、壁の種類と倍率の改正も行われた。

そして、平成12年、住宅品質確保促進法が制定され、柱や筋かいの端部は金物による接合が定められた（平成12年建設省告示第１４６０号）。

▼耐震診断

このように、建築基準法は新しい地震被害が発生すると、その被害原因を検証し改正が繰り返されてきたのである。そして改正されるにつれ、水平耐力の強度は高くなってきていると言える。

また、木造住宅のなかでも４号建築物は構造計算が省略でき、昭和56年以後においても構造の検討は壁量計算に留まってきた。

また、木造軸組構法の建物は長く日本の伝統的な建築構法であり、、昭和25年以前の木造建物は今でも数多く存在し、地域により構造上の違いもあり一律にはなっていない。

その他、木造住宅の場合、安易に増改築が行われ、構造上の補強が望まれるが、むしろ構造を壊すようなリフォームも多く行われていることから、既存の木造住宅の耐震性には不安の声は多い。

地震は避けることはできないが、既存の木造住宅を耐震化することにより、防災力を高め、人的被害、物理的被害を縮小することが最も効果的であると考えられるようになった。

建築基準法の制定までの法律

大正8年	市街地建築物法が制定 （3階建ての場合は筋かいを入れる）
大正13年	関東大震災により改正 ・木造は柱を太くする ・筋かいを入れる（数量規定なし）
昭和25年	建築基準法の制定 地震力に対する必要壁量が制定 軸組の種類と倍率（壁の強さ）の制定

基準法改正に伴う必要壁量の遍歴（単位:cm/㎡）

必要壁量昭和25年（1950年）制定						
建築物の種類	平家	2階建		3階建		
		1階	2階	1階	2階	3階
屋根および壁の重い建築物	12	16	12	20	16	12
屋根の軽い建築物	8	12	8	16	12	8

必要壁量昭和34年（1959年）制定						
建築物の種類	平家	2階建		3階建		
		1階	2階	1階	2階	3階
屋根および壁の重い建築物	15	24	15	33	24	15
屋根の軽い建築物	12	21	12	30	21	12

必要壁量昭和56年（1981年）制定						
建築物の種類	平家	2階建		3階建		
		1階	2階	1階	2階	3階
屋根および壁の重い建築物	15	33	21	50	39	24
屋根の軽い建築物	11	29	15	46	34	18

全国の建物の戸数と耐震化率

木造住宅の耐震補強を行うことが防災上大変重要になる。
下表は全国の耐震化状況を表す。

	戸数（集合住宅も含む）	戸建木造住宅のみ
全住宅数（全国）	約4,700万戸	約2,450万戸 ※昭和56年以前 約1,178万戸 ※昭和57年以降 約1,272万戸
耐震性を満たすと推定	約3,550万戸	約1,450万戸
耐震性が不十分と推定	約1,150万戸	約1,000万戸

国土交通省 住宅局（平成15年度推計値）

003

耐震診断の流れ

▶わが家の耐震診断と補強方法
▶木造住宅の耐震診断と補強方法

▼わが家の耐震診断と補強方法

わが国の木造住宅の耐震診断は、静岡県において東海地震対策として作成されたものを踏襲し、昭和53年に建築防災協会に「既存木造住宅地震対策委員会」が設置され、翌年に「わが家の耐震診断と補強方法」として作られ、技術者用としては「木造住宅の耐震精密診断」が作られ、昭和60年に「わが家の耐震診断と補強方法」「地震に備えてわが家の耐震補強」「木造住宅の耐震精密診断と補強方法」として発行されてきたものである（以下、「旧版」という）。

旧版における耐震診断は誰もが自分の家の耐震性を検討できるようにという目的で作られたもので、A地盤と基礎、B建物の形、C壁の配置、D筋かい、E壁の割合、F老朽度など6点より木造住宅を検討し、各評点を掛け算して総合評点として評価する簡易な方法である。

▼木造住宅の耐震診断と補強方法

平成16年7月より「木造住宅の耐震診断と補強方法」（国土交通省住宅局監修、（財）日本建築防災協会）に改定された。これは専門家が行う耐震診断が「一般診断法」と「精密診断」に分けられて、左ページの表で示す評点方式で評価される。今までの「わが家の耐震診断」では平家・2階建のみであった木造軸組構法の耐震診断から、木造軸組構法の3階建て・枠組壁工法・伝統的構法・立面的な混構造などの木造建物の耐震診断にも利用できるようになった。

耐震診断では、地震や台風など建物の横から加わってくる力に対して検討する。よく地震時に最初にくる下からの突き上げの危険性を言われるが、それがまったく問題ないとは言えないとしても、注意しなければならないのはその後にくる表面波による水平方向の揺れである。この横からくる力に対しての検討をするのが耐震診断である。

木造住宅の耐震診断と補強方法（改訂版）

「一般診断法」診断表

上部構造評点

階	方向	強さ P（kN）	配置 E	劣化度 D	保有する力 Pd（kN）	必要耐力 Qr（kN）	上部構造評点
3F	X						
	Y						
2F	X						
	Y						
1F	X						
	Y						

上部構造評点（保有耐力／必要耐力）	判定
1.5以上	倒壊しない
1.0以上～1.5未満	一応倒壊しない
0.7以上～1.0未満	倒壊する可能性がある
0.7未満	倒壊する可能性が高い

総合評価

（a）地盤・基礎

地盤	対策	記入欄（○印）	注意事項
良い			
普通			
悪い（埋立地、盛り土、軟弱地盤）	表層の地盤改良を行っている		
	杭基礎である		
	特別な対策を行っている		

地形	対策	記入欄（○印）	注意事項
がけ地・急斜面	コンクリート杭壁		
	石積		
	特別な対策を行っていない		
平坦			

基礎形式	対策	記入欄（○印）	注意事項
鉄筋コンクリート基礎	健全		
	ひび割れが生じている		
無筋コンクリート基礎	健全		
	ひび割れが生じている		
玉砕基礎	足固めあり		
	足固めあり		
その他（ブロック基礎等）			

（b）上部構造

階	方向	上部構造評点	判定
3F	X		
	Y		
2F	X		
	Y		
1F	X		
	Y		

出典：『木造住宅の耐震診断と補強方法』（日本建築防災協会）

上部構造評点（保有耐力／必要耐力）	判定
1.5以上	倒壊しない
1.0以上～1.5未満	一応倒壊しない
0.7以上～1.0未満	倒壊する可能性がある
0.7未満	倒壊する可能性が高い

旧版と改訂版の違い

旧版と改訂版の大きな違いは壁の耐力数値が明記されている点である。また、基礎の仕様、接合部も4種に分けられ、これらを加味し、壁の保有耐力が検討されるようになった。必要耐力においては、狭小間口、混構造などの割増係数なども定められた。耐震診断の対象も、今までの木造2階建ての建物から、軸組構法の3階建て、伝統的構法、枠組壁工法、混構造の建物にまで広げられている。

004

耐震設計の変遷

▶日本における耐震設計の曙、三角形不定の理
▶建築基準法の制定から品格法までの変遷

▼三角形不定の理

日本は地震国である。地球上で起こる約1／10の地震が日本列島周辺で起こっている。そして、年1回平均でM7程度の地震が起きており、10年に1回平均でM8の地震が日本周辺で起きている。そして過去に悲惨な歴史を繰り返してきているが、日本における木造住宅の耐震設計の歩みは意外と遅い。

明治24年の濃尾地震（M8）を受け、工部大学校造家学科（現東京大学）のイギリス人教師のジョサイア・コンドルが現地視察に行き、被害状況を見て、筋かいも入っていない日本の木造建築に対して「三角形不定の理」を説いたのが耐震設計の始まりと言える。日本でも江戸時代に筋かいと思われるものが入っている建物がまったくなかったわけではないようだが、根拠は不明確である。

そして、日本で最初の建築法規である市街地建築法（大正8年）では3階建ての場合は筋かいが必要と規定された。

大正12年の関東大震災を経て大正13年に同法の改正があり、木造の柱を太くして筋かいを入れることが義務付けられたが、数量規定はなかった。また、RC造には地震力の規定として水平震度0.1以上にすることが定められた。しかし数量規定はない。

▼建築基準法の制定

昭和25年の建築基準法の制定により木造建築の必要壁量が制定され、軸組みの種類と壁倍率が制定された。以後、十勝沖地震、宮城沖地震の被害などを受け、昭和46年の改正を経て、昭和56年に「新耐震設計法」が導入された。

平成12年には、住宅品質確保促進法により性能規定化が定められ、木造建築の筋かい端部、柱頭、柱脚には金物の取り付けを義務付けた。そして現在は木造住宅も強度型設計から靭性型設計へと進められている。

耐震設計の変遷

年	事項	内容
明治24年	濃尾地震（M8.0）	
大正8年	市街地建築物法が制定	日本で最初の建築法規 ・木造の構造基準、高さ制限が制定 ・筋かいは、3階建ての場合とされた
▼大正12年	関東大震災（M7.9）	
大正13年	市街地建築物法の改正	耐震基準の導入 ・RC造等に地震力規定（水平震度0.1以上） ・木造は柱を太くする ・筋かいを入れる（ただし、数量規定なし）
昭和25年	建築基準法令の制定	地震力に対する必要壁量（壁の長さ）が制定 軸組の種類と倍率（壁の強さ）は制定
	（住宅金融公庫仕様書）	
昭和34年	建築基準法令の改正	耐火、簡易耐火建築物の規定制定 木造の壁量の制定が強化
▼昭和43年	十勝沖地震（M7.9）	
昭和46年	建築基準法令の改正	RC造の柱のせん断補強が改正 木造基礎は鉄筋コンクリート造の布基礎とする
昭和49年	2×4工法のオープン化（建設省告示第1019号）	2×4工法が導入
▼昭和53年	宮城沖地震（M7.9）	
昭和56年	新耐震設計と建築基準法令の大改正	新耐震設計の導入 地震力に対する必要壁倍率の改正 軸組の種類と倍率の改正
昭和62年	大断面木造建築物の技術基準の制定	集成材による大断面構造 ログハウスの技術基準
平成4年	木造3階建共同住宅の基準	木造の準耐火建築物が創設 木造3階建共同住宅の建設可
▼平成7年	阪神大地震（M7.3） ・現行の建築基準法に基づいて建てられた木造建築物の被害は少なかった	
平成12年	住宅品質確保促進法	性能の規定化

改正建築基準法（平成12年）の木造中心規定

1. 地耐力に応じて基礎を特定する。地盤調査が事実上義務化。（令38条）

地耐力	20kN未満	20kN ～30kN	30kN以上
基礎種類	基礎杭	基礎杭またはベタ基礎	布基礎も可

2. 耐力壁の配置にバランス計算が必要。（令46条4項、平成12年建設省告示第1352号）
   ①壁配置の簡易計算（四分割法、壁量充足率・壁率比）、もしくは、偏心率の計算が必要。
   ②仕様規定に沿って設計する場合、壁配置の簡易計算を基本とする。
   ・木造建築物の偏心率を0.3以下とする。
3. 構造材とその場所に応じて継手・仕口を特定（令47条、平成12年建設省告示第1460号）
   ①筋違いの端部と耐力壁の脇の柱頭・柱脚の仕様が明快になる。
   ②壁倍率の高い壁の端部や出隅などの柱脚ではホールダウン金物が必須となる。
4. 木材の基準強度

005

耐震設計の考え方

▶過去の地震被害と地震に対する心がけ
▶耐力壁の考え方

▼地震に対する心がけ

地震動は非日常的なできごとであることから、地震があった時は注意するが、時間が経つにつれ日常的なことが優先されてしまう。防災用品にしろ、揃えようとは思っていても後回しになり忘れてしまうという方が多いと聞く。

耐震診断がなかなか進展しない背景には、来るかどうかわからないことに準備しても無駄だと考える方が多いからだと思う。しかし来てからでは遅い。最小限、家族の安全を確保しておくべきであろう。台風のように来週来るということがある程度わかっていれば、ほとんどの方は防災対策、耐震補強を行うだろう。地震がくることは間違いないのだが、残念なことに、その時期は現在の科学ではわからない。だからこそ準備を心がけたい。

建築の設計をするにあたり、想定する地震力は、数十年に1回と言われる地震（気象庁震度階5.0）では損傷ないように、また数百年に1回程度の大地震（気象庁震度階6.0以上）においても建物を倒壊から守ることを目的としている。

▼耐力壁の考え方

木造2階建ての場合には、簡易な壁倍率法で壁量計算を行っている。壁数値の根拠は、建物の固定荷重、積載荷重を想定し、層せん断力係数により壁数値を算出しているが、上階にいくほど大きくなる。層せん断力係数は木造2階建ての場合は、1階1.0、2階1.4、木造3階建ての場合には、2階1.2、3階1.6倍となる。また水平力は200kg／mを壁倍率1.0とするが、1／3は雑壁が負担するものと定め、200kg／m×2／3＝133kg／mを壁倍率1.0と定めた。しかし壁の仕様により異なることに注意が必要と思われる。相関変位も昭和56年までは1／60ラジアンであったが、1／120ラジアンに強化されている（現在は終局強度型が適用）。

1

2

3

4

5

6

7

8

日本の地震被害（阪神淡路大震災以前の100年間）

発生年	地震名	規模（M）	被害状況
明治24年（1891）	濃尾地震	8.0	死者7,273人　家屋全壊14万余　半壊8万余
明治27年（1894）	庄内地震	7.0	死者726人　家屋全壊3,858　半壊2,397　家屋焼失2,148
明治29年（1896）	三陸地震津波	8　1/4	死者21,959人　家屋流出・全半壊1万以上　船の被害　約7千
大正12年（1923）	関東大震災	7.9	死者・不明者10万5千余　家屋全壊10万9千余 半壊10万2千余　家屋焼失21万2千余　火災被害大
大正14年（1925）	但馬地震	6.8	死者428人　家屋全壊1,295　家屋焼失2,180
昭和2年（1927）	北丹後地震	7.3	死者2,925人　家屋全壊12,584
昭和5年（1930）	北伊豆地震	7.3	死者272人　家屋全壊2,165
昭和8年（1933）	三陸沖地震	8.1	死者・不明者3,064人　家屋流出4,034　倒壊1,817　浸水4,018 三陸沿岸で津波
昭和18年（1943）	鳥取地震	7.2	死者1,083人　家屋7,485　半壊6,158
昭和19年（1944）	東南海地震	7.9	死者・不明者1,223人　家屋全壊17,599 半壊36,520　家屋流出3,129　津波発生
昭和20年（1945）	三河地震	6.8	死者2,306人　家屋全壊7,221　半壊16,555　非住居全壊9,187
昭和21年（1946）	南海地震	8.0	死者1,330人　家屋全壊11,591　半壊23,487　家屋流出1,451 家屋焼失2,598　津波発生
昭和23年（1948）	福井地震	7.1	死者3,769人　家屋全壊36,184　半壊11,816　家屋焼失3,851
昭和58年（1983）	日本海中部地震	7.7	死者104人　家屋全壊934　半壊2,115　家屋流出52　津波発生
平成7年（1995）	阪神淡路大震災	7.3	死者6,434人　不明者3人　家屋全壊104,906　半壊144,274 全半壊7,132

※「理科年表平成21年版」より、死者100人を超える地震を対象に作成。

新耐震設計法の考え方

中小地震	数十年に一回	1階部分に建物荷重（固定荷重＋積載荷重）の20%のせん断力を想定するが損傷防止、許容応力度設計・水平耐力の検討
大地震	数百年に一回	1階部分に建物荷重（固定荷重＋積載荷重）の100%のせん断力を想定するが、倒壊の防止　保有耐力の計算にて復元力特性の検討

最近の地震

発生年	地震名	規模（M）	被害状況
平成12年（2000）	鳥取県西部地震	7.3	死者0人　全壊435　半壊3101
平成15年（2003）	十勝沖地震	8.0	不明2人　全壊116　半壊368
平成16年（2004）	新潟県中越地震	6.8	死者68人　全壊3,175　半壊13,808
平成17年（2005）	福岡県西方沖地震	7.0	死者1人　全壊133　半壊244
平成17年（2007）	宮城県沖地震	7.2	全壊1　半壊0
平成19年（2007）	能登半島沖地震	6.9	死者1人　全壊684　半壊1,733
平成19年（2007）	新潟県中越沖地震	6.8	死者15人　全壊1,319　半壊5,621
平成20年（2008）	岩手・宮城内陸地震	7.2	死者13人　全壊28　半壊112
平成23年（2011）	東北地方太平洋沖地震 （東日本大震災）	9.0	死者19,729人　家屋全壊121,996 半壊282,941　津波発生高さ9.3m以上

006 木造住宅の耐震診断

▶木造住宅と屋根
▶木造住宅の耐震性能

▼木造住宅と屋根

阪神淡路大震災では木造住宅の被害が多く目立った。これまで、特に関西方面では、地震よりも台風が多く、台風による屋根の被害を多く受けてきた経緯があり、屋根には風対策として重い瓦を使っている。

大震災以降は、地震対策として屋根の瓦から軽い屋根材へと変えるリフォームが多く行われている。確かに地震力は建物の重さに比例して加わる力が大きくなることから屋根材は軽い方が有利である。しかし住宅は地震のことだけを考えて判断すべきではない。

建物の耐震性だけでなく、耐久性、防火性、断熱性や居住性などを配慮するべきである。そのような観点で考えると、瓦はなかなか良い素材と言える。そして重くなることに対する対策として壁の量を増やすことも考えられる。

▼木造住宅の耐震性能

しかし壁の量を増やすだけでなく、まず地盤を調べ、壁量の検討を行うことが必要になる。地盤が悪ければ建物は揺すられることから壁量を1.5倍（第三種地盤の場合）にしなければならない。そして壁量の基本は建物の重量の20％の水平耐力が必要壁量となる。震度5強程度の地震では建物に損傷のないように、そして震度6以上の地震がきても建物を倒壊から守る耐震性を保有しなければならない。しかし壁だけの検討ではなく、壁の配置バランスにも注意が必要になる。

その他にも水平構面（箱で例えればふたの役割）の強さが重要となる。箱にふたがなければ吹き抜け状態となり、箱は簡単に歪んでしまうからである。そして、木造軸組構法は、約4ｍ程度の木材を継いだり、直角に接合したり（仕口）して木造の軸組を組み立てていく。この継手、仕口を総称して接合部というが、この接合部の強度が弱ければ耐震性のある木造住宅とはならない。

木造住宅の耐震診断

● 外観　大きな開口部

● 室内　大きな空間に壁がない

● 劣化の著しい建物

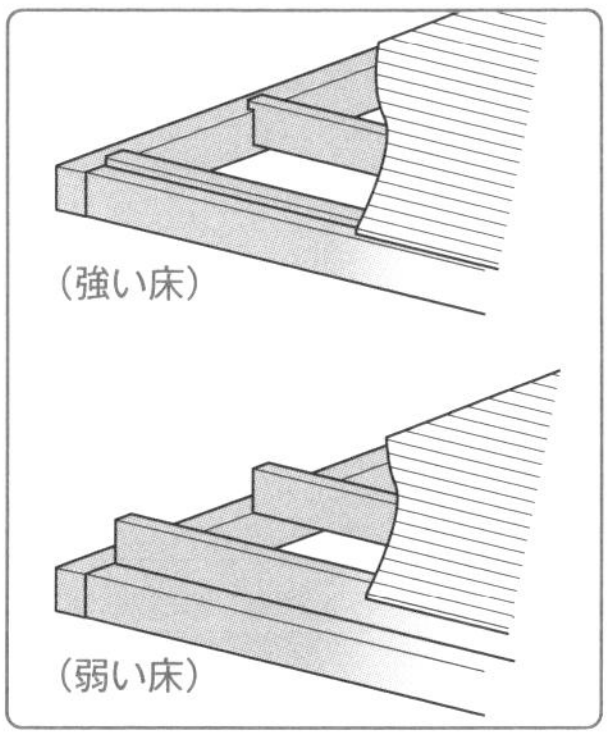

● 水平剛性

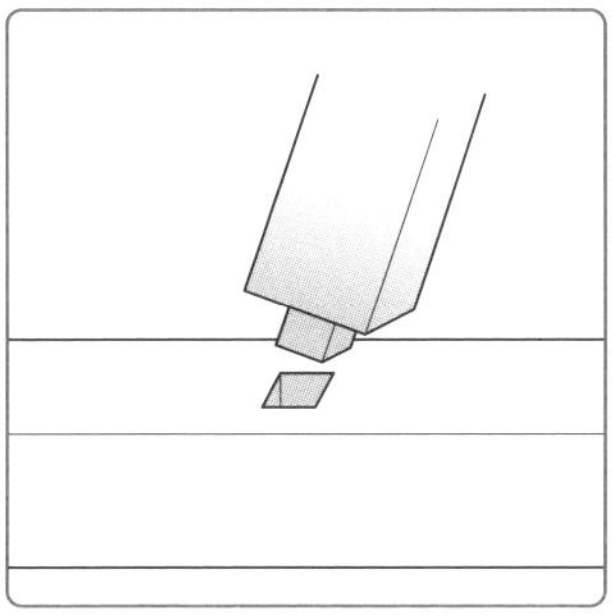

● 接合部が弱い建物

● 2階を増築した建物

007

地震について

▶日本の下にもぐる４枚のプレート
▶内陸地震と直下地震

▼日本の下にあるプレート

地球は十数枚のプレートに覆われているが、そのうちの４枚が日本列島の下部にもぐり込んでいる。日本はユーラシアプレート上にあるが、太平洋側からは太平洋プレートが年10㎝の速度で日本列島の下にもぐり込み、伊豆半島より西側はフィリピンプレートが年間５㎝程度の速度でもぐり込んでいる。

また最近わかったことであるが、北海道の方からは北米プレートがもぐり込み、フォッサマグナ周辺までもぐり込んでいると推測されている。このように一国に４枚のプレートがもぐり込んでいる国は他にない。これが日本に繰り返し多くの地震を起こしてきた要因である。

また、最近の傾向から、昭和39年の新潟地震、日本海中部地震、北海道南沖地震、新潟県中越地震、能登半島沖地震、平成19年の新潟県中越沖地震などを見ると、北米プレートの影響による地域で地震や火山の噴火が多発している。平成23年３月11日の東日本大震災は、宮城県牡鹿半島の東南東沖130㎞・深さ24㎞を震源とする東北地方太平洋沖地震である。地震の規模はモーメントマグニチュード（MS）9.0で、発生時点において日本周辺における観測史上最大の地震である。

▼内陸地震

一方、平成７年に発生した阪神淡路大震災は、内陸における日本最大の中央構造線（断層帯）の中における地震である。また静岡県から日本海側にはフォッサマグナという断層帯が走っており、これらは内陸にあることから直下地震の発生の危険がある。東京・横浜地域も関東地震より100年近く経ちエネルギーも蓄積してきており、いつM7.0程度の地震が起きてもおかしくないと言われている。

このように日本は沖縄から北海道まで地震の危険にさらされていると言える。

1
2
3
4
5
6
7
8

日本の下にもぐる４枚のプレート

- フィリピン海プレートは50万年前に伊豆半島を衝突させ、挟むようにして日本列島の下にもぐり込んでいる。
- 阪神淡路大震災は中央構造線内で起こった。

008

震度階とマグニチュード

▶震度階は揺れの大きさの尺度を示すものである
▶マグニチュードは地震のエネルギー量を表す

▼震度階は揺れの大きさの尺度

地震の揺れの指標には震度階が使われている。外国では改正メルカリ震度階が使われているので、国による多少の差に注意が必要である。

日本では気象庁の震度階が使われている。これは体感によるものであるが、最近では加速度で表されている。重力は980ガル＝1Gになる。震度階の5は80～250ガルであり、建物の荷重の8～25％の水平力が加わることになる。

震度階の5は実に3倍の加速度の違いがあることから、最近では5弱、5強に分けられた。震度5弱程度では建物に損傷はないが、震度5強の地震は建物に損傷を与える揺れとなるからである。

建築基準法では水平震度が0.2である。これは建物荷重の20％程度の水平力が加わっても建物に損傷のないように壁量を配置するような設計を意図している。

▼マグニチュードは地震のエネルギー

またマグニチュードは地震のエネルギー量の意味であり、マグニチュードが1増えるごとに32倍エネルギー量が大きくなる。したがって、M6とM7では32倍、M6とM8では約千倍のエネルギー量の差になる。

広島に落とされた原爆のエネルギーがTNT火薬2万トン程度と言われている。最近話題となっている東海地震の想定M8（TNT火薬1千万トン、10メガトンに相当）は広島の原爆の約500倍のエネルギー量になる。自然のエネルギーは大きく、広島の原爆のエネルギーと比較するとその大きさがわかる。

このように、マグニチュードはエネルギー量を表し、地震の規模を示している。それに対して震度階は揺れの大きさを表す単位である。揺れの大きさは自分がどこにいるかにより変わってくるものである。

震度階と加速度

階級	内容	
無感	人体に感じずに地震計に記録される程度	0.8gal
1.微震	座っている人や地震に注意した人だけが感じられる程度	2.5gal
2.軽震	大勢の人が感じる。建具類がわずかに動くのがわかる程度	8.0gal
3.弱震	家が揺れ、戸障子がガタガタと鳴動し、電灯のような吊り下げ物は相当にゆれ、器内の水が動くのがわかる	25gal
4.中震	家が揺れが激しく、すわりの悪い花瓶などは倒れ、器内の水は溢れ出る。歩いている人にも感じられ、多くの人々が戸外に飛び出す	80gal
5.強震	弱 壁に割れ目が入り、墓石・石灯籠が倒れたり、煙突・石垣などの破損もある 強	250gal
6.烈震	弱 家屋の倒壊が30%以下、山崩れ、地割れが生じ、多くの人々は立っていることができなくなる 強	400gal
7.激震	家屋の倒壊が30%以上、山崩れ、地割れ、断層などを生じる	

震度階の5とは80ガル～250ガルと実に3倍の差がある。また、震度階5の弱程度（80ガル）では建物にあまり被害を与えることはないが、震度階5の強（250ガル）になると、建物に被害を生じる揺れになる。そのことから震度階5は弱と強に分けられるようになった。震度階6でも同じ理由で弱と強が設けられるようになった。

009

活断層

▶活断層の地震発生間隔は断層により異なる
▶日本海溝なども海溝型の断層である

▼活断層における地震の発生間隔

現在わかっている活断層は日本全国に約2千程度ある。もちろんこれだけではない。今までは活動していない隠れた活断層はまだまだある。

活断層とは現在から約180万年の間に活動したことのある断層のことを言い、関東地方の活断層図で見ると、活断層はあまり見受けられない。しかしこれはないと言うわけではなく、関東地方は厚い堆積層に覆われていることから、確認できていないだけである。

活断層はA級、B級、C級に分けられており、A級活断層は平均変位速度は年間に1㎜以上、B級活断層は0.1～1㎜、C級活断層は0.01～0.1㎜以上の変位速度を表している。

例えば、

平均最大変位　2.0ｍ
平均速度　1㎜
2.0ｍ÷1㎜＝2千年

となる。したがって2千年に1回の地震となるが、平均変位速度5㎜／年のA級活断層では、

2千年÷5㎜＝400年

となる。したがって、地震の起きる間隔は400年ということになる。

▼海溝型の断層

海溝型のプレートの変位速度はこのような活断層と異なり、太平洋プレートで年間約10㎝、南海プレートなどの場合には年間約5～6㎝と言われている。したがって、地震の間隔は短く、また地震規模が大きくなることから、最大変位5ｍ程度とすれば、

5.0ｍ÷5㎝＝100年間隔

となり、内陸の活断層より地震の発生間隔は短くなる。

平成23年に発生した東日本大震災はM9.0という日本観測史上最大の地震だった。現在危惧されている東海地震は、過去に東南海地震（昭和19年）、南海地震（昭和21年）と関連して発生しているM8程度の巨大地震である。

主な海溝型地震

地震名	予想地震規模（マグニチュード）	地震発生確率		
		10年以内	30年以内	50年以内
東海地震	8.0程度		86%（参考値）	
南海地震	8.4前後	10%程度	50%程度	80%程度
東南海地震	8.1前後	10～20%	60%程度	90%程度
三陸沖北部地震	8.0前後	0～0.1%	0.04～7%	20～40%
宮城県沖地震	7.5前後	50%程度	99%	—
三陸沖南部地震	7.7前後	30～40%	70～80%	90%程度
大正型関東地震	7.9程度	0～0.05%	0～0.9%	0～5%
元禄型関東地震	8.1程度	0%	0%	0%
その他の南関東のM7程度の地震	6.7～7.2程度	30%程度	70%程度	90%程度
東日本大震災	9.0	平成23年発生		

地震発生確率の高い28断層帯

断層帯名	予想地震規模（マグニチュード）	地震発生確率		
		30年以内	50年以内	100年以内
神縄・国府津－松田断層帯	7.5程度	0.2～16%	0.4～30%	1～50%
糸魚川－静岡構造線断層帯	8.0程度	14%	20%	40%
境峠／神谷断層帯	7.6程度	0～13%	0～20%	0～40%
阿寺断層帯	6.9程度	6～11%	10～20%	20～30%
三浦半島断層群・武山断層帯	6.6程度	6～11%	10～20%	20～30%
富士川河口断層帯	8.0程度	0.2～11%	0.4～20%	1～30%
琵琶湖西岸断層帯	7.8程度	0.09～9%	0.2～20%	0.3～30%
山形盆地断層帯	7.8程度	0～7%	0～10%	0～20%
櫛形山脈断層帯	6.8～7.5程度	0～7%	0～10%	0～20%
伊那谷断層帯・境界断層	7.7程度	0～7%	0～10%	0～20%
石狩低地東縁断層帯	7.9程度	0.05～6%	0.09～10%	0.2～20%
伊那谷断層帯・前縁断層	7.8程度	0～6%	0～10%	0～20%
布田川・日奈久断層帯	7.6程度	0～6%	0～10%	0～20%
庄内平野東縁断層帯	7.5程度	0～6%	0～10%	0～20%
砺波平野断層帯・東部	7.3程度	0.05～6%	0.09～10%	0.2～20%
黒松内低地断層帯	7.3程度	2～5%	3～9%	7～20%
山崎断層帯	7.3程度	0.03～5%	0.06～8%	0.1～20%
中央構造線断層帯	8.0程度	0～5%	0～9%	0～20%
京都盆地 奈良盆地断層帯南部	7.4程度	0～5%	0～7%	0～10%
森本・富樫断層帯	7.2程度	0～5%	0～9%	0～20%
高山・大原断層帯	7.2程度	0～5%	0～7%	0～10%
別府 万年山断層帯・西部	6.7程度	2～4%	3～7%	6～10%
別府 万年山断層帯・東部	7.2程度	0.03～4%	0.06～7%	0.1～10%
雲仙断層帯	7.5程度	0～4%	0～7%	0～10%
木曽山脈西縁断層帯	6.3程度	0～4%	0～7%	0～10%
砺波平野断層帯・西部	7.2程度	0～3%	0～6%	0～10%
上町断層帯	7.5程度	2～3%	3～5%	6～10%
三浦半島断層群・衣笠、北武断層帯	6.7程度	0～3%	0～5%	0～10%

010

地震被害の事例

▶中越・能登半島沖・中越沖の地震直後の被害状況
▶中越・能登半島沖・中越沖の一定期間後の被害状況

中越・能登半島沖・中越沖地震の規模はほぼ同じだが、中越地震だけが内陸直下の地震であり、被害地域の広がりがあったことが被害例からもうかがえる。また、時間帯も被害差を生じた原因の1つと思われる。能登半島沖・中越沖地震は朝食も終わった午前10時前後であったが、中越地震は午後6時頃という夕食時間帯であり、人が住宅内にいた比率も高かったと思われる。

▼共通する建物の特徴

これらの地域に共通する建物の特徴は、4寸柱の建物が主流であったが、接合部が全般的に弱く、筋かいも厚さが40～50㎜、幅が120㎜程度の材料が使用されているなど、形状は大きいが、接合は突付けで釘N90、2～3本が多かった。

瓦は三地域とも釘接合されている建物が多く見られたが、軸組みの接合部分が弱く、南北に開口部が多い建物が多く見られた。

▼被害の特徴

能登半島沖地震では全壊率が高く、特に柱の曲げ破壊が目立った。瓦屋根が固定されていたこともあるが、壁量不足、接合強度不足のためと思われる。能登半島沖地震では、軸組み接合部は金物等の使用も少なかったようである。その結果、横架材が外れ、柱の曲げ破壊、倒壊などの被害につながった。

▼被害の多かった例

・地盤に問題がある場所に建つ建物
・生物劣化の多い建物
・基礎に問題のある建物（独立基礎やブロック等による基礎）
・基礎、柱脚部の劣化被害
・接合部の被害（軸組接合部分の被害）
・壁の少ない建物（農家型・田の字型の、南面に壁がない大開口建物、店舗などの正面に壁のない建物など）
・メンテナンス不足（劣化部を取り替えるような工事が少ない、リフォームで構造補強が行われていないなど）

最近起こった3つの同規模の地震の比較

	規模	震源	震度	時刻
新潟県中越地震	M6.8	中越地方直下型	13k	午後5時56分
能登半島沖地震	M6.9	能登半島門前近海	11k	午前9時47分
新潟県中越沖地震	M6.8	柏崎近海	17k	午前10時13分

中越・能登・中越沖の被害比較（直後）

	発生日時	直後の被害	全壊	半壊	一部損壊	死者
新潟県中越地震	平成16年 10月23日	15日後	(0.36%) 431	(0.82%) 987	9534	39名
能登半島沖地震	平成19年 3月25日	14日後	(3.3%) 525	(4.9%) 774	6414	1名
新潟県中越沖地震	平成19年 7月16日	3日後	(2.4%) 944	(1.56%) 215	3235	10名

一定期間後の被害の比較

	発生日時	直後の被害	全壊	半壊	一部損壊	被害件数	死者
新潟県中越地震	平成19年 8月28日	1039日後	(2.6%) 3175	(11.4%) 13808	103854	120837	68
能登半島沖地震	平成19年 6月14日	81日後	(4%) 638	(9.9%) 1563	13553	15754	1
新潟県中越沖地震	平成19年 8月27日	42日後	(2.8%) 1086	(9.6%) 3790	34469	39345	11

発生日時・被害件数は消防庁調査

● 写真はともに新潟県中越沖地震の被害例

011

被害事例（地盤被害）

▶地盤被害の原因は地盤の調査不足
▶地盤被害の事例を検討する

▼地盤被害の原因

震災地でいつも感じることは、地震とは地盤被害であるという感慨である。地震波は地表を走ってくる。そして建築物はこの地表の上に建っている。したがって、この地盤の上に建つ建築物が被害を受けることは当然のことであるが、特に直接基礎がほとんどである木造住宅は、この地表の上に基礎を造り建てることから被害を受けやすいと思われる。そのため、ここでは木造住宅の地盤被害の事例を見る。

建築基準法では第3種地盤の上に建つ木造建物は建物の揺れが大きくなることが考えられることから壁量を1.5倍にしなければならないと記されている。

▼地盤被害の事例

地盤被害の原因をまとめてみると、次のようになる。

・地盤崩壊
・地盤すべり
・地盤沈下（不同沈下と圧密沈下）
・液状化現象

これらの原因により生じた被害事例の写真を左ページに掲載してある。各地盤被害を原因とした木造建物の被害である。

地盤沈下は低湿地の沖積層の軟弱な地盤に多いが、丘陵地においては、造成に基づく締め固めの不足により生じることがある。

同じ不同沈下でも、低湿地の沖積地盤では液状化や沈下量の違いにより生じる不同沈下、造成地における切土と盛土にまたがる建物では盛土側が沈下することによる不同沈下、造成時の上部と下部における緩い堆積層の厚さの差による沈下量の違い、擁壁がからんだ不同沈下などがあげられるが、建物の不整形や重心の偏りによっても不同沈下は生じている。

したがって、木造住宅を地盤被害から守るためには、地盤調査を行うことが必要になる。

地盤の被害例

地盤崩壊

不同沈下

地盤すべり

液状化による隆起

012

被害事例（柱脚部の被害）

▶木造住宅の足元の劣化は最も生じやすい
▶柱脚部の被害

▼木造住宅の足元の劣化

柱脚部の被害事例を見る。柱脚部は地盤に近いこともあり、最も劣化の生じやすい部位であると言える。最近は乾燥した木材を使用し、人工乾燥にして含水率15％前後としている。

しかし実際の建物では、雨も降り外壁も濡れる。湿度も高くなることから、土台・柱脚部の含水率は15％前後には留まらず、腐朽菌の発生する35％前後まで含水率が高くなることもある。

特に築30年以上の木造住宅では、浴室に防水する施工慣習も少なかったため、洗い場からの濡水により土台が腐朽しているケースを見かける。また土台は地盤に最も近い部材であることから、最も劣化を生じやすい。

したがって、土台は木造住宅の耐久性上最も注意しなければならない部材である。しかも、建物の荷重を受け基礎にその荷重を伝達する役割をもっている。そのため、劣化が著しいと地震時に土台がくずれ、建物に被害を与える。また、柱に圧縮、引き抜けなどの力が生じ、柱脚部の被害や基礎のコーナーの割裂、クラックなどの被害を生じることが多い。

▼柱脚部の被害

左ページの写真はその一例である。柱脚部への負担が大きいことから、耐震診断時には慎重な調査が望まれる。

筆者はこのような被害事例を震災地に行くたびに見かけている。もちろん施工性上の問題も多く、構造的に、出隅の柱には圧縮力、引張り力が生じている結果と考えている。そのため、施工時の配慮とともに、耐震補強時にもどのような予防策を講じるべきか検討が必要ではないだろうか。

「足元補強」は耐震補強の最も効果的な補強方法の1つとして提案している（→KeyWord 107）。

耐震補強も劣化対策から始めなければならない。

柱脚部の被害事例

● コーナーの柱に加わる圧縮力による被害

● 圧縮による被害

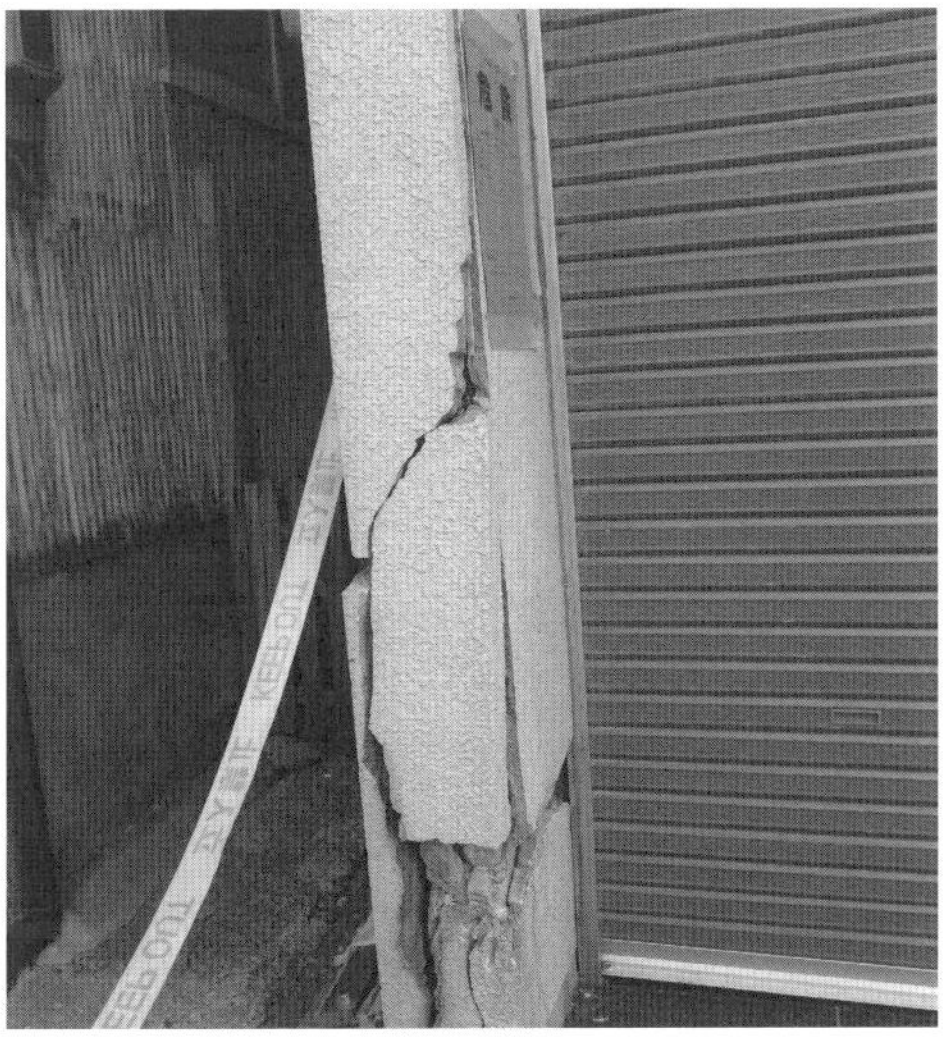

● 柱の引抜けによる被害

● 建物の脚元隅部の劣化が著しい

● コーナーに生じた力により劣化部に被害が生じた

● 柱の引抜けによる被害と思われる

013

被害事例（劣化被害）

▶木造住宅の劣化は地震の被害を拡大する
▶劣化の調査は耐久性向上の第一歩

▼木造住宅の劣化

木材は強く、軽く、加工もしやすいなどの利点があるが、コンクリートが中性化したり、鉄に錆が生じるのと同じように、木材にも生物劣化（シロアリ、腐朽菌）が生じる。

そして、劣化した部位に応力や衝撃が加わると、木材は折れる、崩れるなどの被害を生じる。あるいは柱などに取り付けてあった外壁材などは、柱の劣化とともに接合強度を失い剥離し脱落してしまう。モルタルの外壁をもつ木造建物であっても、脱落してしまえば、その強度も防火性能も失う。

したがって、木造住宅の劣化状況の検討は重要である。もちろん劣化場所によってもその強度、被害状況も変わる。

また劣化には蟻害と腐朽菌による被害が代表的である。特に腐朽菌の原因は水分にある。木造住宅の水分の供給原因には以下のものが挙げられる。

・雨漏り
・結露
・生活排水からの漏水
・土中水からの湿気

▼劣化の調査

前述の原因を考慮のうえ、以下の劣化調査を行う。

・雨漏りの有無
・結露の有無
・生活排水からの漏水の有無（浴室の防水の有無、浴室周辺の劣化対策）

これ以外にも、最近の建物は気密性が求められるものの、結露などの劣化対策がどの程度行われているか、注意が必要である。また浴室周辺の腐れなども十分な配慮が求められる。土中水からの湿気の問題に対しては、気密化した最近の建物においては、湿気が建物内にこもるなどの問題が生じる。

したがって、蟻害や腐朽菌などの生物にとっては生存が可能な環境が提供されることになる（→KeyWord 038）。

劣化による被害事例

● 劣化による被害

● 外壁部の劣化

● 建物の出隅部の劣化を含めた被害

● 雨漏りによる劣化、蟻害により通し柱の中間はなくなっている

● 羽子板金物の劣化

● 柱脚部の劣化により土壁が脱落

TOPIC 1

地震層せん断力係数

建築物の構造には、主に鉄筋コンクリート造、鉄骨造、木造がある。同じ木造の場合でも、軸組構法、伝統的構法、枠組壁工法などにより建物の揺れの固有周期は異なる。また、各構造により層せん断力係数も異なるため、階数による揺れは異なる。共通して言えることは、上階にいくほど建物の揺れは大きくなることである。

鉄筋コンクリート造、鉄骨造、木造軸組構法の計算例を挙げてみると、とくに木造軸組構法の実物大実験での計測では、２階床では 1.4 であっても、２階の桁では 1.7 倍となっていた。それも規準壁量を満足していた建物においてである。

したがって、上階にいけば家具などの倒壊も多くなる。家具、特に重く不安定な本棚などを２階から１階に移動することなども、地震対策としては必要なことと思われる。

下図は、地震力を 1.0 とした時に各構造の各階にどの程度の揺れが起こるかを示したものである。例えば木造の２階建ての建物においても、１階に地震力が入ってきたと仮定すると、揺れは１階が 1.0 に対して２階部分では 1.4 倍になる。

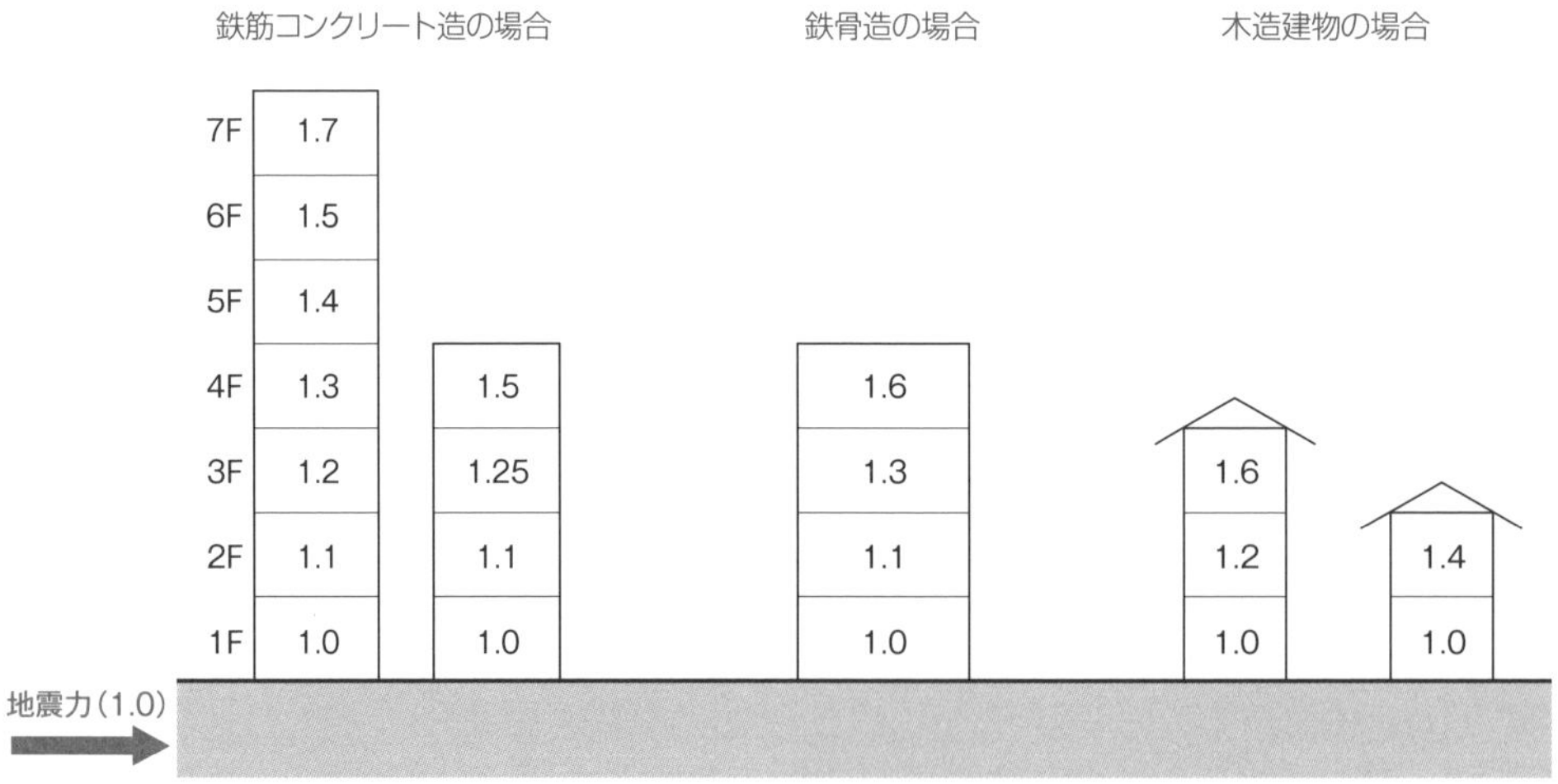

地盤が軟弱な場合には、揺れはより大きくなる。第３種地盤においては壁量を1.5倍にしなければならない

第2章

耐震診断を知るための基本用語

014

沖積層と洪積層

▶沖積層とは
▶黒ぼく土とは
▶洪積層とは

▼沖積層とは

沖積層とは第4紀の年代で今から約2万年前から現在までの間に推石した地層のことで、地質年代で言えば更新世末期（約2万年前）から現在までの間に地球環境の変化により海水面の高さの変化による作用で推積した地層のことである。

最近まで、沖積層は完新世と同じく1万年前までとされていたが、平成20年に日本建築学会で発刊された「小規模建築物基礎設計指針」において1.8万年から2万年までと記されるようになったことから、本書でも2万年を採用する。

沖積層は現在の川の流域、海に近い低地を形成している。そのため沖積層はまだ新しく地盤も固まっていない。水分も多く含み、細粒の砂、シルト、粘土からなる地盤は軟弱地盤となっている。特に厚い沖積層内の地域では、地震時には地盤が大きく揺れ建物被害を受けやすくなると思われることから、注意が必要となる。その他、黒ぼく土も沖積層である。

▼黒ぼく土とは

同じ火山灰でも、沖積世に堆積したものは黒～黒灰色をし、関東ローム層の上に堆積し、粘土化が進んでいないことからサラサラしている。

そのため、沖積世の火山灰層のことを黒色火山灰層、黒土と呼んでいる。黒土は普通ローム層の上に数十cmの厚さで乗っている。

▼洪積層とは

洪積層は今から約200万～180万年前までの更新世末期までの間の地層で、沖積層より高い台地に見られる（関東ローム層）。

また、沖積層の下部にある洪積層（東京層群、東京礫層、上総層群）は、沖積層よりは地盤の締め固めも進んでいて、中規模の建物の支持層として利用されている。

土の湿潤密度ρの目安

土の踵類	沖積層				洪積層			
	砂質土	シルト	粘性土	腐植土	砂質土	シルト	粘性土	ローム
湿潤密度ρ (g/cm^3)	1.8 (1.7～1.9)	1.5 (1.5～1.7)	1.5 (1.4～1.6)	1 (0.8～1.3)	1.9 (1.8～2.0)	1.7 (1.5～1.8)	1.6 (1.5～1.7)	1.4 (1.3～1.5)

東京低地にある沖積平野の代表的な地層区分

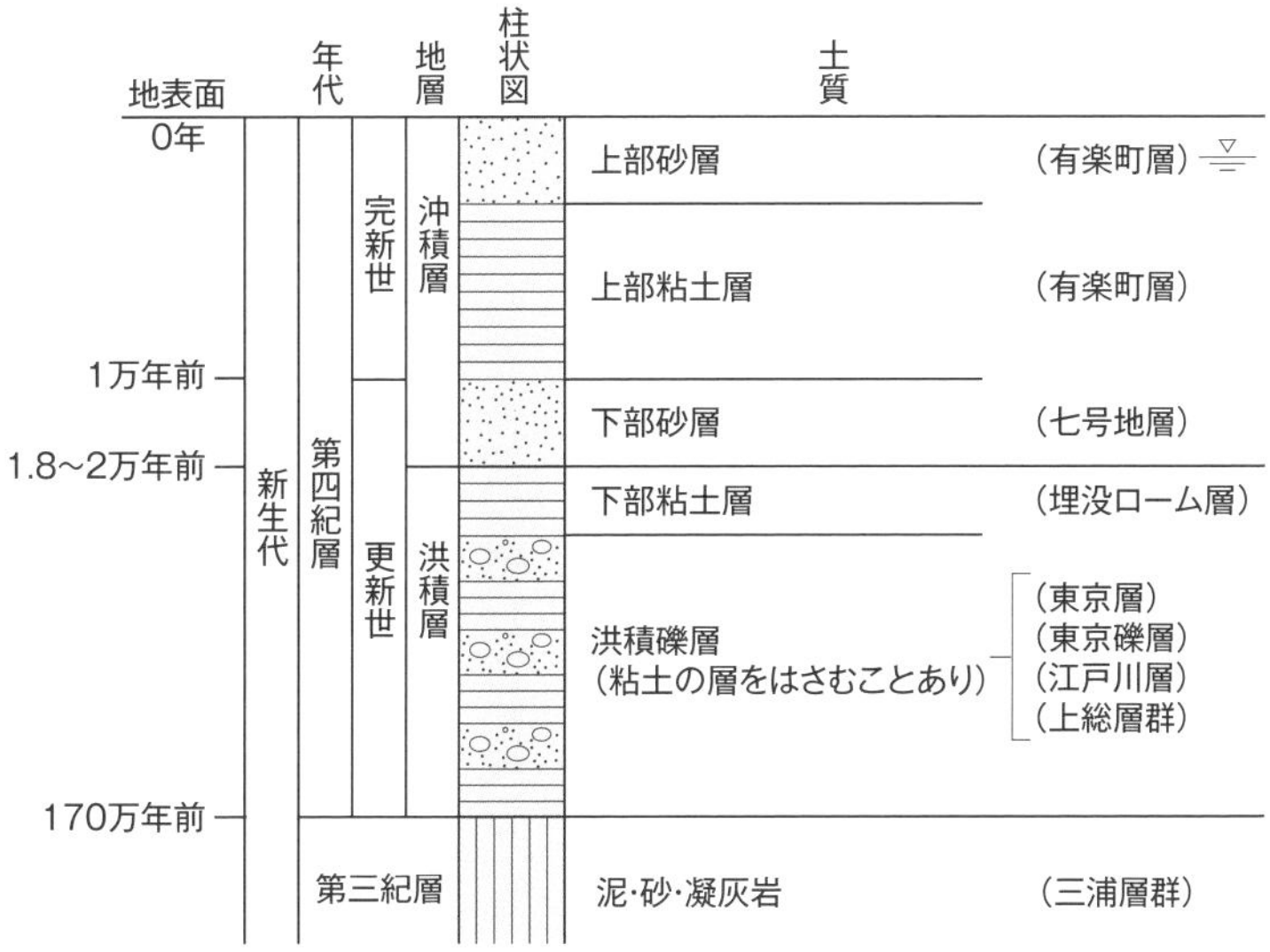

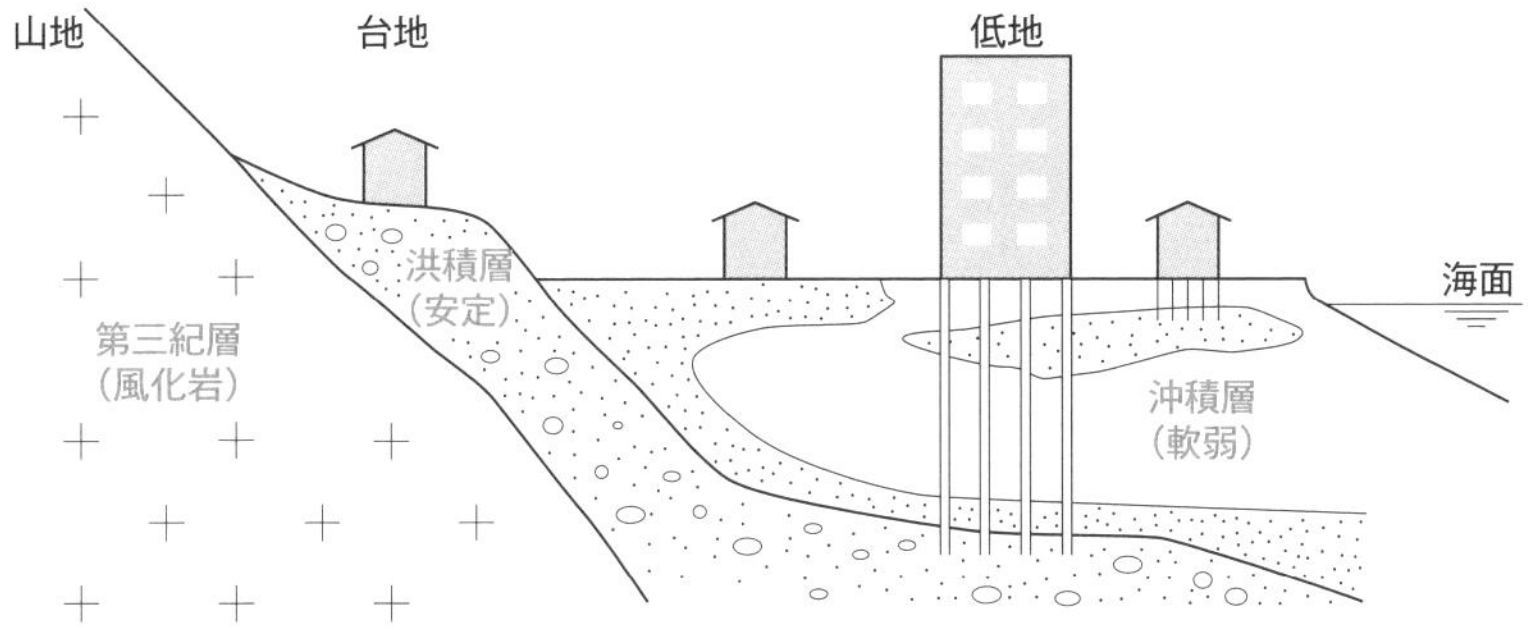

出典:『小規模建築物基礎設計指針』(日本建築学会)

015

液状化

▶液状化はどうして起こるのか
▶液状化の被害例を見る

▼液状化の原因

液状化現象は昭和39年の新潟地震の時に鉄筋コンクリートの4階建て建物が大きく傾いたことから知られるようになった。

砂は、地震のような衝撃的な外力が加わると砂地盤の中の間隙水の圧力が大きくなり、砂が液状化になる現象のことである。

そして、液状化した地盤は、水を噴き上げて噴砂現象を起こす。しかし、地震がおさまると地盤は地震前より締め固められ、地盤が沈下する。

▼液状化の条件

・沖積層のゆるい砂層N値10以下
・地表面からの深さ5m以内の砂層
・地下水位5m以内

木造住宅の液状化による顕著な被害は地下水位が3m以内でN値10以下の砂地盤に発生している。

しかし、SWS試験などで自沈する軟らかい地層（100kgの重さで自沈する層）もあり、自沈層であっても液状化に関係しない粘性土の場合もある。

▼液状化の被害

左ページの写真の被害例は、新潟県中越地震で被害を受け、建て直して築1年半の木造住宅である。

基礎はベタ基礎で、鋼管杭として3.5mを打ったと建築主から聞かされたが、液状化を生じてしまい、ベタ基礎も剛性不足から歪んでしまった。中に入って歩いてみたが、平行間隔を失うほどである。

この周辺の地層は約10mの砂層であり、地下水位も1～2mであった。鋼管杭を長くし、基礎の剛性を高めておけば結果は変わっていたと思われる。

また、中越沖地震の時にも表層改良を約2m行ったという話を建築主から聞いたが、この時も液状化により不同沈下してしまった。

どちらの例にも共通していることが、地質調査の不足が原因である。

2

液状化による被害

ベタ基礎下部の鋼管杭

配管関係はすべて使用不能

建物の下、周辺地盤の沈下

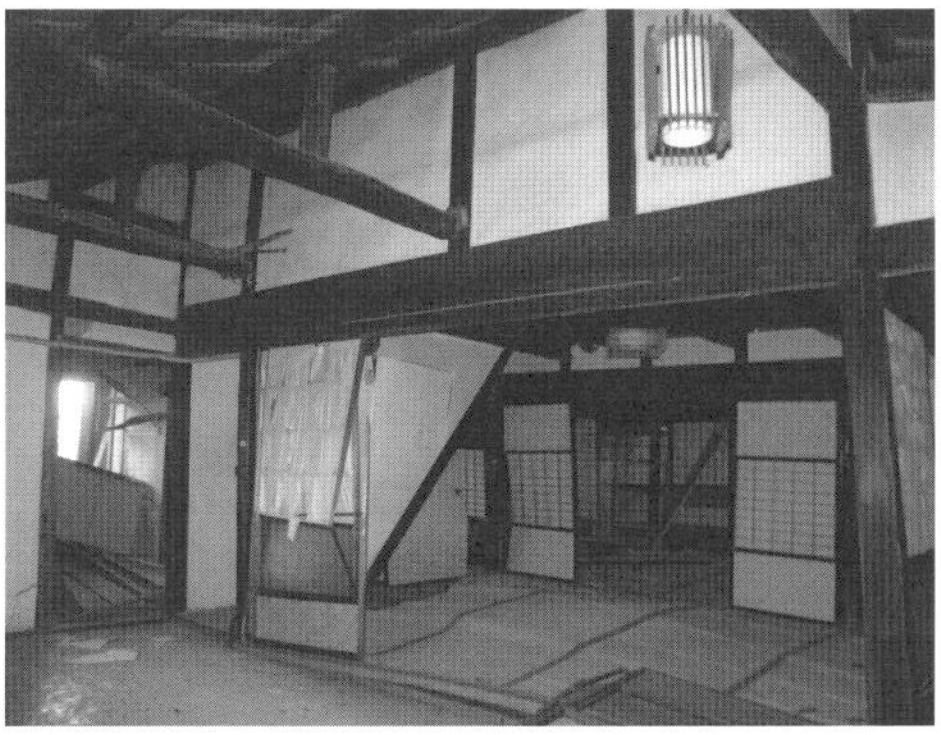

液状化被害を受けた住宅内部の様子

016

地盤沈下と不同沈下

▶地盤沈下の原因を探る
▶不同沈下を防ぐためには原因の究明が必要

▼地盤沈下

地盤沈下には、地震の時に液状化現象を起こし地盤沈下を生じる地盤（主に砂地盤）もあるが、軟弱な粘土やシルト地盤は何年もの間、じわじわと沈下を続ける。これは、粘土やシルトの場合には、細かい粒子でできていることから、地盤の空隙が小さく、圧力がかかっても排水するのに時間がかかるからである。その他、地下水をくみ上げると地盤沈下を生じることは周知のとおりである。造成地盤の場合、土の重さによっても地盤沈下を生じることがある。

このように、地盤沈下とは、地盤自身の問題として建築物とは関係なく沈下することをいう。不同沈下の場合には、建物を建てたことから生じる沈下現象のことである。

▼不同沈下の原因

次の場合に不同沈下が生じる可能性が考えられる。

- ・盛土したことで沈下した（土の荷重）
- ・建物を建てたことで沈下した（建物荷重）
- ・丘陵地における硬質層の傾斜地（傾斜地盤による）
- ・切土、埋土などの異質地盤（異質地盤による）
- ・軟弱な地盤（圧密沈下）
- ・バランスの悪い重い建築物
- ・異種基礎（異なった基礎の設計）

異種基礎による沈下の違いよる不同沈下も起こる。杭を打った建物で、建築当初は土の摩擦力が生じていたが、地盤の沈下とともに杭周辺の土の沈下により、杭を押し込む力が働くようになり杭の破損を生じた（負の摩擦力）などの問題もある。

不同沈下には傾斜角のみ生じる場合と、変形角が生じることもある（傾斜角と変形角）。左ページには不同沈下の設計目標値の参考値を示す。

傾斜角と変形角

沈下傾斜の形状分類

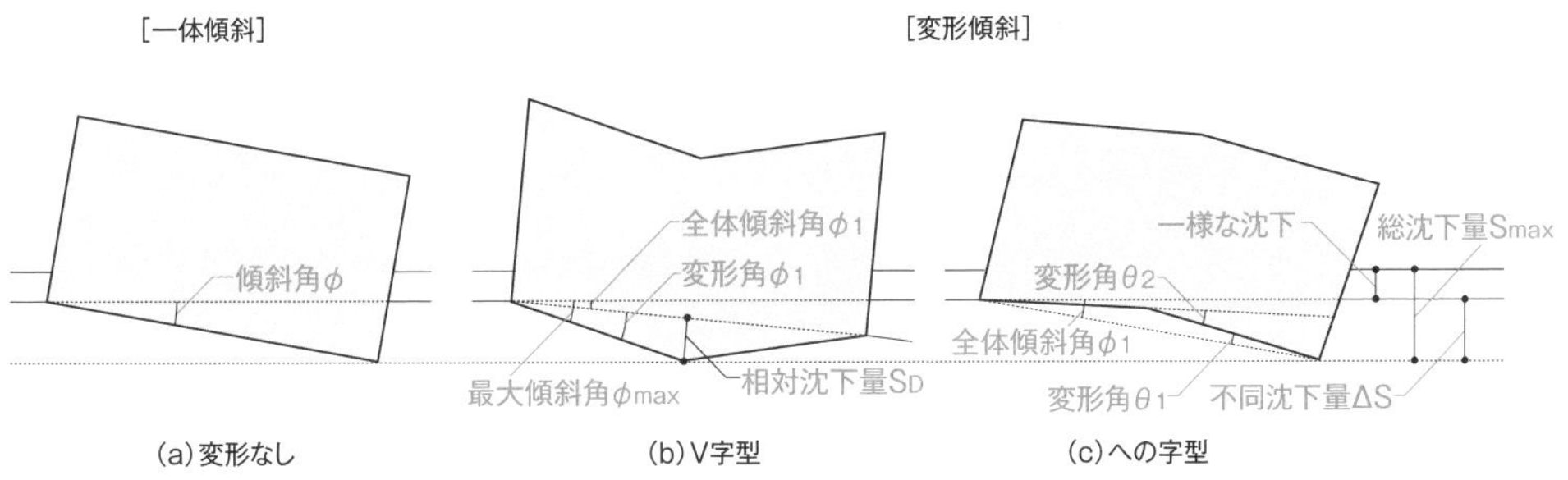

変形角θ_2と損傷程度の関係

変形角	損傷程度	区分
2/1000以下	損傷が明らかでない範囲	1
2～3/1 000	建付と内外壁の損傷が5割を超え損傷発生が目立つ、内外壁の損傷は0.5mm程度、建付隙間3mm程度、木工仕口隙間2mm以下	2
3～5/1 000	損傷程度が著しくなる。基礎亀裂の拡大傾向が見られ、無筋基礎、内外壁の損傷が0.5mm程度、建付隙間5mm、木工仕口隙間が2mmを超える	3
5～8/1 000	多くの損傷発生が5割を超え顕著。有筋基礎でも多くの建物で0.5mmを超える亀裂、内外壁の損傷は1mm、建付隙間は10mmを超え、木工仕口隙間4mm程度以上となる	4
8～12/1 000	損傷程度はさらに著しくなるが損傷発生率は頭打ち塑性的傾向を示す。有筋基礎でも1mm程度の亀裂、内外壁の損傷2mm程度、建付隙間15mm程度,木工仕口隙間5mm程度となる	5

不同沈下の設計目標値の参考値

不同沈下	設計目標値
傾斜角	3/1000以下
変形角	2.5/1000以下

設計目標値:
設計時点における不同沈下の設計目標値の目安で、傾斜角と変形角の限界値標準の1/2の値

傾斜角:
測点の高低差Sを測点間の距離Lで除したもので、X/1000で表す。測点は高さの局部的な影響が出ないように考慮し、測点間の距離は3m程度以上離れた測点を選定する

変形角:
建築物途中から傾斜が変化している場合の傾斜角の緩やかな部分と急な部分の差であり、Y/1000で表す。屈曲点は明瞭になるとは限らず放物線状を示すことが多いので、測点などについて適正な値が採用できるように配慮する。測点は高さの局部的な影響が出ないように考慮し、測点間の距離は基本的に3m程度以上離れた測点を選定する

出典:『小規模建築物基礎設計指針』(日本建築学会)

017

軟弱地盤と圧密沈下

▶軟弱地盤を検証する。意外と多い軟弱地盤
▶圧密沈下とは軟弱地盤における物理現象

▼軟弱地盤

軟弱地盤には低地における沖積層のシルトなどの軟弱な地盤と、丘陵地における盛土の経過時間（3m以上の盛土をして30年以上経過していない盛土地盤）が短く、締め固めの不十分な軟弱な地盤とが考えられるが、ここでは谷底低地における泥質な軟弱層が推積している軟弱地盤の圧密沈下を取り上げる。

一般的に軟弱地盤とはN値2以下の粘土層、N値5以下の砂層、N値が0に近い泥炭層、腐植土層は特に軟弱で沈下も大きい。

圧密沈下は、盛土や建築物などの荷重により土中の間隙水が排水され、結果体積減少により沈下する。

主に、軟弱な沖積粘性土や高有機質土（腐植土）などに生じる。水田などへの盛土荷重による沈下などの例は多くあることから、盛土や建築物の荷重などの検討が必要である。

▼圧密沈下

圧密沈下は一次圧密沈下終了後に二次圧密沈下を生じることがある。高有機質土や極めて軟弱な粘性土などの含水比が高い地盤に生じることがある。腐植土などが堆積する造成地では造成後5年、10年経過しても沈下が継続するのはこのようなケースによる。

したがって、軟弱な地盤の上に盛土が行われ、圧密沈下がまだ終わっていない地盤の上に建築などを行い、固定荷重、積載荷重を加えると沈下量が大きくなる。

圧密沈下が生じやすい地盤は、沖積層の谷底低地、おぼれ谷、後背湿地、潟湖、旧河道、堤間低地などである。

地下水位が5m以上の砂地盤の場合は透水性が高いことから沈下量は少なく、瞬時に終わってしまうため一般的には圧密沈下はほとんど起きず、液状化現象のような圧縮による即時の沈下への配慮が中心となる。

微地形から見た液状化の可能性

地盤表層の液状化可能性の程度	微地形区分
大	自然堤防縁辺部、比高の小さい自然堤防、蛇行州、旧河道、旧池沼、砂泥質に河原、砂丘末端緩斜面、人工海浜、砂丘間低地、堤間低地、埋立地、湧水地点（帯）、盛土地*
中	デルタ型谷底平野、緩扇状地、自然堤防、後背低地、湿地、三角州、砂州、干拓地
小	扇状地型谷底平野、扇状地、砂礫質の河原、砂礫州、砂丘、海浜

＊　崖・斜面に隣接した盛土地、低湿地、干拓地、谷底平野の上の盛土地を指す。これ以外の盛土地は、盛土前の地形面の区分と同等に扱う

● 液状化のメカニズム

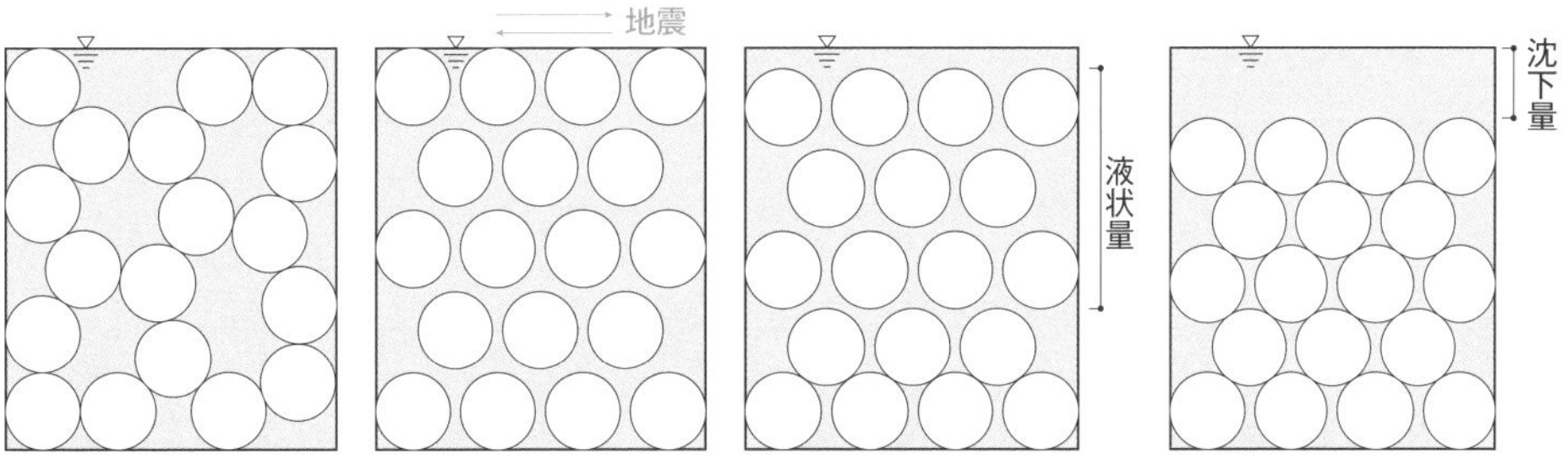

(a)自然状態
液状化前の砂（粒子）が緩く堆積した状態

(b)浮遊状態
間隙水圧の上昇にともない全粒子が浮遊した状態

(c)液状化中
上部では液状化が続いているが、下部は終了した状態

(d)液状化後
全層にわたって液状化が終了し、砂が詰まった状態

出典：『小規模建築物基礎設計指針』（日本建築学会）

地盤沈下に対する規定

平成13年国土交通省告示第1113号第2には、「地震時に液状化するおそれのある地盤の場合または(3)項に掲げる式を用いる場合において、基礎の底部から下方2m以内の距離にある地盤にスウェーデン式サウンディングの荷重が1kN以下で自沈する層が存在する場合もしくは基礎の底部から下方2mを越え5m以内の距離にある地盤にスウェーデン式サウンディングの荷重が500N以下で自沈する層が存在する場合にあっては、建築物の自重による沈下その他の地盤の変形等を考慮して、建築物または建築物の部分に有害な損傷、変形および沈下が生じないことを確かめなければならない」と、軟弱地盤に対する規定が設けられている。

貫入深さ D (m)	荷重 Wsw (kN)	半転回数 Na (回)	貫入量 L (㎝)	1mあたり半回転数 Nsw (回)	推定土質	荷重 Wsw (kN) 0.05 0.25 0.50 0.75 1.00	貫入量1mあたり半回転数 Nsw (回) 0 50 100 150 200 250	換算 N値	支持力 (kN/㎡)
0.25	1.00	2	25	8				3.4	34.8
0.50	1.00	2	25	8				3.4	34.8
0.75	0.75	0	25	0				2.3	−
1.00	0.75	0	25	0				2.3	−
1.25	0.50	0	25	0				1.5	−
1.50	0.50	0	25	0				1.5	−
1.75	1.00	4	25	16				3.8	39.6
2.00	1.00	5	25	20				4.0	42.0
2.25	1.00	4	25	16				3.8	39.6
2.50	1.00	4	25	16				3.8	39.6
2.75	1.00	5	25	20				4.0	42.0
3.00	1.00	5	25	20				4.0	42.0
3.25	1.00	6	25	24				4.2	44.4
3.50	1.00	8	25	32				4.6	49.2
3.75	1.00	10	25	40				5.0	54.0
4.00	1.00	10	25	40				5.0	54.0
4.25	1.00	20	25	80				7.0	78.0
4.50	1.00	36	25	144				10.2	116.4
4.75	1.00	60	25	240				15.0	120.0

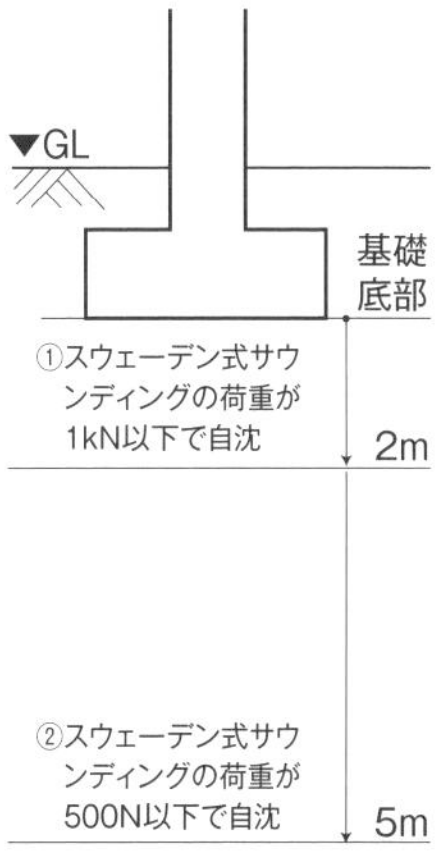

地盤改良を行うか杭基礎とする必要がある地盤

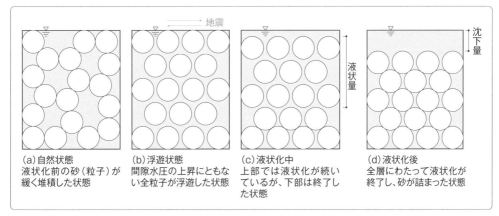

018

地盤改良

▶地盤改良の方法を考える
▶表層改良（締め固め工法）による地盤改良方法
▶柱状改良（深層・表層混合処理工法）による地盤改良方法

▼地盤改良

地盤改良とは、軟弱な地盤を人工的に改良し、地盤強度を上げることである。

改良方法には、支持杭・摩擦杭打設法、表層改良法、柱状改良法があるが、ここでは表層改良法と柱状改良法を考える。

直接基礎は長期地耐力が20 kN／㎡以上の場合である。長期地耐力が20 kN／㎡未満の軟弱地盤では地盤改良が必要になる。

軟弱地盤とはシルト（最も粗い粘性土、シルト粒子が粗く粘着性はない）のような粘性土、有機物を多く含む腐植土、液状化しやすい砂質系の土質などを言うが、このような軟弱な地層の表層約2ｍほどを改良する方法と地盤に杭状に固結材を注入し攪拌する柱状改良がある。

▼表層改良（締め固め工法）

表層改良は、地盤から約2ｍほどの表層にセメント系固結材を散布攪拌し、30～50㎝ごとに転圧を行い表層部分の地質を改良する方法で、改良後の長期地耐力も50 kN／㎡程度が目安としている。

しかし、固化材にセメント系を用いることが多いが、敷地が有機質土や腐植土の場合には固化材が固まらないこともあり注意が必要である。

その他に物理的方法として、排水、圧縮、締め固め、置換するなどの工法がある。

▼柱状改良（深層・表層混合処理工法）

柱状改良は、2階建ての場合、D400～600㎜、3階建ての場合、D600～800㎜の改良径が採用されており、柱状に掘りながら固化材を土と攪拌し、地中梁の下を柱状に改良する。

改良長は8ｍ程度までとし、含水比が高くピートなどが存在しているような地層には適さないので注意が必要である。

地盤改良の工法

● 表層改良（浅層改良工法）

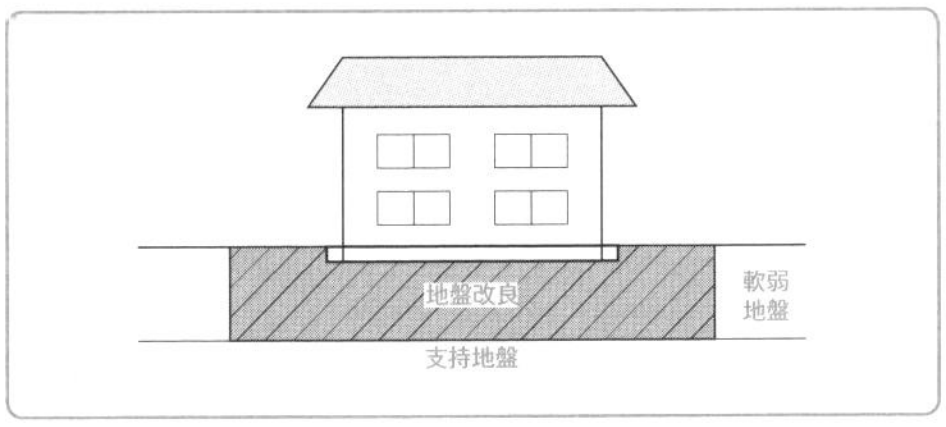

● 柱状改良（深層改良、表層混合処理工法）

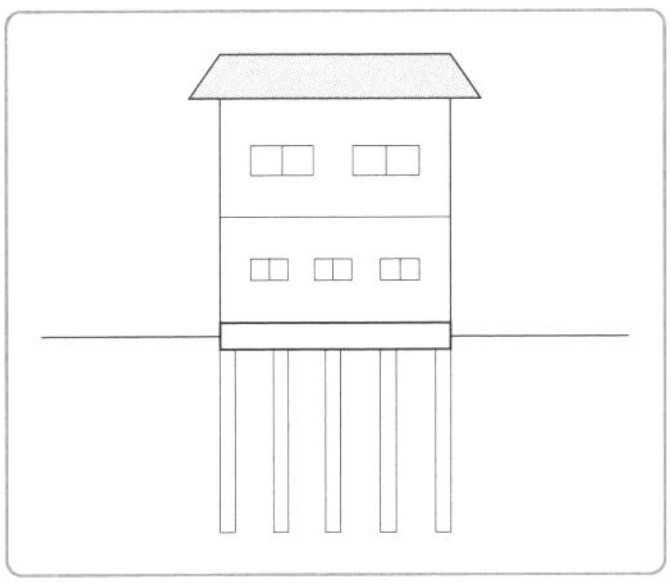

● 長期許容地耐力

地盤		長期許容地耐力（t/㎡）	備考	
			N値	Nsw値
土丹盤		30	30以上	−
礫層	密実なもの	60	50以上	−
	密実でないもの	30	30以上	
砂質地盤	密なもの	30	30〜50	400以上
	中位	20	20〜30	250〜400
	⋮	10	10〜20	125〜250
	ゆるい※1	5	5〜10	50〜125
	非常にゆるい※2	3	5以下	50以下
粘土土質地盤	非常に硬い	20	15〜30	250以上
	硬い	10	8〜15	100〜250
	中位	5	4〜8	40〜100
	軟らかい※3	3	2〜4	0〜40
	非常に軟らかい※4	2以下	2以下	Wsw100以下
関東ローム	硬い	15	5以上	50以上
	やや硬い	10	3〜5	0〜50
	軟らかい	5以下	3以下	Wsw100以下

※1　液状化の検討を要する
※2　過大な沈下に注意を要する
※3　2次堆積土では長期許容地耐力$2t/m^2$以下のこともある
※4　長期許容地耐力は長期の1.5〜2.0倍をとることができる

出典：『小規模建築物基礎設計の手引き』（日本建築学会）

● 基礎の構造形式

長期地耐力（kN/㎡）	基礎杭	ベタ基礎	布基礎
20未満	○	×	×
20以上30未満	○	○	×
30以上	○	○	○

地盤改良の目的と方法

⑴地盤支持力を上げる

地盤の密度を上げ、強度を増強する。地盤の固結、締固め、圧縮、置換、排水、荷重の制限などを行う必要がある

⑵地盤の滑りを防止する

地盤の粘着力を大きくし、間隙水圧を低くする。また土の重量を小さくする。地盤の置換、排水、固結、締固め、盛土の重量の軽量化などを行う必要がある

⑶地盤沈下を防止する

基礎幅を広げて応力を分散し、建物の軽量化を図る。地盤の排水、固化、置換、荷重制御を行う

⑷土圧を軽減する

主動土圧の軽減、受動土圧の増加をする。地盤の強度を高め、排水、固化、圧縮、締固めを行う

⑸水の影響による地盤の変化を防ぐ

湧水対策を行い、地下水位を低下させる、不透水膜を設ける。地盤の排水、固化、高圧噴射を行う

⑹液状化を防ぐ

地盤の排水を行い、地下水位の低下、密度の増加やN値の増加を図る。また粒度の調整なども考えられる。地盤の締固め、固化、置換とともに、基礎杭、地中連続壁なども設ける

出典：『地盤改良工法』（平岡成明／山海堂）

019

地震地域係数

▶地震地域係数 (Z) の考え方（建築基準法施行令：昭和 55 年建設省告示第 1739 号）
▶地震地域係数に関する地域の動向

▼地震地域係数（Z）

　地震地域係数Zは、日本の過去の地震を統計的な角度から地震の発生率の高い地域、過去の地震の記録に基づく震害の程度に応じて、国土交通大臣が、1.0～0.7までの範囲内で定めた各地域別地震係数（Z）で、左ページの日本地図に表示されている地域別係数を基に定められている。そして地図の表示をもとに表の上欄に示した区分に応じ、表の下欄に示した数値としている。

　したがって、この地震地域係数が最近日本国内に発生している地震発生率と直接関連するものではない。例えば紀伊半島から北海道までの太平洋側は1.0になっている。これは海洋プレートのもぐりこみ速度が速く、過去に定期性のある地震の発生が見られることからと思われるが、他に、東京、横浜、愛知、大阪などの都市圏も1.0である。また、九州・四国・中国・東北・北海道は0.9、福岡0.8、沖縄0.7である。

▼地震地域係数を考える

　最近の地震を見ると、新潟、日本海中部、北海道南西沖、十勝沖、宮城沖、神戸、鳥取、芸予、中越、福岡、能登半島沖、中越沖、岩手宮城内陸地震などが起きており、地域係数とはあまり関連が認められないように思われる。

　これに対し各地域行政レベルでの改正の動きもある。静岡県は「静岡県建築構造設計指針・同解説（平成14年版）」で静岡県地震地域係数（Zs）を1.2としている。福岡県でも0.8から1.0に条例の改正を進めている。しかしこれは層せん断力係数（Ci）との関連もあることから、建築基準法との問題もある。沖縄も現在の地震地域係数は0.7だが小さいと筆者も思う。九州中部～南部での地震地域係数0.8～0.9と同じレベルに引き上げるべきという声もある。

　その他、現在では第三種地域において1.5倍の割り増ししかないが、地震地域係数などの検討も必要に思われる。

地域係数Z（昭和55年建設省告示第1793号による）

	地方	数値
(1)	(2)から(4)までに掲げる地方以外の地方	1.0
(2)	北海道のうち 札幌市　函館市　小樽市　室蘭市　北見市　岩見沢市　網走市　苫小牧市　美唄市　芦別市　江別市　赤平市　三笠市　千歳市　滝川市　砂川市　歌志内市　深川市　富良野市　登別市　恵庭市　伊達市　札幌郡　石狩郡　厚田郡　浜益郡　松前郡　上磯郡　亀田郡　茅部郡　山越郡　檜山郡　爾志郡　久遠郡　奥尻郡　瀬棚郡　島牧郡　寿都郡　磯谷郡　虻田郡　岩内郡　古宇郡　積丹郡　古平郡　余市郡　空知郡　夕張郡　樺戸郡　雨竜郡　上川郡（上川支庁）のうち東神楽町、神川町、東川町および美瑛町　勇払郡　網走郡　斜里郡　常呂郡　白老郡 青森県のうち 青森市　弘前市　黒石市　五所川原市　むつ市　東津軽郡　西津軽郡　中津軽郡　南津軽郡　北津軽郡　下北郡 秋田県 山形県 福島県のうち 会津若松市　郡山市　白河市　須賀川市　喜多方市　岩瀬郡　南会津郡　北会津郡　耶麻郡　河沼郡　大沼郡　西白河郡 新潟県 富山県のうち 魚津市　滑川市　黒部市　下新川郡 石川県のうち 輪島市　珠洲市　鳳至郡　珠洲郡 鳥取県のうち 米子市　倉吉市　境港市　東伯郡　西伯郡　日野郡 島根県 岡山県 広島県 徳島県のうち 美馬郡　三好郡 香川県のうち 高松市　丸亀市　坂出市　善通寺市　観音寺市　小豆郡　香川郡　綾歌郡　仲多度郡　三島郡 愛媛県 高知県 熊本県（(3)に掲げる市および郡を除く。） 大分県（(3)に掲げる市および郡を除く。） 宮崎県	0.9
(3)	北海道のうち 旭川市　留萌市　稚内市　紋別市　士別市　名寄市　上川郡（上川支庁）のうち鷹栖町、当麻町　比布町、愛別町、和寒町、剣淵町、朝日町、風連町および下川町　中川郡（上川支庁）　増毛郡　留萌郡　苫前郡　天塩郡　宗谷郡　枝幸郡　礼文郡　利尻郡　紋別郡 山口県 福岡県 佐賀県 長崎県 熊本県のうち 八代市　荒尾市　水俣市　玉名市　本渡市　山鹿市　牛深市　宇土市　飽託郡　宇土郡　玉名郡　鹿本郡　葦北郡　天草郡 大分県のうち 中津市　日田市　豊後高田市　杵築市　宇佐市　西国東郡　東国東郡　速見郡　下毛郡　宇佐郡 鹿児島県（名瀬市および大島郡を除く。）	0.8
(4)	沖縄県	0.7

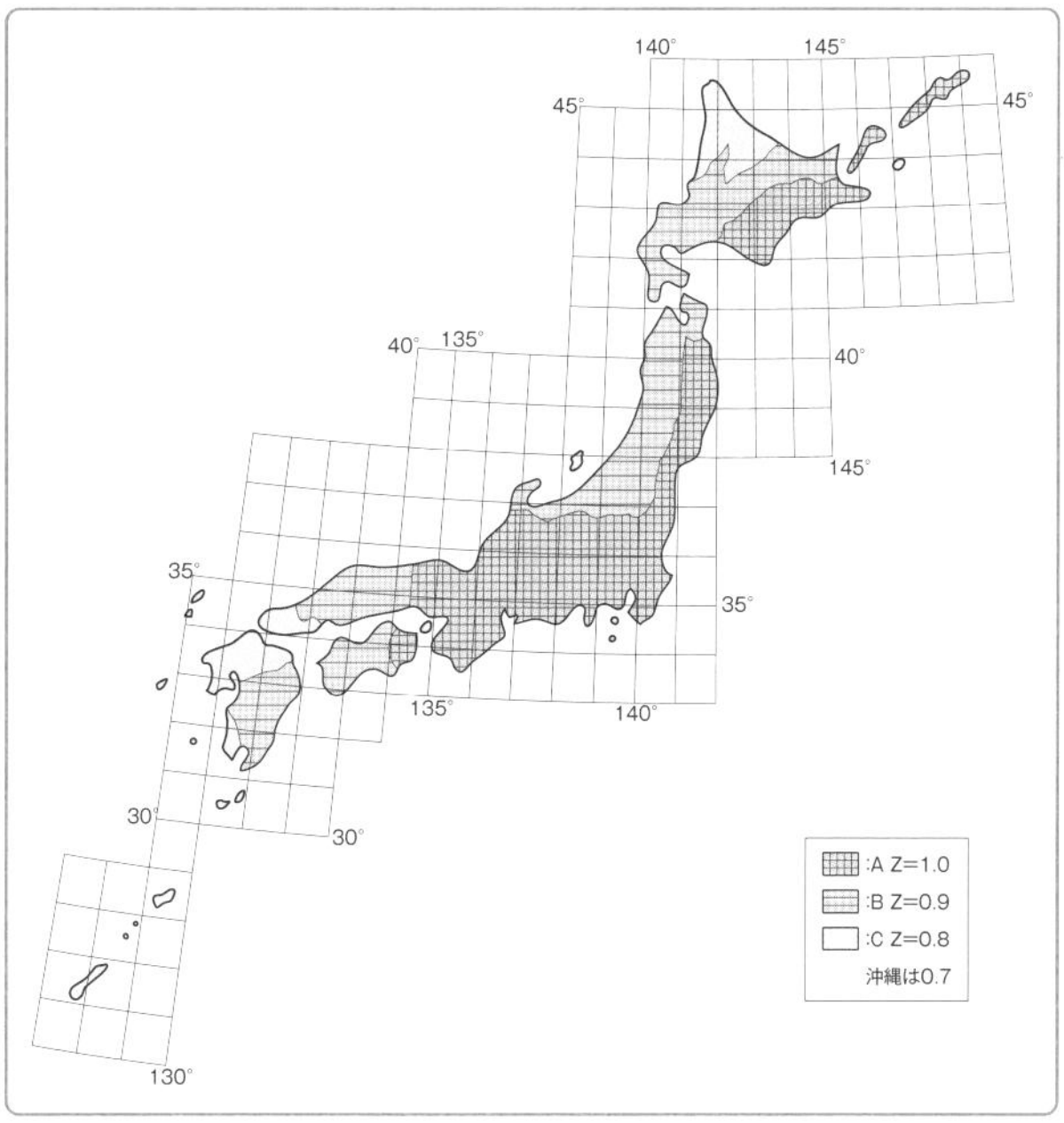

地域係数Z

020

地盤の種類

▶地形の成り立ちを考えてみる
▶地盤の分類と地盤の強さの調査方法を検討する

▼地形の成り立ち

地盤にはいろいろな種類がある。それは地形の成り立ちによるものとも言える。

人は水を求めて集落を作る。すなわち、川の周辺に集落を作ることになる。川は飲料水となり、また作物を作るうえで欠かせない。また地上でも、運搬手段を持たなかった時代では、川は運搬手段でもあった。したがって、川を中心に集落が広がっていくのは当然のことと言える。

そして川は山から土砂を運び川の周囲に自然堤防を作るが、台風などの時には氾濫し、周辺の低地に土砂を沈殿させる。そして、水分の多く含んだ低湿地ができ上がる。このような地盤の上に家を造り、田畑を作る。そして集落が大きくなると人は丘陵地を造成し住宅を建ててきた。

住宅地はこのようにして形成されてきている。その宅地の中には小高い所も低地もある。しかし住宅を建てる時には、水分の多い地盤は圧密沈下を生じ、新しい地盤の場合には土が緩く沈下を生じる。

したがって、住宅地は決して地盤の良い所ではない場合が多く、建築をする場合には注意が必要となる（→KeyWord 030）。

▼地盤の分類

私たちの住む住宅地の地盤は、前述したような経過を辿りながら形成されてきている。地盤は地質が砂、粘土質かなどにより性質が異なり、水は地質に大きな影響を与える。したがって、地盤をよく調査し建築計画を立てていかなければならない。

左ページに地盤の分類、地盤の許容応力度、簡易判別表を示した。耐震診断の時には、調査地がどのような地形にあり、またどのような地質であるかを想定しながら地盤の検討をしていかなければならない。

地盤の種類と判別法

地盤の分類

第1種地盤	岩盤、硬質砂れき層そのほか主として第三紀以前の地層によって構成されているもの、または地盤周期などについての調査もしくは研究の結果にもとづき、これと同程度の地盤周期を有すると認められるもの
第2種地盤	第1種地盤および第3種地盤以外のもの
第3種地盤	腐植土、泥土そのほかこれらに類するもので大部分が構成されている沖積層（盛土がある場合においてこれを含む）で、その深さがおおむね3m以上であり、かつ、これらで埋め立てられてからおおむね30年経過していないもの、または地盤周期などについての調査もしくは研究の結果にもとづき、これらと同程度の地盤周期を有すると認められるもの

地盤の許容応力度

地盤	長期許容応力度（kN/㎡）	短期許容応力度（kN/㎡）
岩盤	1000	長期の2倍
固結した砂	500	
土丹盤	300	
密実な礫層	300	
密実な砂質地盤	200	
砂質地盤（地震時に液状化のおそれのないものに限る）	50	
堅い粘土質地盤	100	
粘土質地盤	20	
堅いローム層	100	
ローム層	50	

（令93条より）

試験掘りによる地層の簡易判別法

地層の硬さ		素　掘　り	オーガーボーリング	推定N値	推定許容地耐力（長期t/㎡）
粘性土	極　軟	鉄筋を容易に押し込むことができる	孔壁が土圧でつぶれて掘りにくい	2以下	2以下*1
	軟	シャベルで容易に掘れる	容易に掘れる	2～4	3 *1
	中　位	シャベルに力を入れて掘る	力を入れて掘る	4～8	5
	硬	シャベルを強く踏んでようやく掘れる	力いっぱい回すとようやく掘れる	8～15	10
	極　硬	つるはしが必要	掘進不能	15以上	20
地下水面上の砂質土	非常にゆるい	孔壁が崩れやすく、深い足跡ができる	孔壁が崩れやすく、試料が落ちる	5以下	3以下*2
	ゆるい	シャベルで容易に掘れる	容易に掘れる	5～10	5 *2
	中　位	シャベルに力を入れて掘る	力を入れて掘る	10～20	10
		シャベルを強く踏んでようやく掘れる	力いっぱい回してようやく掘れる	20～30	20
	密	つるはしが必要	掘進不能	30以上	30

［注］＊1　過大な沈下に注意を要す。
　　　＊2　地震時の液状化に注意を要す。

出典：『小規模建築物基礎設計の手引き』（日本建築学会）

021

耐力壁線

▶耐力壁線とは地震の力の流れ道
▶建物外周は耐力壁線としなければならない

▼耐力壁線とは

地震力が建物に入ってきた時に力の流れをスムーズにするために耐力壁の配置を平面的に計画する。耐力壁線とは、その壁の計画線である。

耐力壁線は必ずしも直線でなくともよい。1mの平行線内であれば、壁線内とみなすことができるが、水平構面の剛性が必要となる。また耐力壁の強さは、耐力壁線の長さの0.6倍または壁倍率1.0以上の耐力壁4m以上が必要であり、どちらかの大きい方の強さによる（→KeyWord 084）。

木造住宅の設計をする時は、敷地・地域の環境に影響される。特に首都圏のような場所では、それに加えて土地形状も悪く、設計をするのにいろいろな障害がある。しかし構造上の原則は変えることはできない。

一般的に1階に居間を取り、2階を寝室とするケースも多く、また明るさを確保するうえから吹き抜けなどを設けることも多い。構造の観点からは相反するケースも多く生じる。しかしながら、設計時、または補強計画時に検討を深めれば、方法論はあるものである。

したがって、耐力壁線を意識して補強計画を進めなければならない。

▼建物外周は耐力壁線

建物の耐力壁線を計画する時には、まず外周壁を耐力壁線とし、建物の規模によっては8mごとに耐力壁の間仕切りが必要となる。

また、1階だけでなく、2階部分でも耐力壁線の構成が必要となり、地震力が2階から1階にスムーズに流れるように、1階、2階への地震力の伝達が必要となる。この場合も1m程度のずれは認められるが、水平剛性の役割が重要になる。

また、耐力壁線間の距離は通常の軸組構法の床剛性の場合は8m以内、剛床の場合には12m程度である。

耐力壁線の計画

平面上の耐力壁線の考え方

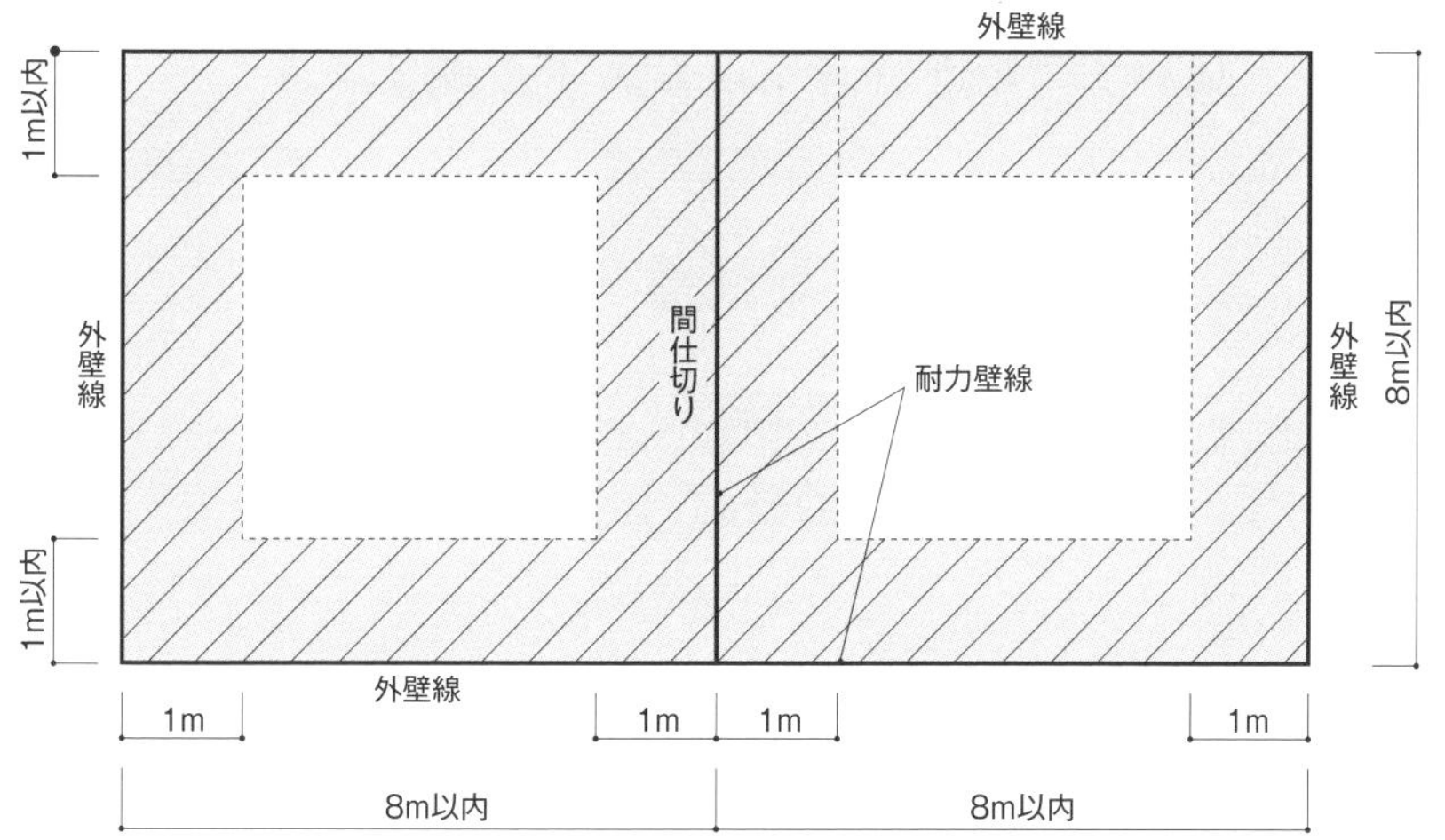

・1m以内は同一の耐力壁線と考えられる
・耐力壁線間の距離
軸組工法の床倍率1.0程度の場合　8m内
床倍率2.0以上の場合　12m内
・耐力壁線は1m程度の平行上のずれは直線と考えてよい

上下階の耐力壁線の考え方

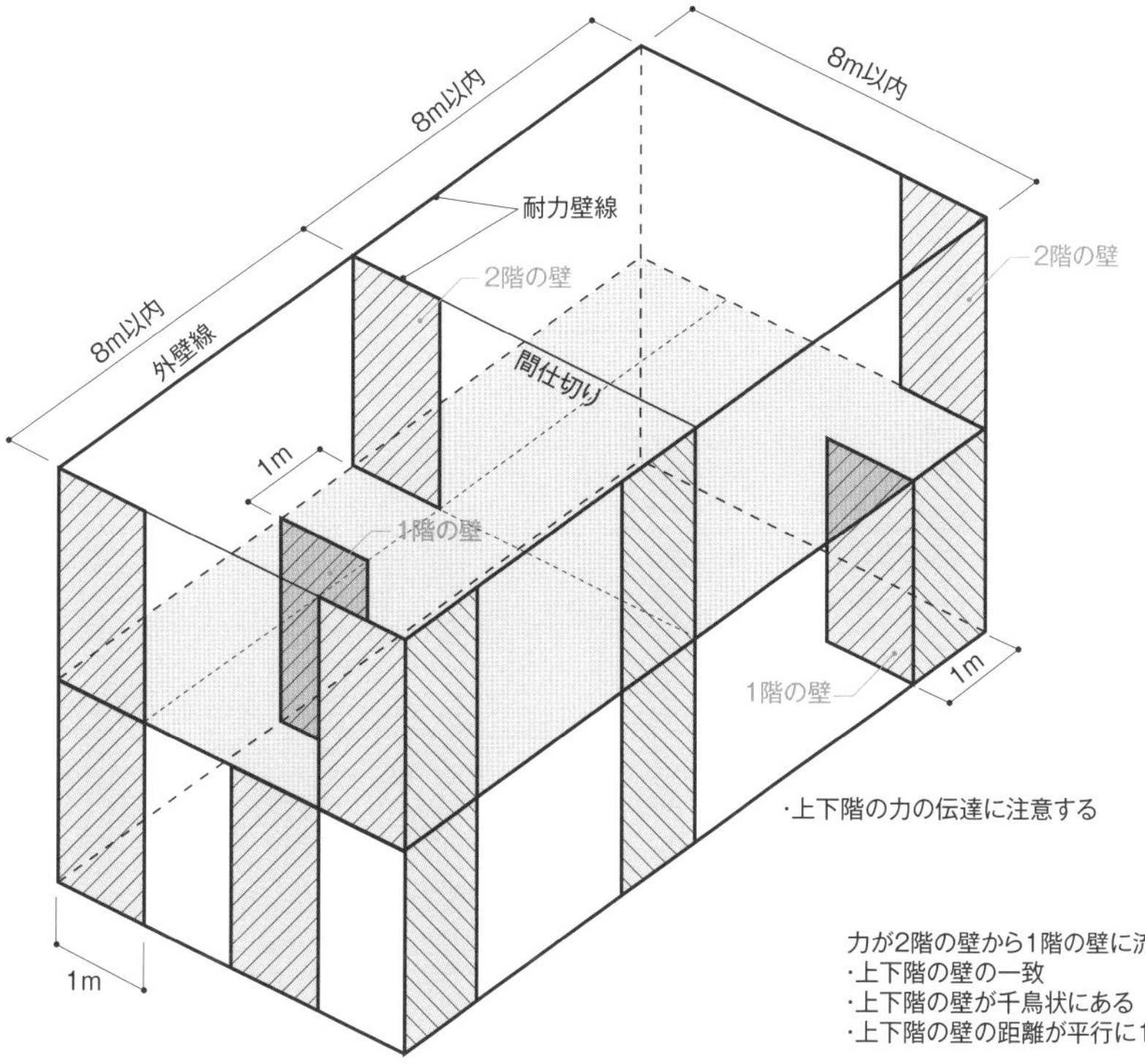

・上下階の力の伝達に注意する

力が2階の壁から1階の壁に流れる条件
・上下階の壁の一致
・上下階の壁が千鳥状にある
・上下階の壁の距離が平行に1m程度

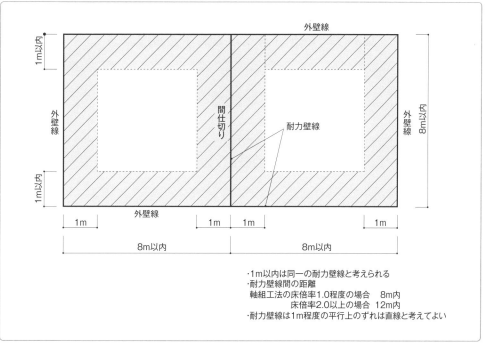

022

必要耐力と保有耐力

▶必要耐力の検討（割増係数）
▶保有耐力の検討（低減係数）

▼必要耐力

壁倍率法の必要耐力は、重い屋根、軽い屋根の2種類の建物荷重を想定し、層せん断力係数を乗じて壁の数字を決め、それに床面積を乗じて必要壁量を求めている。耐震診断では、軽い建物、重い建物に非常に重い建物を加え3種類の建物加重を想定し、それに床面積を乗じて必要耐力を求める。その他、壁倍率法と同じく第3種地盤では壁量を1.5倍とする。

耐震診断では、その他に狭小間口の建物、多雪地域、混構造の建物には加算数値を求めている。混構造の建物は縦方向の混構造の場合とし、横方向の混構造の建物は原則的に認められない。

多雪区域では、積雪1mで0・26Z（kN／㎡）、積雪2mで0・52Z（kN／㎡）、積雪1～2mの時は直線補間した値を加算する。ただし、雪下ろしを行う状況に応じて、積雪深を1mまで減らすことができる。

▼保有耐力

保有耐力とは建物がもっている耐力のことであるが、水平耐力は壁量計算によって求める。壁倍率法では保有耐力は壁量で求めるものの、壁の強さの1／3は計算対象に入れていない雑壁、垂れ壁に強度があるとみなし（壁倍率1＝1・96kN×2／3P／F＝1.3kN／m）壁量計算を行い、保有耐力を求めてきた。しかし、耐震診断においては壁の耐力にその他の耐力要素を加えるが、低減要素も考慮しなければならない。例えば基礎の形状を3種類に分け、また接合部においても4種類に分類されており、壁の強さと合わせて検討し、低減を定めている。

偏心率は4分割法などにより耐力壁の配置の偏りを検討し、低減率を定めている。その他、劣化度により低減係数は最大0.7、4m以上の吹き抜けも1ランク下げるなど、低減係数を考慮し、保有耐力を求める。

建物に必要な耐力

必要耐力Qr

床面積当りの必要耐力（kN/㎡）

対象建物		軽い建物	重い建物	非常に重い建物
平屋建て		0.28Z	0.40Z	0.64Z
2階建て	2階	0.37Z	0.53Z	0.78Z
	1階	0.83Z	1.06Z	1.41Z
3階建て	3階	0.43Z	0.62Z	0.91Z
	2階	0.98Z	1.25Z	1.59Z
	1階	1.34Z	1.66Z	2.07Z

必要耐力Qrは上記の表に床面積を乗じて求める。

その他の要素（割増係数）

①第3種地盤の場合には1.5倍とする（壁倍率法も同じく）。

②2階建ての1階、3階建ての1、2階の短辺の長さが4.0m未満の場合1.13倍とする。

③多雪区域では積雪荷重を加える。

④1階が鉄骨造、鉄筋コンクリート、2階以上が木造（混構造）の場合1.2倍とする。

建物が保有している耐力

保有耐力　Pd

- Pd=P·E·D

  P：壁の強さ

  E：偏心による低減係数

  D：劣化度による低減係数

- P=Pw+Pe

  Pw：壁の耐力

  Pe：その他の耐震要素

  Pw=Σ（C·L·F）

  C：壁の強さ倍率

  L：壁の長さ

  F：柱の接合による低減係数

特記：壁の仕様が不明の場合は、1.96kN/m、最大9.6kN/mとする。その他低減係数に注意。

023

壁強さ倍率と壁倍率（壁剛性）

▶壁強さ倍率を考える
▶耐力壁の有効倍率（壁倍率）を検討する

▼壁強さ倍率

各壁の仕様、筋かいの厚さ、土塗り壁の厚さなどから壁の強さ倍率が定められた。

土塗り壁は壁の厚さにより壁強さ倍率が定められているが、実際の現場では天井から床までしか塗られていないことが多い。この場合には土塗り壁の壁強さ倍率は該当しない。

また、壁の強さを示す倍率表にはない仕様の建物がある。例えば、昭和30~40年代の木造住宅にはラスボード下地の塗り壁仕上げが多いが、倍率表にはない。

その場合には想定耐力を判定し、数値を定めて壁量に加える。また、面材類においては釘の強度に支配されることから、釘の種類・ピッチ・めり込みなどに注意を要する。

▼耐力壁の有効倍率（壁倍率）

壁倍率は外壁・軸内・内壁をプラスして壁の強さを求めることができるが、安全性の問題から壁倍率5倍を上限とする。

また木ずりの認識に誤解を感じるが、現場で見かけるモルタル下地のラス下は木ずりとは異なることから壁倍率は与えられない。

また、筋かいも、釘どめの場合（釘の接合法）には強度が小さくなることから低減が必要となり、ブレースや引張り筋かいの場合は、タスキ掛けをしても壁倍率は1.0倍しか認められないこととなっている。

また、最近は面材類が多く使用されるようになってきているが、釘の施工性が強度の重要な決め手になる。その他、面材の継手に受け材がないケースを多く見かけるが、面材の継手部にも注意が必要である。

間柱は通常27㎜前後、メーカーの仕様では45㎜以上となっているが、受け材にはできれば柱を使用することが望ましい。

面材の継手

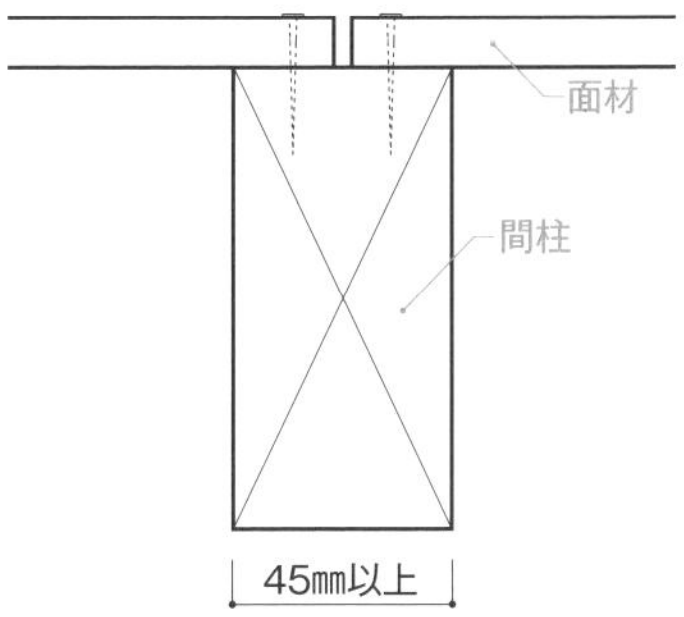

（柱にすることが望ましい）

耐力壁の有効倍率

壁の種類	倍率α[*1]
土塗壁　（5.5cm以上）	1.0
木ずり[*2]　（片面）	0.5
同上　（両面）	1.0
筋かい　（鉄筋：径9mm以上）	1.0
同上　（大貫：木材15×90mm以上）	1.0
同上　（三つ割：木材30×90mm以上）	1.5
同上　（二つ割：木材45×90mm以上）	2.0
同上　（同寸：木材90×90mm以上）	3.0
上記筋かいたすき掛け	各種の2倍 ただし0.5以下
構造用合板　（厚さ7.5mm以上）	2.5（0.5）
パーティクルボード　（厚さ12mm以上）	2.5（0.5）
ハードボード　（厚さ5mm以上）	2.0（0.5）
硬質木片セメント板　（厚さ12mm以上）	2.0（0.5）
フレキシブル板　（厚さ6mm以上）	2.0（0.5）
石綿パーライト板　（厚さ12mm以上）	2.0（0.5）
石綿ケイ酸カルシウム板（厚さ8mm以上）	2.0（0.5）
炭酸マグネシウム板　（厚さ12mm以上）	2.0（0.5）
パルプセメント板　（厚さ8mm以上）	2.0（0.5）
石膏ボード　（厚さ12mm以上）	1.0（0.5）
シージングボード　（厚さ12mm以上）	1.0（0.5）
ラスシート　（厚さ0.8mm/0.4mm以上）	1.0（0.5）
建設大臣が認めたもの	当該倍率
上記のものを常識的に組み合わせた壁	各値の和 ただし0.5以下

＊1　倍率の（　）内は胴緑仕様の場合の値。
＊2　木ずりの断面は15×45mm以上のもので、N50釘2本で柱・間柱に打ちつけたもの。

工法と壁強さ倍率（改訂版）

工法の種類		壁厚さ倍率（kN/m）
土塗り壁	塗厚50mm未満	1.7
	塗厚50mm以上～70mm未満	2.2
	塗厚70mm以上～90mm未満	3.5
	塗厚90mm以上	3.9
筋かい鉄筋9φ		1.6
筋かい木材15×90以上	端部金物あり	1.6
	端部金物なし	1.6
筋かい木材30×90以上	端部金物あり	2.4
	端部金物なし	1.9
筋かい木材45×90以上	端部金物あり	3.2
	端部金物なし	2.6
筋かい木材90×90以上	端部金物あり	4.8
	端部金物なし	2.9
木ずりを釘打ちした壁		1.1（1.1）
構造用合板		5.2（3.0）
構造用パネル（OSB）		5.0（3.0）
硬質木片セメント板		4.1（3.0）
フレキシブルボード		3.5（2.8）
石綿パーライト板		3.4（2.8）
石綿ケイ酸カルシウム板		2.9（2.5）
炭酸マグネシウム板		2.8（2.5）
パルプセメント板		2.7（2.4）
シージングボード		2.0（2.0）
ラスシート		2.7（2.4）
モルタル塗り壁		1.6
窯業系サイディング張り		1.7（1.7）
石膏ボード張り		1.2（1.2）
化粧合板（厚5.5：大壁）		1.4（1.4）
構造用合板（非耐力壁仕様）		2.5（2.3）
化粧合板（厚5.5：真壁）		1.0（1.0）
枠組壁工法　構造用合板（厚7.5mm以上9.0mm未満）		5.4
枠組壁工法　構造用合板（厚9.0mm以上）		6.2

（）内は胴緑仕様の場合
出典：『木造住宅の耐震診断と補強方法』（日本建築防災協会）

024

水平剛性

▶水平構面は耐力壁間に力を流す
▶屋根と２階床の水平構面の役割

▼水平構面の役割

水平構面とは木造住宅の水平面である。木造住宅の水平構面は屋根であるが、２階建ての場合は、下屋、２階床部分が水平構面となる。屋根や下屋には勾配があることから、勾配による低減が必要になる。桁部分にある火打ち梁などの水平剛性が期待できる場合には加算することができる。

水平構面の役割は、箱に例えるとふたである。ふたのない箱は横から押せば簡単に歪んでしまうが、ふたをすれば箱は歪みにくくなる。このように水平構面の役割は、耐力壁間の力の伝達を行うことで、建物の変形を防ぐことである。また床の上には人や荷物を乗せるが、その荷重を床から梁、そして柱へと力の伝達をすることになる。

▼屋根と２階床

木造建物の水平構面には屋根と２階床面があるが、屋根は勾配もあることから、水平剛性は小さくなる。しかし屋根面は風圧力による圧縮や軒先部分では吹上などの力も働く。よって同じ水平構面と言っても役割は異なる。屋根面は外部に直接面することから、熱、雨などによる劣化にも対処しなければならない。２階床は屋根や壁などの荷重を１階に伝える役割がある。ここで問題となるのが吹き抜けである。安易に造りがちであるが、吹き抜け部分は２階の床に穴が開いた状態であり、当然力は流れない。したがって、吹き抜けを造る場合には、吹き抜けの位置、大きさ、吹き抜け周囲の壁や床の配置に注意が必要になる。

一般診断法などでは４m以上の吹き抜けに対して低減を取るようにしているが、実際には吹き抜けの場所によっても異なる。原則は外壁面の一面に接するように吹き抜けを配置する。

また、木材の長さは通常４m以内の木材により構成されていることから、１面は３m以内とすることが望まれる。

水平構面の剛性

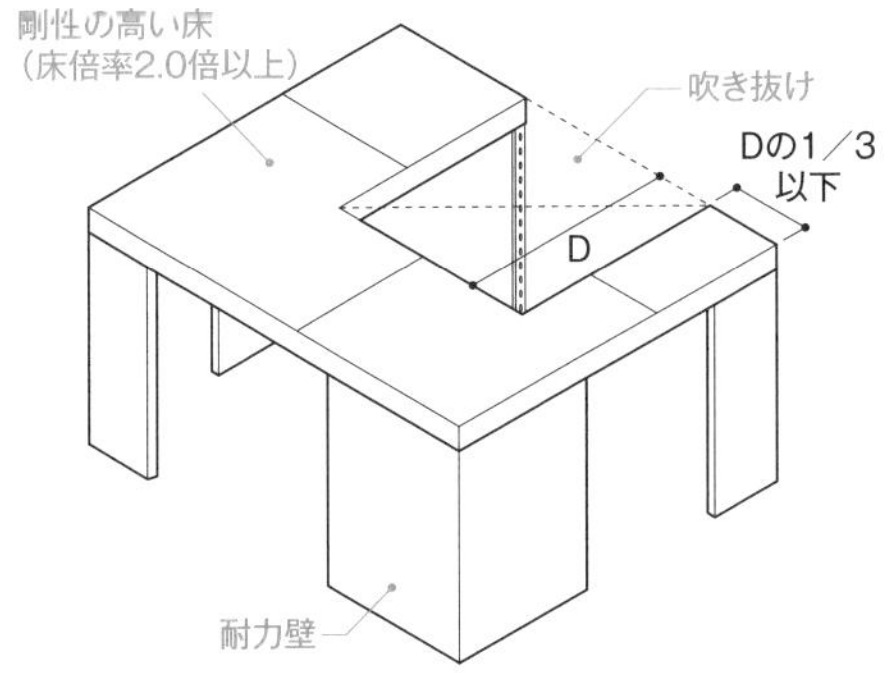

・吹き抜けが外壁面に接する場合はできるだけ一面に
・吹き抜けのいっぺんは3m以内にする

● 吹き抜け周囲の床構面

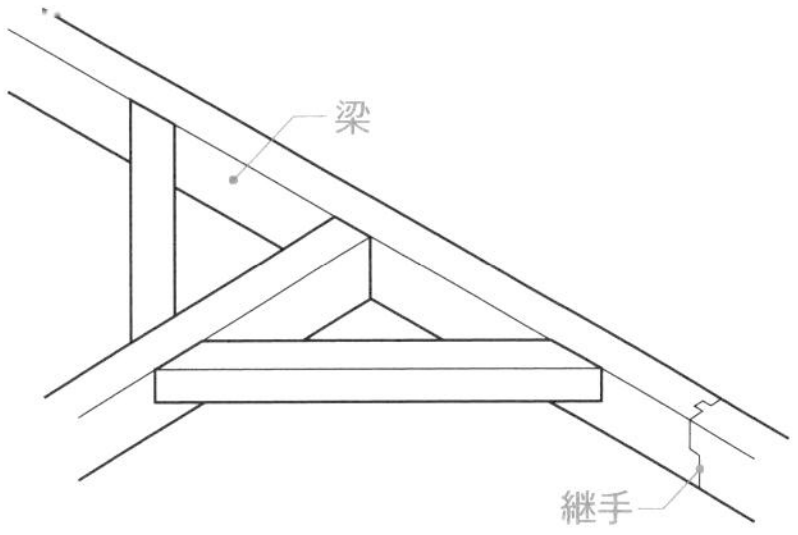

・火打梁は合掌にする
・継手のそばに取り付けない

● 火打梁の善し悪し

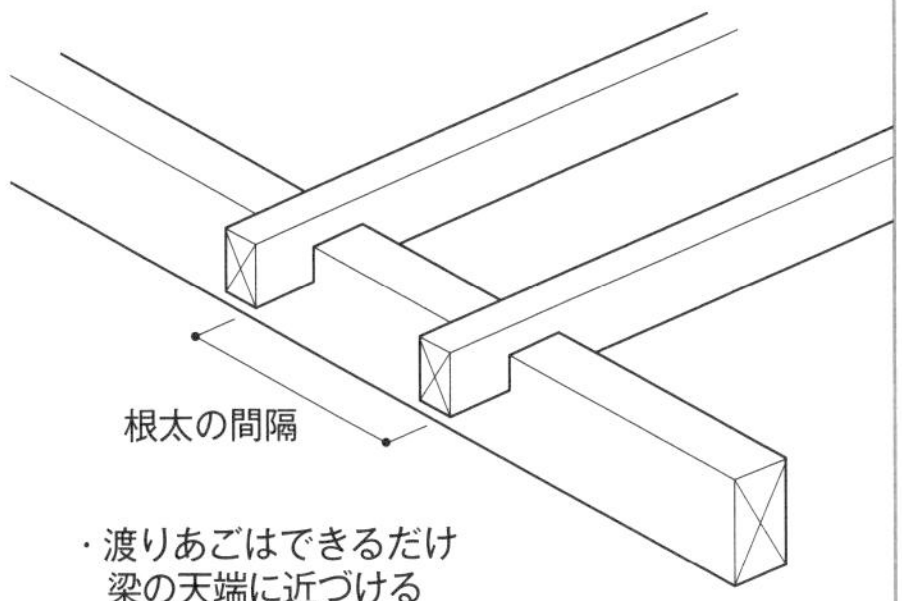

・渡りあごはできるだけ
梁の天端に近づける

● 根太の善し悪し①（渡りあごがけ）

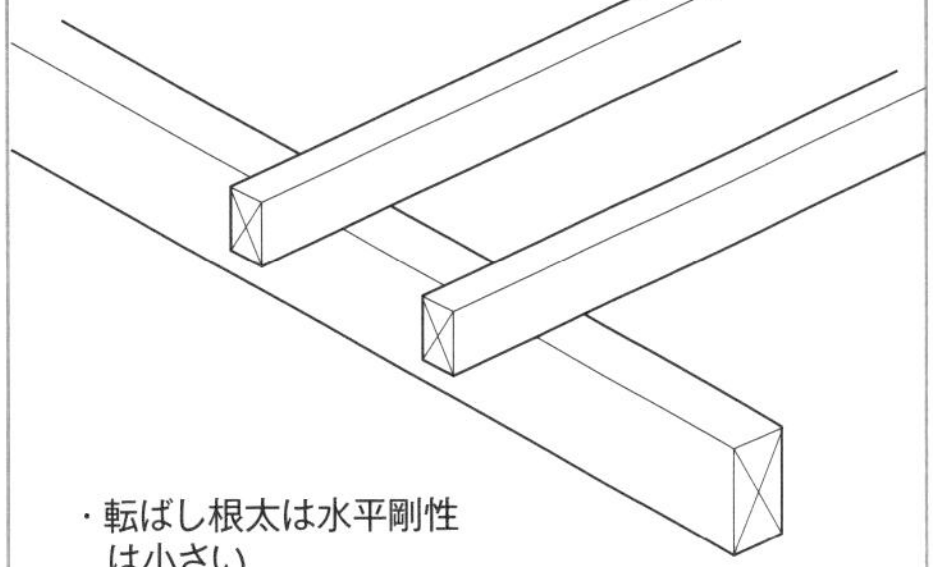

・転ばし根太は水平剛性
は小さい

● 根太の善し悪し②（転ばし根太）

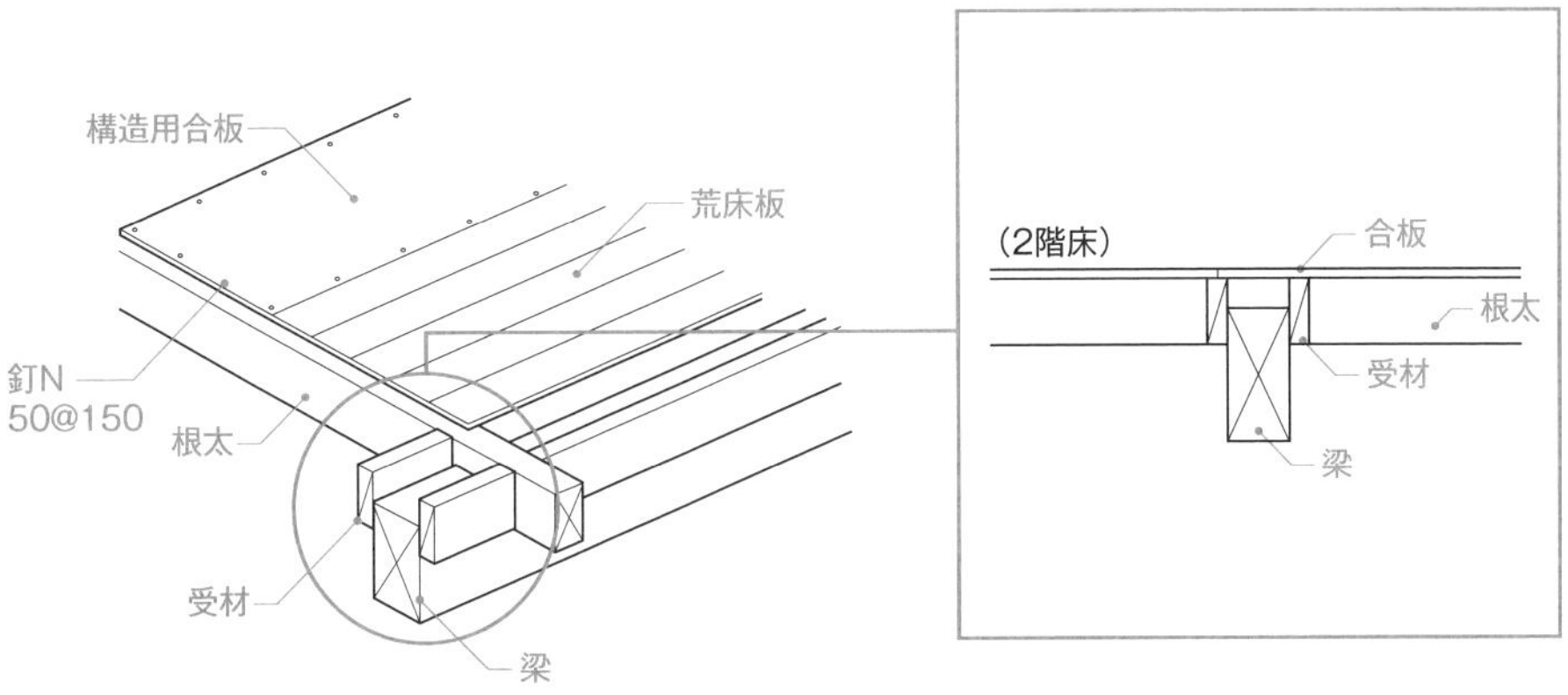

床板は構造用合板の千鳥張りが最も強度が高い。
既製の床板や床下地は補強時にはこの仕様に近づける

● 床板の善し悪し

『建築知識2006年1月号』より

025

告示1460号

▶接合部の役割を検証する
▶金物接合に対する風潮と認識の変化

▼接合部の役割

木造住宅の欠点の１つに接合部がある。鉄筋コンクリートは接合部を一体化し、鉄骨造は接合部を溶接という手段により補強できる。しかし木造住宅の場合には接合部を伝統的な木材の加工技術により行ってきた。木造の接合部は、直線的につなぐ部分を継手、角度をもって取り付ける部分を仕口と言うが、それぞれ加工技術の他に、込み栓、釘、カスガイなどで補強してきたにすぎない。したがって、一般の施工現場では釘などによる接合を良しとしない風潮があり、木造建物では接合部の強度に問題を生じている。

平成12年建築省告示第１４６０号において接合部の仕様が示された。今までの釘に頼った接合部の仕様から新たに金物を取り入れた接合部の補強を定めた。しかし、金物の強度とは、金物を留めている釘などの接合具の強度であることを忘れてはならない。金物が使われているようになってきたが、接合は釘・木ネジなどである。

▼金物接合

平成12年までは、柱の接合は住宅金融支援機構の仕様を利用する場合はカスガイ接合となり、機構の仕様を利用しない建物では柱を土台にホゾ差し斜め釘打ちなどの施工が多かった。告示第１４６０号はこの点にメスを入れた内容と言える。釘だけでは強度が不足する部位には金物の仕様が示された。また今まであまり注意されていなかった柱頭、柱脚にも部分的に構造計算が取り入れられるようになり、簡易ではあるがN値法などによる柱脚の引き抜きの検討などが行われるようになった。

「Zマーク表示金物」は「軸組構法用金物規格」として昭和53年に定められたが、Z表示金物以外にも(財)日本住宅・木材技術センターにおいて同等認定などの制度も設けられ、以後木造建物での金物の使用が急速に高まった。

筋かいの接合例

柱の接合例

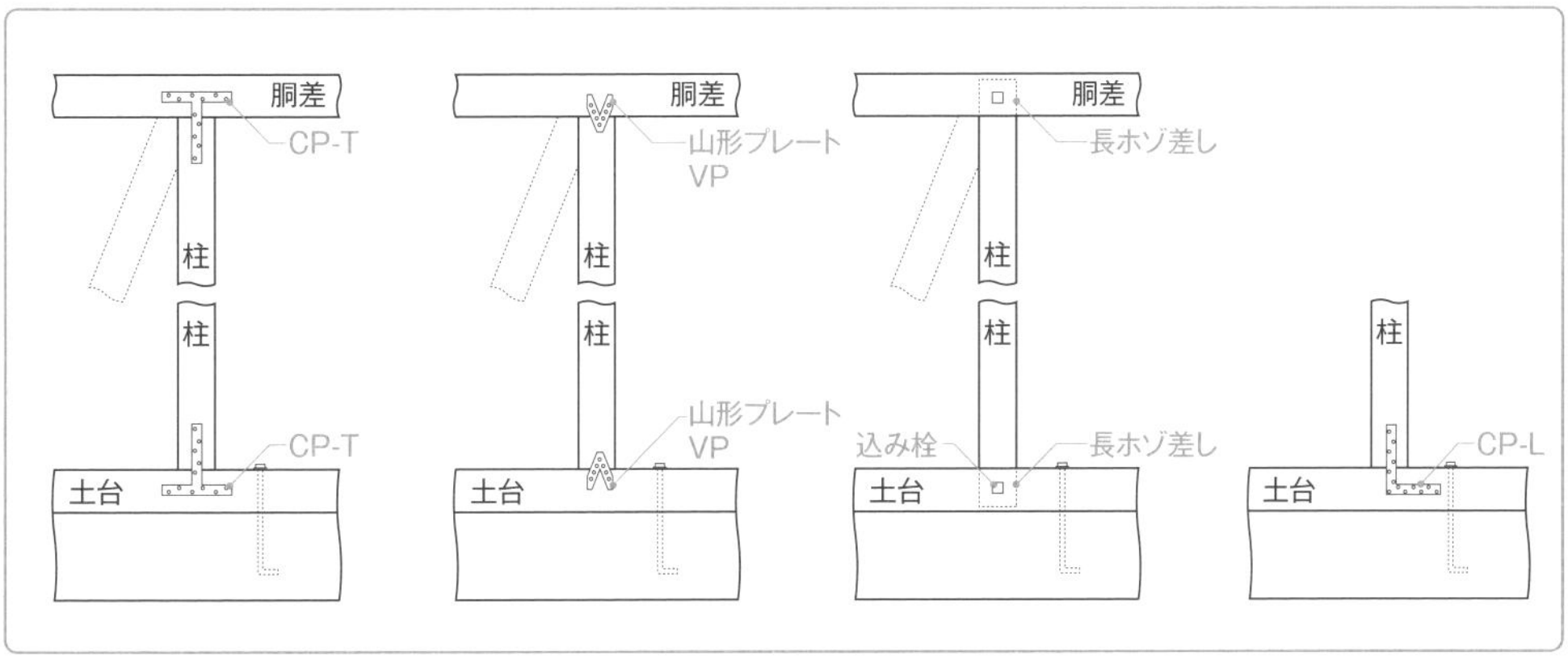

中越沖地震で被害を受けた接合部

柱の曲げ破壊

抜けた横架材

026

偏心とねじれ補正

▶偏心率とは重心と剛心の距離
▶建物の重心は図心として考える
▶ねじれの補正によりねじれを小さくする

▼偏心率

偏心率は木造建物の壁の配置バランスを示すものである。木造建築の平面計画を見た時に、建物が狭小間口化し、正面に駐車場が設置され、壁がまったく取れないなどの建物をよく見かける。このようなバランスの悪い建物が多くなってきている。建物の壁の配置バランスを配慮して壁の設置を行わなければならない。

特に最近は木造住宅の3階建てが多くなってきている。偏心率が0・15を超えると建物のねじれは生じるが、令82条において、木造住宅の偏心率は0.3以下にするよう定められている。偏心率が0・45を超えるとねじれが大きくなり補正値を0.5とする。

阪神淡路大震災で建物が倒壊した場所に、今度は狭小間口の木造3階建ての建物が建てられていた。正面は駐車場で、1階正面には見るからに壁がない。どう見ても耐震性を配慮したとは思えない。これが震災の被害を受けた場所に、数年も経たないうちにできている。せめて耐震診断で明確にしていかなければならないと思う。

▼図心

重心は建物の重さの中心のことである。建物が均等な重さにより成り立っていることを前提に重心を求める。そのため、図心を求めればよい。

▼ねじれ補正

偏心率が大きくなると建物にねじれを生じ回転するような動きをする。震災地で倒壊、大破などの大きな被害を受けた建物の中に、ねじれを生じ被害を受けた建物が見られる。

したがって、偏心が大きい場合はねじれ補正をしなければならない。耐震補強により偏心率の改善が行われた場合は、ねじれ補正をすることで低減されていた壁量（本来保有していた壁量）を復活させることができるようになっている。

偏心率の求め方

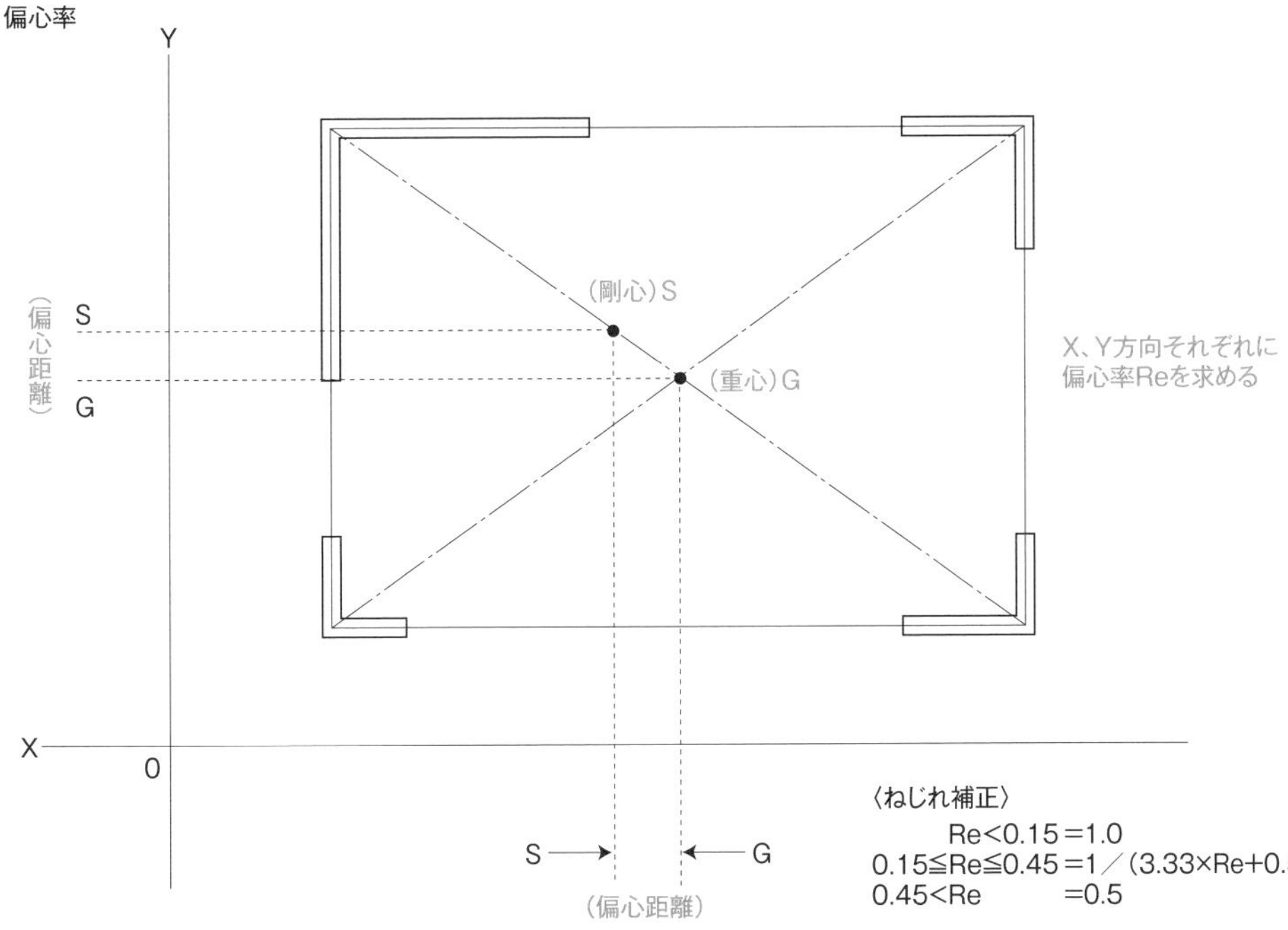

〈ねじれ補正〉

$Re<0.15$	$=1.0$
$0.15 \leqq Re \leqq 0.45$	$=1/(3.33\times Re+0.5)$
$0.45<Re$	$=0.5$

図心の求め方

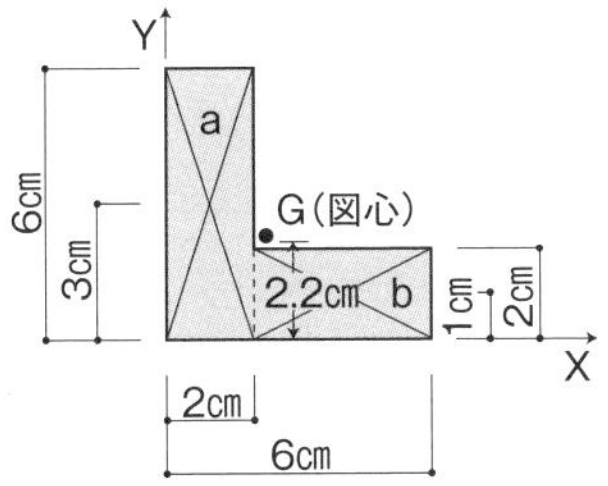

図を長方形a、bに分けるXY軸を図示すれば断面一次モーメントは、各長方形の断面一次モーメントの和より求まる

X軸よりaの図心までの距離は3cm
b部分は1cm
Sx=Sy
　=(6cm×2cm)×3cm+(2cm×4cm)×1cm
　=36cm³+8cm³=44cm³

X軸より図心までの距離Yは

$$Y=\frac{S_x}{A}=\frac{44\text{cm}^3}{(6\text{cm}\times2\text{cm})+(2\text{cm}\times4\text{cm})}$$ となる

Y軸より図心までの距離Xも同様2.2cmとなって図心の位置が確定する

027

建物の重さと地震力と基礎

▶建物の重さを考える
▶建物の重さと地震力
▶基礎の荷重

▼建物の重さを考える

耐震調査において居住者の方からよく質問されるのが柱の太さである。柱が細いとか太いとか、柱には4寸を使っているから地震にも強いなど、通し柱を含めた柱の話は多い。地震力のことを考えた場合、柱の太さと地震力とはあまり関係がない。しかし建物の重量を考えた場合には重要になる。柱の太さと軸力の件は KeyWord 040 を参照していただきたい。

建物の重さには固定荷重と積載荷重がある。固定荷重は建物の重さ、積載荷重はその中に乗るものの荷重である。例えば木造住宅の積載荷重は床の計算を行う時は1.8 kN、基礎1.3 kN、地震力0.6 kNである。地震力の計算を行う時は、1階床の固定荷重・積載荷重は含まず、1階の壁もH／2の上の壁の固定荷重とする。基礎の計算でも布基礎の場合は1階の床の固定荷重、積載荷重は含まず、壁の荷重は含む。以前に重量を細かく拾い出して計算したことがあるが、1階床の荷重を含む固定荷重は約2 kN／㎡であった（屋根コロニアル、壁サイディング）。

▼建物の重さと地震力

本来、地震力の計算を行う時には、固定荷重、積載荷重を計算し、20％の水平力を基準とした地震力を算定するものである。しかし簡易にするために壁倍率法が定められた。壁倍率法では壁の強さの1／3は雑壁などが耐力を有していることを想定し、1・96 kNの2／3の1.3 kNを壁倍率1.0と定めている。

▼基礎の荷重

基礎の検討は令93条の地盤の許容応力度を参考にする。直接基礎は主に布基礎とベタ基礎がある。布基礎は30 kN／㎡以上、ベタ基礎は20 kN／㎡以上の長期許容支持力が必要とされている。また布基礎とベタ基礎の場合の建物荷重の計算が異なることから、左ページに荷重の比較表を表記した。

基礎と地震力

地震力
（積載荷重0.6kN）

基礎の荷重の考え方
（積載荷重1.3kN）

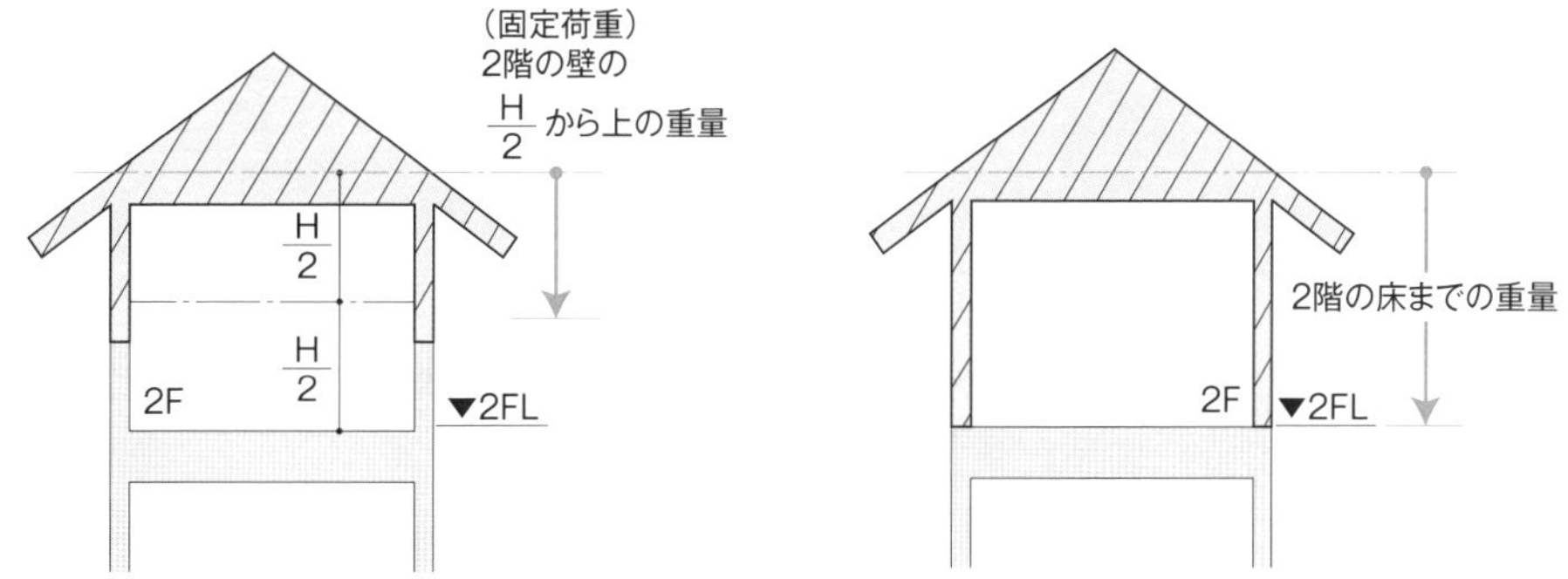

2階の建物の重さ

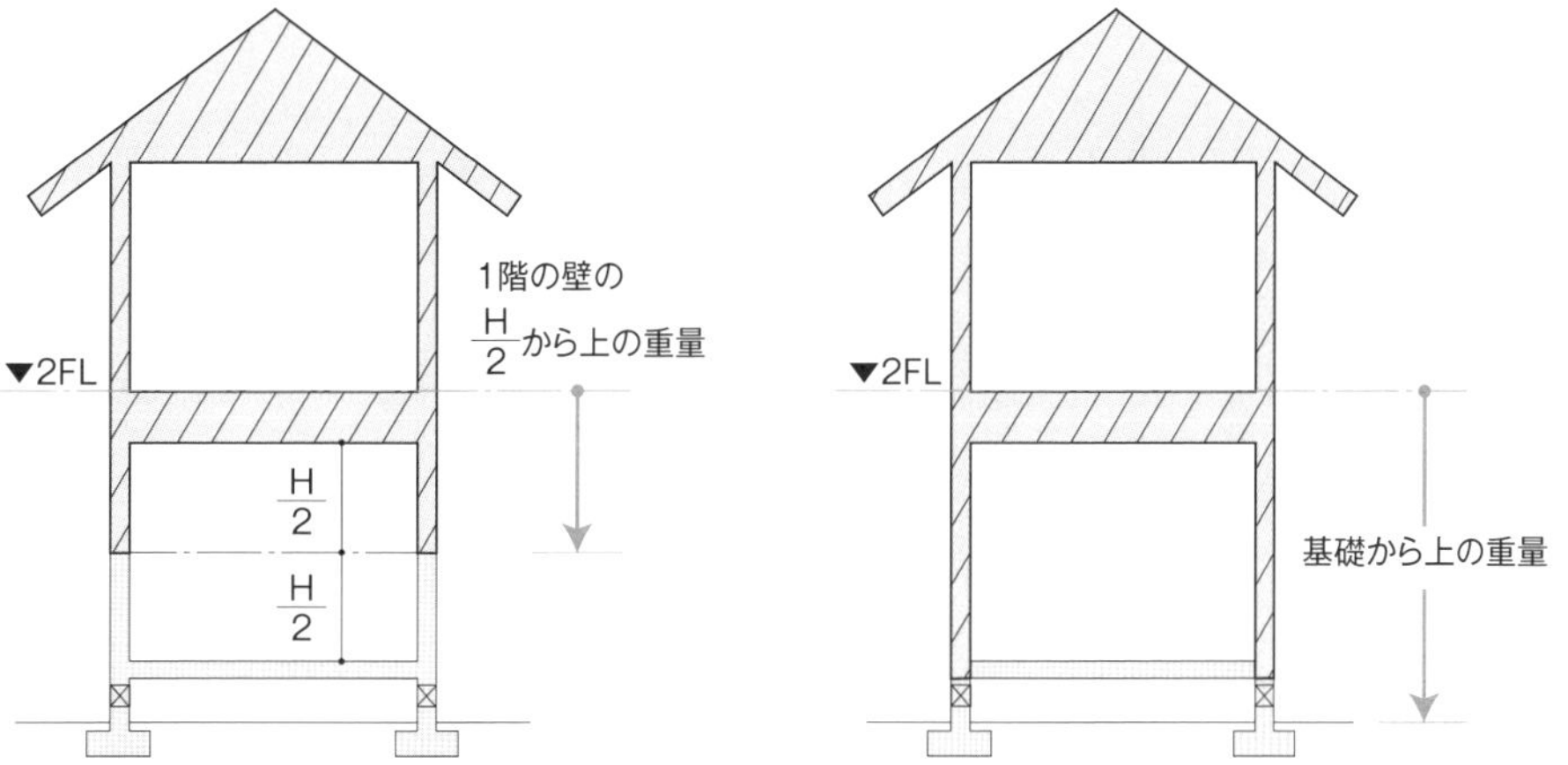

1、2階の建物の重さ

地盤力の算定をする時の仮定荷重（ただしベタ基礎の場合は1階床の固定荷重、積載荷重を含む）

●壁倍率法の考え方

壁倍率1　=200kg／m=196kN／m

$=\frac{2}{3}$（本来の強度）$+\frac{1}{3}$（雑壁）

=1.3kN+0.66kN

=1.96KN／m

したがって壁の強さの1／3は雑壁が負担することから1.3kN／mの強さを持つ壁が壁倍率1.0とする。壁倍率は1枚の壁では最大5.0倍までとする。
（数値はKey Word023を参照）

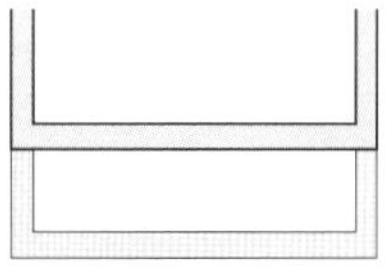

（ベタ基礎の場合は1階の固定荷重、積載荷重を含む）

布基礎とベタ基礎の建物荷重の比較

	固定荷重	積載荷重	コンクリート	合計
布基礎	251kN	81.5kN	136.2kN	468.7kN
ベタ基礎	276.1kN	163.1kN	304.8kN	744kN

（土の重量は含んでいない）

想定建物：8m×8m=64㎡

028

圧縮と引張り

▶木造建物にはいろいろな力が働く
▶圧縮力による被害例
▶引張り力による被害例

▼木造建物に働く力

木造軸組構法の建物は約４ｍほどの長さの木材を縦、横に組み立て、継いでいく。そのため木材の継手や仕口などの接合部が生じる。

また、建物が地震や風圧力などにより変形しないように筋かいなどの斜材を入れて木造建物の軸組は構成される（最近は構造用面材も多く用いられる）。建物の固定荷重や積載荷重により、梁には曲げやせん断力が加わり、柱に圧縮力が伝わる。

また建物が地震などの横からの加圧により、変形し、曲げやせん断力が生じる。その結果、接合部にも同様の力が働くが、接合部は母材より強度が小さくなることから、接合部を減らす工夫、または補強をしなければならない。

▼圧縮力による被害例

柱に圧縮力が働き、胴差しや土台などの横架材にはめり込みの力が働く。また柱や筋かいなどの圧縮材では座屈破壊を生じたりする。特に筋かいは中間部分に節などの断面欠損があったりすると座屈することがある。また、真壁構造の筋かいでも間柱の形状が小さくなることから中間部での固定力が小さく、座屈することがある。地震などの水平力により、柱が内法材によって曲げ破壊に至ることもよくある事例である。

▼引張り力による被害例

木造建物は約４ｍほどの部材を組み立て構成される。その接合部である仕口や継手の部分はどうしても他の部位よりも強度が小さくなり、引張り力や曲げの力が働いた時には、接合部の破壊を生じやすい。特に筋かい端部の引き抜けや柱の引き抜け被害は多く、横架材部においても、継手や仕口の破壊を生じることで、木造建物に大きな被害をもたらしてしまうことがある。このような接合部には金物などにより補強することが必要である。

圧縮力と引っ張り力による被害例

圧縮
筋かいの圧縮によるめり込み

筋かいの座屈
筋かい中間部の節による断面欠損

横架材仕口部の引き抜け

筋かい端部の引き抜け

柱の曲げ破壊

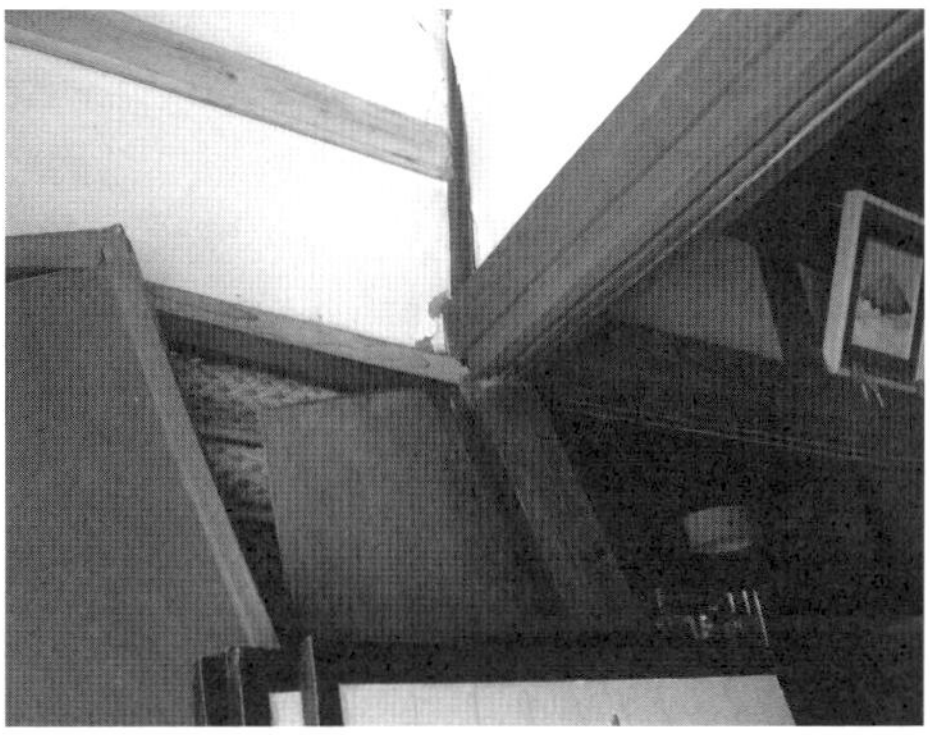

柱の曲げ破壊

TOPIC 2

SI単位

SI 単位とは国際単位のことである。国際単位系（The International System of Unit）は十進法を原則とした最も普遍的な単位系である。略称の「SI」はフランス語からきているが、これはメートル法の歴史的理由による。

日本は明治18年にメートル条約に加入し、昭和26年施行の計量法でメートルの使用が義務づけられた。平成３年に日本工業規格（JIS）が完全に国際単位系準拠に移行し、国際単位系（SI）が規定された。SI 単位は以下の７つを基本単位としている。

時間（s）
長さ（m）
質量（kg）
電流（A）
熱力学温度（K）
物質量（mol）
光度（cd）

そのほかに、力や振動数を表す単位などがある。

力（N）[$kg \cdot m/s^2$]
振動数（Hz）[s^{-1}]

建築では力の単位が多く使われることからＮ（ニュートン）の単位を採用する。１Ｎは１［kg］の物体を加速度１［m/s^2］で動かした時に生じる力である。同じ力を表す単位に kgf（「重力キログラム」あるいは「キログラム重」）がある。これは１［kg］の物体を重力加速度 9.8［m/s^2］で動かした時に生じる力である。

この２つの単位を比較すると、

1kgf ＝ 9.8N ≒ 10N
1000kgf ＝ 9.8kN ≒ 10kN

となる。もう少しわかりやすくすると、100kgf ≒ 1kN と覚えればよい。

最近まで、力の単位は kgf で表されてきたが、SI 単位の規定によりＮ（ニュートン）で表すことが義務づけられた。ほとんどの設計者はＮは学生時代の物理の時間で使用した程度であるから、この単位の使用で混乱しており、kgf に修正して使われているのが現状である。

第3章

建物の状況を知る

029

木造住宅の特性を知る

▶木材の長所と短所を検証する
▶木造軸組構法の考え方

▼木材の長所と短所

建築の代表的な構造材料には、鉄、コンクリート、木材がある。その中で再生産が可能な材料は木材である。また木材は軽く、加工性、比重が軽い割には強いという長所がある。

日本は森林大国であるが、最近は国内産が20%程度のシェアしかない。これは安い外材（輸入材）に押されているという社会的な問題によるもので、昭和30年代までは約80%が国内産だった。現在は経済効率から流通経路に問題を生じ森林の荒廃が問題になっているが、日本は森林大国であることに変わりはなく、木の文化圏である。すなわち資材が容易に入手できたことが、木造住宅が繁栄してきた理由である。

もちろん木材には短所もある。直交異方性という繊維方向と直角方向では性質、強度が異なる特性である。樹種によっても性質、強度が異なり、乾燥により収縮などの寸法変化も生じる。

木造軸組構法は木材を継いで組み立てていくことから接合部が数多くできることになる。伝統的構法では木材の加工技術によって対応してきたが、それでも母材と比較すると強度が小さくなる。

▼木造軸組構法

木造軸組構法は木材を軸材とした構法で構造的には柱と横架材を接合することで軸組構造としている。柱は鉛直方向の荷重を受けるため柱の太さが問題となるが、床にかかる積載荷重は梁が受けることになる。

したがって、梁の断面や構成が重要になる。左ページの図より、梁の構成が強度を大きく左右することがわかる。

また、地震・風圧などの水平力に対しては筋かいや面材などの壁により対応することになる。

最近の軸組構法は壁や屋根・床などに面材を使用するケースも多く、軸組面材構法とも言える。

木造軸組構法

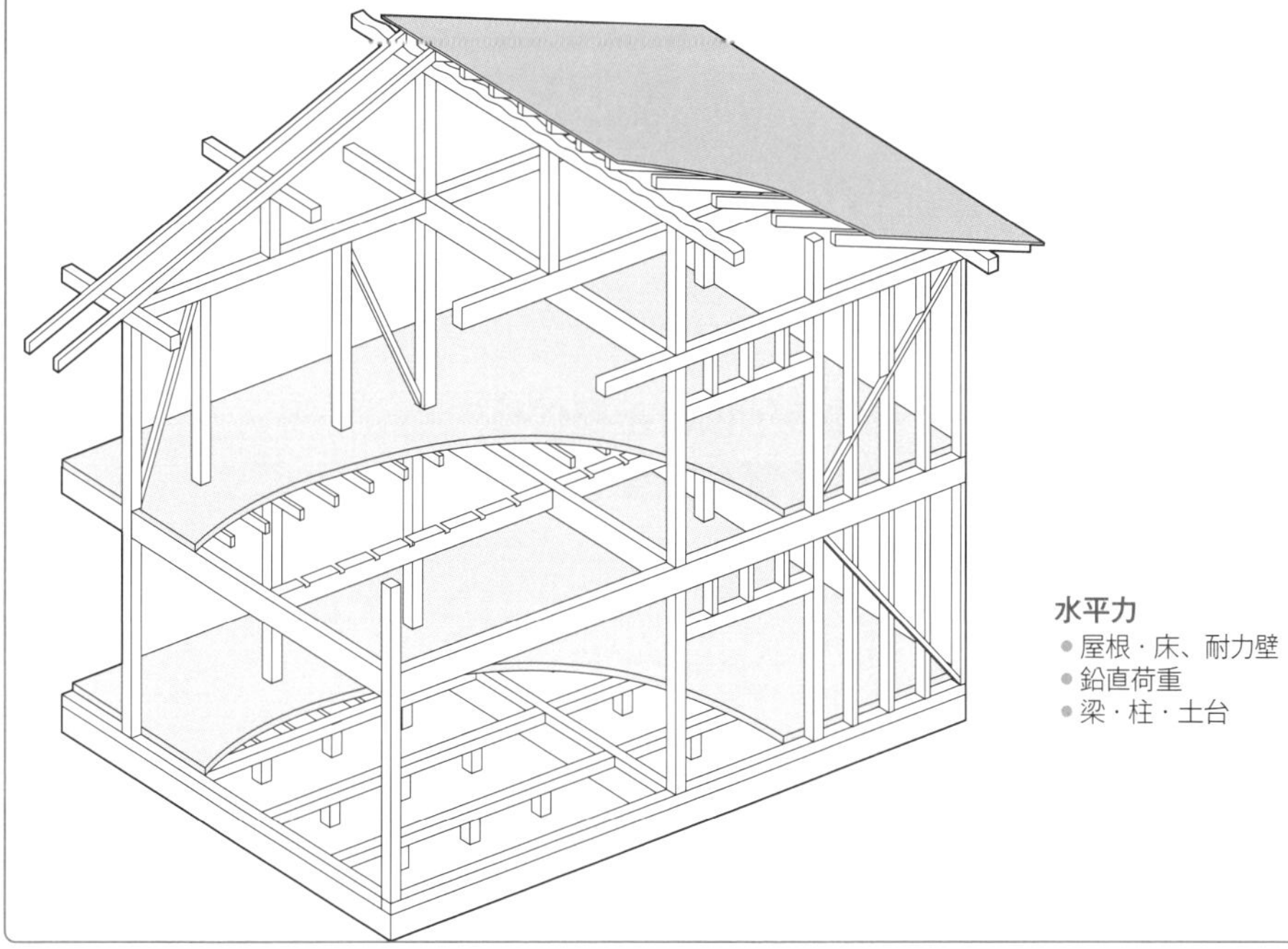

梁の構成

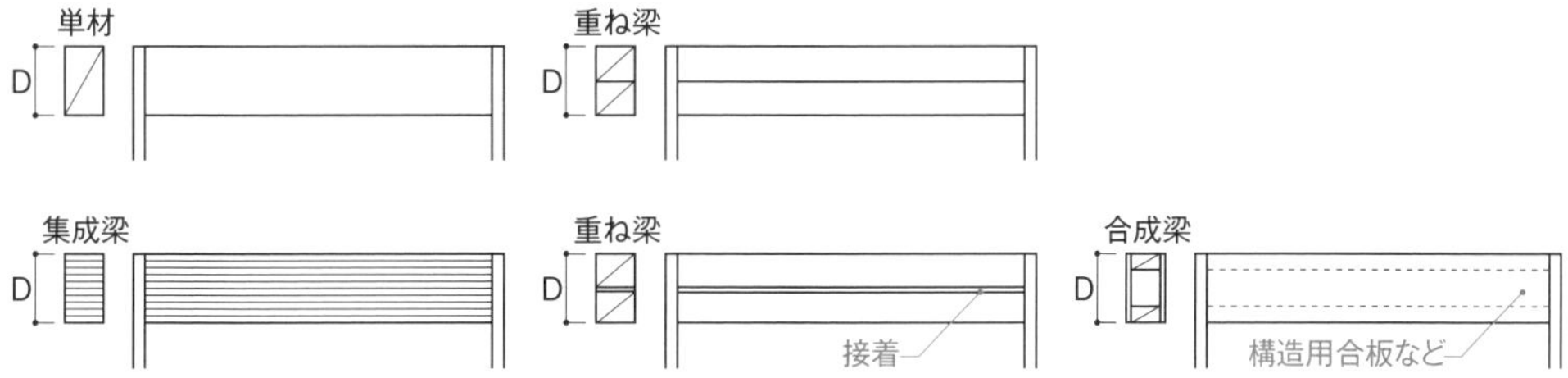

曲げ強度（断面係数と断面二次モーメント）

断面形	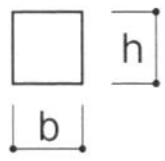	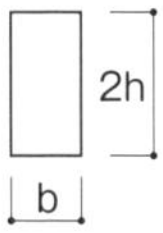	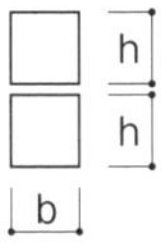	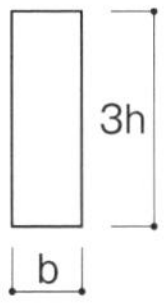	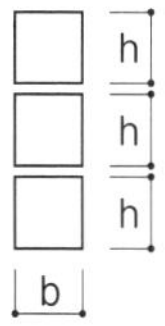
曲げ強度（断面係数）	1	4	2	9	3
曲げ剛性（断面二次モーメント）	1	8	2	27	3

出典：『世界で一番やさしい木構造』（山辺豊彦／エクスナレッジ）

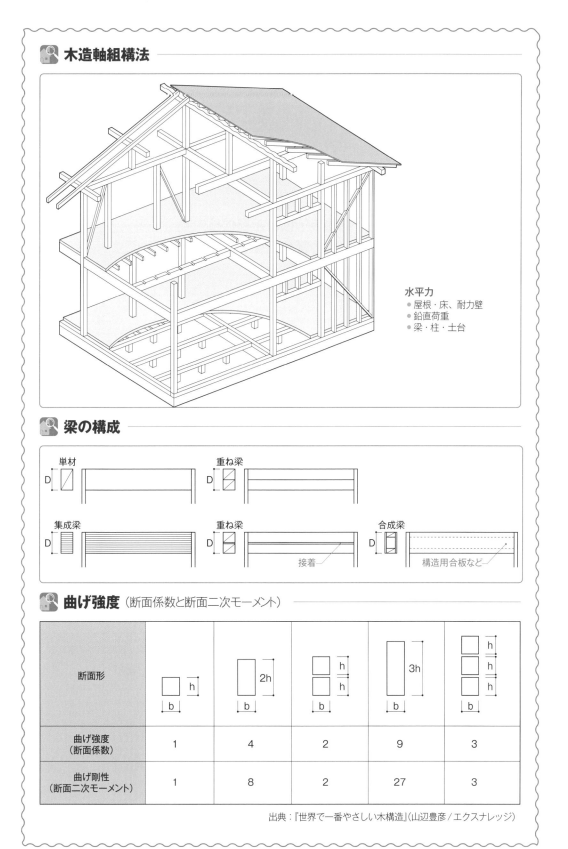

030

地形模式図

▶地形・環境を調べる
▶地質を想定する

▼地形・環境を調べる

木造住宅は直接基礎を採用するケースが多いことから地盤に大きく左右される。したがって、地質を調べることは大変重要である。

地質を見る時に参考になるのが地形模式図である。調査対象の敷地がどのような場所に位置しているのかを検討するには、模式図と比較するとよい。

集落は川辺を中心に形成されている。水は人間生活にとっての必需品であり、農業を営むうえにおいても水は欠かすことができない。したがって、川辺に集落が形成されるが、川は現在のように交通手段がない場合の交通・運搬手段としても活用されてきた。

集落が拡大してくると生活は平地から丘陵地へと広がり、造成が行われ宅地化が進む。

したがって、模式図から地形を検討するとわかりやすい。扇状地か、後背湿地か、丘陵地なのかにより、地形だけでなく周囲の環境も検討できる。例えば、低地では風の心配はないが、地盤は緩く、地震時の揺れは大きくなる。また、水の影響も受けやすく湿度対策が必要になる。丘陵地では当然、風をまともに受けることから、風圧に対する検討が必要になる。

▼地質を想定する

地質を想定するうえでも地形模式図は欠かせない。地形模式図と地質図を重ね合わせると地質状況が浮かび上がってくる。大きく分けて砂質系か粘土質かあるいは造成されているかなどの想定をする。また地下水位などが想定できることもあり、現地での地盤調査をするうえで重要な手がかりとなる。

しかし地質図は全国的には揃っていないことから、地図、地形模式図を手がかりに地盤を想定していかなければならないこともある。資料の収集が困難な場合があり得ることから、地形模式図になじんでおくことは必要である。

沖積平野の地形模式図

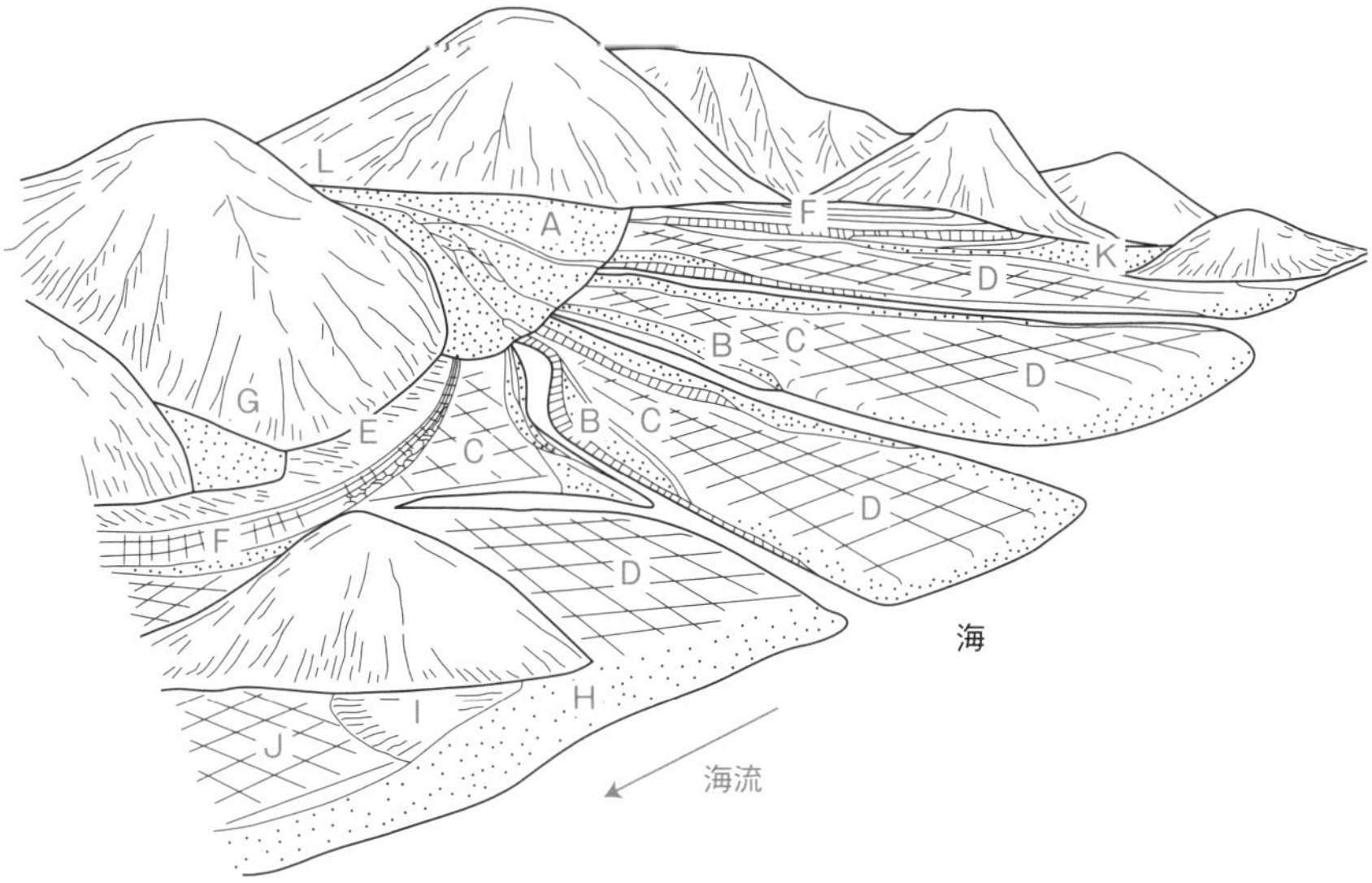

A：扇状地	E：洪積段丘（丘陵）	I：潟湖
B：自然堤防	F：崖錐	J：潟湖跡
C：後背湿地	G：土石流（小扇状地）	K：おぼれ谷
D：三角州	H：海岸砂州	L：崖錐谷

出典：『小規模建築物基礎設計の手引き』（日本建築学会）

● がい（崖）錐・崩積

段丘がい（崖）の足下、山地の急斜面の下にはがけから崩れ落ちた岩塊や砂利がたい積しており、地下水が浸み出ていることもある。地すべりが押し出した砂利の端末であったりもする。山崩れ・がけ崩れ・地すべりなどの危険度が大で、敷地としては不適である。

● 扇状地・埋積谷

山地を流れてきた急流河川が平たん地に出ると流速が減少して、砂礫をたい積させる。その形が扇形をしているので扇状地と呼ばれる。谷幅のせまい所では扇状地とはならず、砂礫の平たん地が生じ、扇状地性平野または埋積谷と呼ばれる。地表面の勾配は1/1000以上であり、砂礫・玉石・転石が主体となった良好な地盤である。

● 沖積低地

三角州：河川が海に入ると、運搬してきた細粒土を河口付近にたい積し、干潟や洲ができる。流れにはさまれた洲の形が三角形をしているので三角州ともいう。地表面は非常に平たんで傾斜は1/2000以下となり、細かい土粒子がたい積したため地盤は軟弱で、地盤沈下を生じたり、地震時に液状化を起こしたりする。地下水面も地表から0.5m～2.0mの範囲にあることが多い。この付近においては、木造住宅には直接基礎（許容地耐力長期3～5t/㎡）となる。
自然堤防：洪水のたびに流路の両側に砂や小礫をたい積して、周辺よりやや高く細長い砂洲を形成することがある。これが自然堤防である。
後背湿地：自然堤防と自然堤防（または洪積台地）との間の低地は河川からの供給が少ないので、細かい粘性土や泥炭などがたい積してきわめて軟弱な地盤をつくる。これが後背湿地であり、通常は水田として利用されている。近くの自然堤防との間で地盤断面が大きく変化することがある。
海岸砂州《さす》：砂が流されて海岸に波で押し上げられ、海岸砂州をつくることがある。比較的良質な地盤であるが、地震時の液状化には十分注意を要する。
海岸砂丘：海岸砂州の砂が季節風で陸に吹き上げられると海岸砂丘ができる。沖積時代にたい積した新砂丘はあまり砂が締まっていないが、洪積時代にたい積した古砂丘はよく締まった良好な支持地盤である。地震時の液状化の可能性について検討する。
潟《せき》湖・潟湖跡：海岸砂州で海が区切られてできた湖が潟湖であり、潟湖は細かな土粒子や泥炭などで次第に埋まり潟湖跡となる。潟湖跡の地表面付近はきわめて軟弱な地層ができる。
おぼれ谷：土砂供給力のない小河川の谷の出口が、自然堤防や三角州のたい積物でふさがれるとおぼれ谷となる。おぼれ谷にも潟湖跡と同様に泥炭などきわめて軟弱な地層ができる。

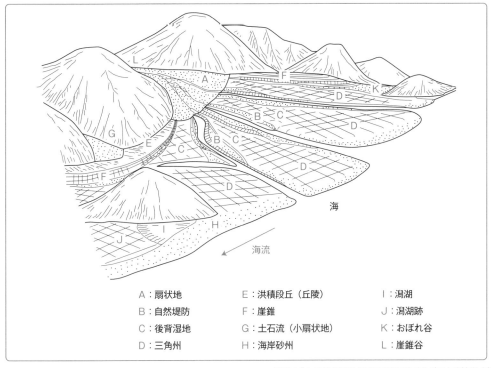

031

地盤の調べ方

▶なぜ地盤が問題なのか
▶地盤の資料を集める

▼なぜ地盤が問題なのか

地盤調査は大変重要である。震災地でいつも感じることは、地震は地盤災害であるとの想いである。本来建ててはならない場所に住宅を建てていることは、被災地でいつも目にする光景である。

建築基準法においても、昭和55年建設省告示第１７９３号により地盤の分類が明記されている。そして第三種地盤の場合には木造住宅の壁量を1.5倍にしなければならない。したがって、耐震診断を行うにあたり、地盤調査は不可欠の要素と言える。地盤調査の方法もマクロから調べていくことになる。そして最終的には現地で、地形を判断し地盤を掘って確認する。

最近、震災のたびに問題になるのが液状化現象である。液状化現象で不同沈下している建物もよく見かけるが、しかしこれは震災に限ったことではなく、一般的にも不同沈下の事故は多く、居住者が認識していないこともある。不同沈下は程度により気づかないこともあるが、修繕しようとすると費用はかかることから、注意が必要である。

▼地盤資料

地盤を調べる方法は意外と身近にある。まず地図で地名を調べる。地名は地形を表していることが多い。また川など水との関係を見る。それ以外にも地質資料により調べる方法もある。

▼地盤関係の資料

地盤を調べる主な資料としては以下のものが挙げられる。

・地形図　・地図
・古地図　・土地条件図
・地盤図　・地質柱状図
・ハザードマップ

まず地盤の資料を集め、その後現地へ行き、必要な情報を集める。そして地盤調査を行うことが望ましい。

大事なことは人任せにしないことである。

地形を表す地名の例

地　　形	地　　名
低湿地	アクダ、アクド（悪田）　アベ（阿部）　アワラ（芦原）　ウダ（宇田）　エダ（江田）　カツマタ（勝俣）　カマタ（蒲田）　クボ（久保）　コタ（古田）　ゴンダ（権田）　トダ（戸田）　トベ（戸部）　トロ、ドロ（土呂）　ニタ、ニト（仁田）　ヌタ（沼田）　ノタ（野田）　ミドロ（美土呂）　ムタ（牟田）　ヤノ（矢野）　ヤツ（谷津）　ヤト（谷戸）　クダ（久田）　アダチ（足立）　ス（洲）　ヤダ（矢田）　イグサ（井草）　スガヤ（菅谷）　イナギ（稲城）
砂州・干潟	イサ（伊佐）　イサゴ（砂子）　ス（洲）　スカ（須賀）　ユサ（由佐）　ニイガタ（新潟）　イワワダ（岩和田）　エド（江戸）　ヨコハマ（横浜）
崩崖	アヅ（小豆沢）　アボ（阿保）　ウツ（宇津）　オシダシ（押出）　カケ（掛）　カレ（干）　クエ（久江）　ザレ（座連）　ダシ（出谷）　ツエ（津江）　ボケ（歩危）　トウゲ（峠）　イリマ（入間）　アサ（阿佐）　ガイ（涯）　スイ（錘）
低地	コシガヤ（越谷）　シブヤ（渋谷）　ソシガヤ（祖師谷）　ヒモンヤ（碑文谷）　カスヤ（粕谷）　セタガヤ（世田谷）　ユキガヤ（雪が谷）　ミゾノクチ（溝ノ口）　イグチ（井口）　オクサワ（奥沢）　フカサワ（深沢）　フジサワ（藤沢）　コマザワ（駒沢）　オギクボ（荻窪）　コイガクボ（恋ヶ窪）　オオサカ（大阪）　アカサカ（赤坂）　アサクサ（浅草）
水に関わる地名	水　川　海　池　井　田　サンズイ（サンズイが入る）　江　沼　島　州　津　泉　橋
新田・開墾（山）	ノダ（野田）　マチダ（町田）　コウヤ（興谷）　コモリ（小森）　シンヤシキ（新屋敷）　ナンゲンヤ（何軒屋）
干拓地（水辺）	オキ（沖）　ベフ（別府）　タシロ（田代）　シモダ（下田）　タナベ（田辺）

角川小事典、「日本地名事典」（新人物往来社）他より作成

地質図の例

地質図からは地形の様子がわかる。また、地層や地質状態も示されている。

（産業統合技術総合研究所地質調査総合センター発行、1/50000）
第60635500－A－20100217－002号

032

ローム層について

▶ロームと赤土との関係
▶ローム層の区分を調べる

▼ロームと赤土

ロームというのは、土性を表す言葉であり、左ページの土の判別表にあるように、砂・シルト・粘土の混じりあった土壌の呼び名である。地質学では関東一円に分布するローム（赤土）を関東ロームと称している。同じ火山灰起源の赤土は日本各地で見られ、地域名称をつけて呼んでいる。

ローム層は、赤土だけではなく、色や硬さ、厚さ、ロームの中に含まれる鉱物によっても異なる。また、軽石層やスコリア（岩滓、火山から噴出された発泡の良い黒色の焼石）が含まれている場合もある。ロームが赤いのは土中に鉄分が含まれているからで、酸素と反応して錆が出て赤くなる。

▼ローム層の区分

ローム層は火山灰によるものだが、火山の噴出物は、火山放出物、火砕流、溶岩に分けられる。特に火山放出物を見ると、火山の噴火時に噴き上げられたものは、大きさによって火山塊、小豆大の礫、火山灰などがある。これらの放出物は、大きいものは近くに降り積もり、細かくて軽い火山灰は上空2000m以上まで噴き上げられ、偏西風に乗って東に運ばれ降り積もる。

関東ローム層は主に新しい順に立川（約2m程度）・武蔵野（約5m程度）。下末吉、多摩の4層に区分されている。

・立川ローム層　3万～1万年前
・武蔵野ローム層（古富士火山、箱根火山）　6万～3万年前
・下末吉ローム層　13万～6万年前
・多摩ローム層─八ヶ岳方面（浅間山、榛名山、赤城山など）

ロームは土粒子が比較的細かい割に粒子間の間隙が大きく、透水性や保水能力がある。普通は水を含むと軟らかくなるが、ロームは粒子間の結合力が強いため、高い保水性と支持地盤を有している。木造住宅の基礎地盤としては安定地盤である。

土の判別表

土性名	略　号	粘土含量（%）	特　徴
砂土	S	12.5以下	ほとんど砂ばかりで粘りがない
砂質ローム	SL	12.5～25.0	肉眼的には1/3～2/3が砂
ローム	L	25～37.5	肉眼的には1/3以下が砂
シルト質ローム	S1L		粘り気のない粘土（シルトが多く含んでいる）
粘土質ローム	CL	37.5～50	粘りのある粘土　砂が見られる
粘土	C	50以下	粘りのある粘土　砂が見られない
礫質	G		2mm以上の小石を含む時はこの形容詞をつける

出典：『地学教育講座5/地形と土壌/土壌』(松井健/福村書店)

● 関東ローム層と段丘との関係

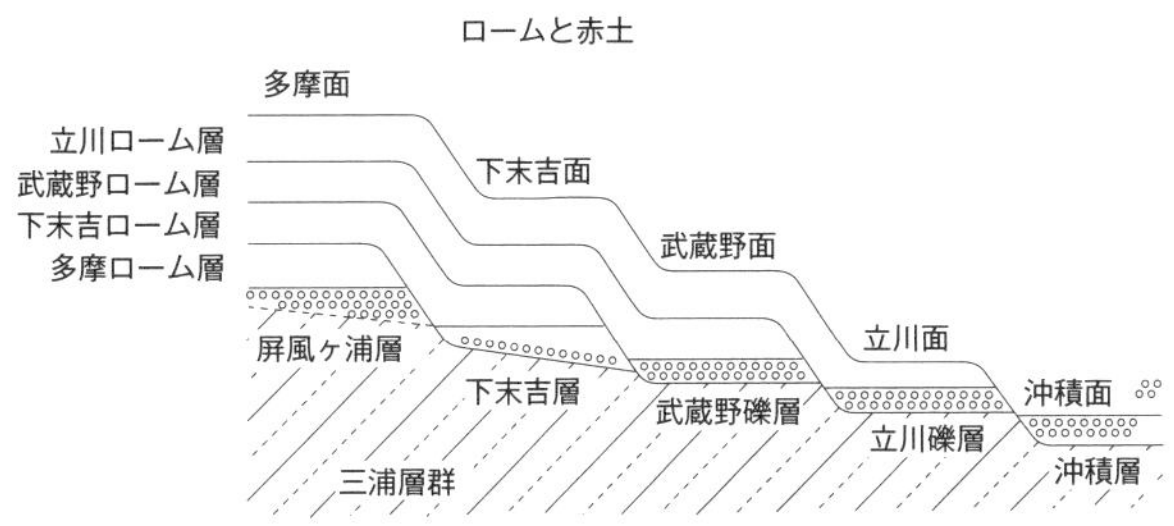

● 軽石層の厚さの変化

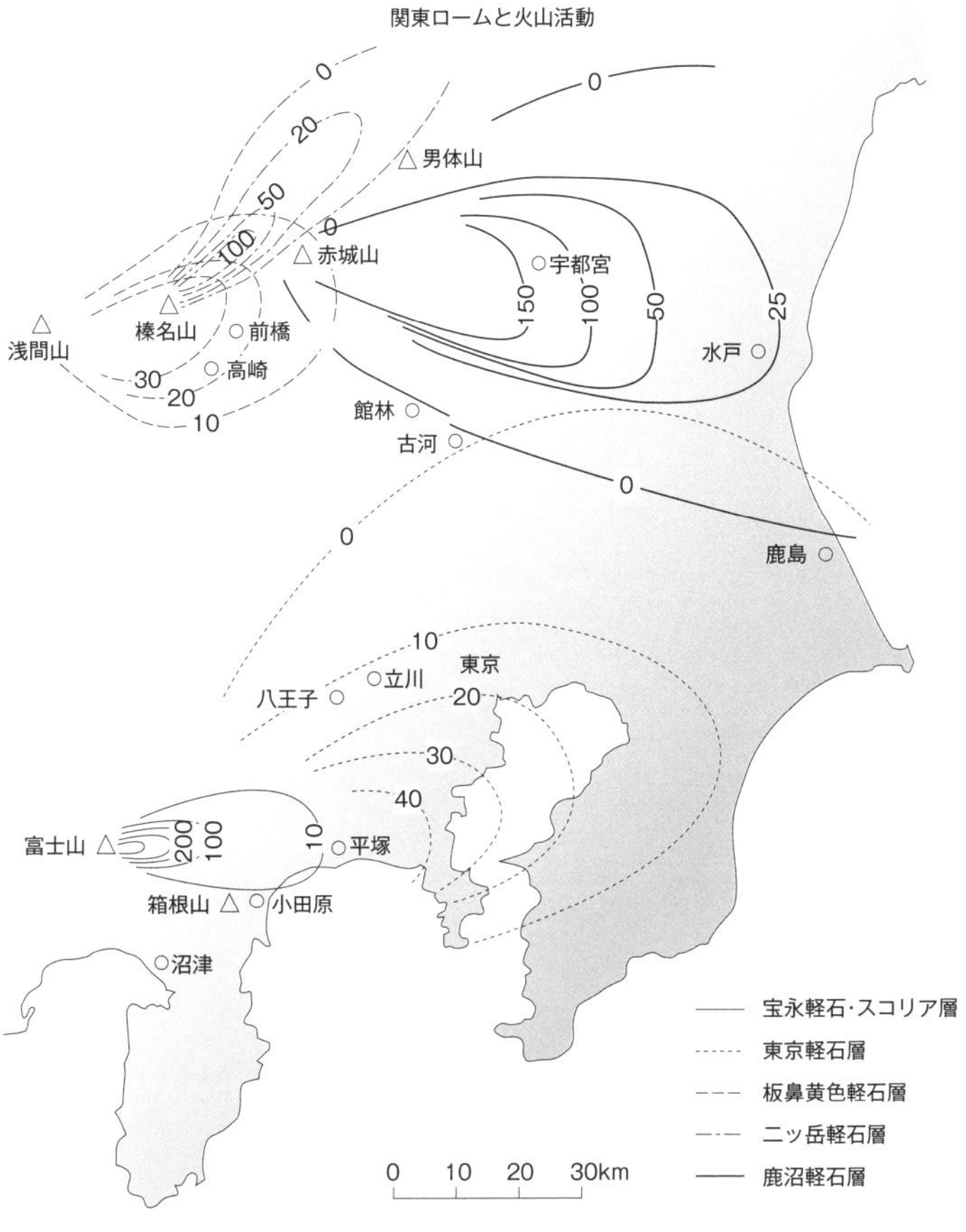

出典：『関東ローム』（関東ローム研究グループ/築地書館）

033

土留の有無と種類

▶崖の定義と土質による勾配の差
▶間知石と鉄筋コンクリート擁壁

▼崖の定義と土質による勾配の差

急斜傾地とは傾斜度が30度以上ある土地をいう。したがって、崖の定義は硬岩質以外の土質で30度以上の斜面の崖という。

日本は70%以上が山地であり、丘陵地に木造住宅が建築されていることが多いが、丘陵地に建築しようとする場合には、30度の傾斜以内に擁壁の基礎を造る（左ページ上段の図⑵。丘陵地に木造住宅を建てる場合には、地盤が崩れないように基礎の定盤が30度の勾配内にあるように注意する。この傾斜に抵触する場合には杭を打つなどの検討を行う。

▼擁壁の種類

傾斜地に設置する擁壁は切土が2.0m以下、盛土の高さが1m以下の場合で、透水層や水抜穴を設ける。擁壁は鉄筋コンクリート、間知石《けんちいし》で定められた施工方法により造られなければならないが、ブロック、大谷石、石積みなどにより行われている場合も多い。このようなぜい弱な土留を見かけることが多い。本来は施工不可である。

また鉄筋コンクリート造の場合にはベースをコンクリートで打設し、埋土を行い転倒防止をする。または間知石などの場合には傾斜角度なども重要である。その他にも、擁壁が沈下しないように基礎、ベースにおいて地耐力を確保する。裏込めや水抜きにも注意が必要となる。

しかし鉄筋コンクリートの擁壁の場合にはベースの上に新しい埋土層を設けることになる。そのため既存地盤との間が異質地盤となる。ベースの上に木造住宅が、乗る部分と旧地盤の上に乗る部分に分かれ、不同沈下を生じることも考えられることから注意が必要である。むしろ、間知石の擁壁の方が異質地盤が生じることがないが、傾斜角が必要となることから土地利用率は減る。

がけの定義と擁壁の種類

硬岩以外の土質で30度以上の斜面を崖と言う。途中に小段がある時は図のように扱う。

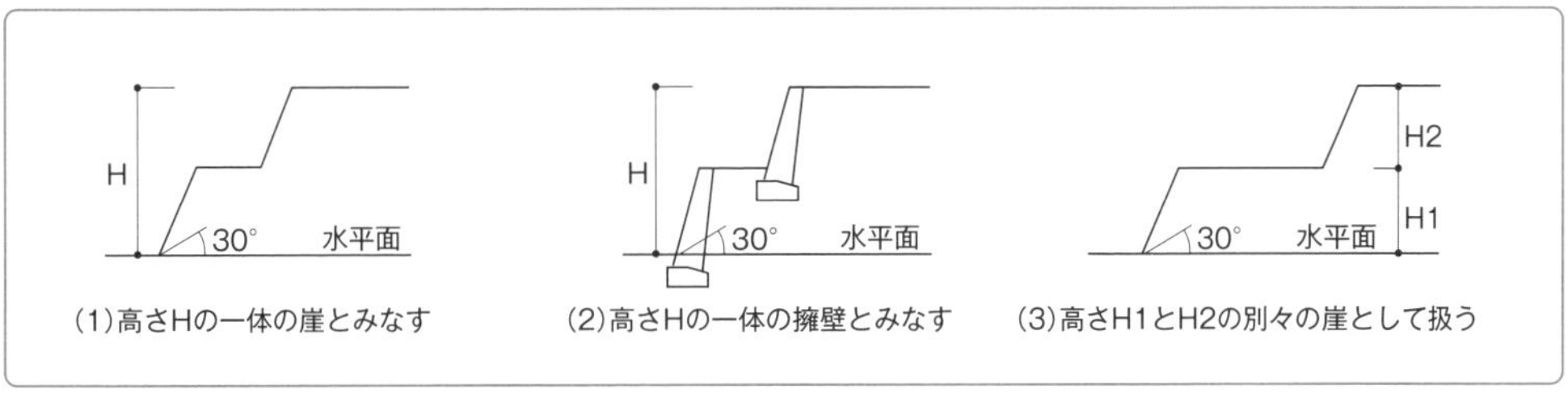

(1)高さHの一体の崖とみなす

(2)高さHの一体の擁壁とみなす

(3)高さH1とH2の別々の崖として扱う

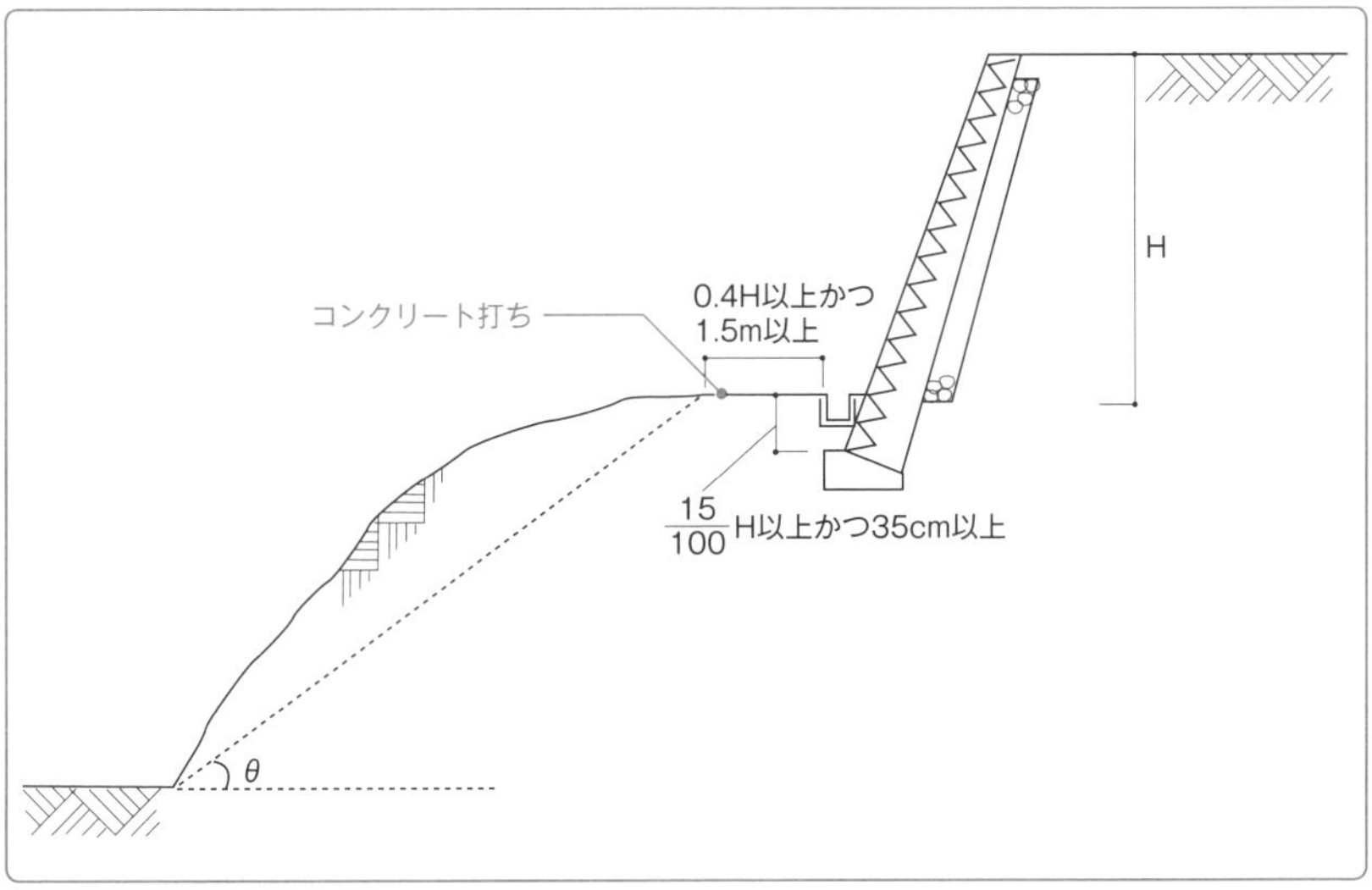

● **間知石による擁壁**

間知石による擁壁は切り土の場合が多い。

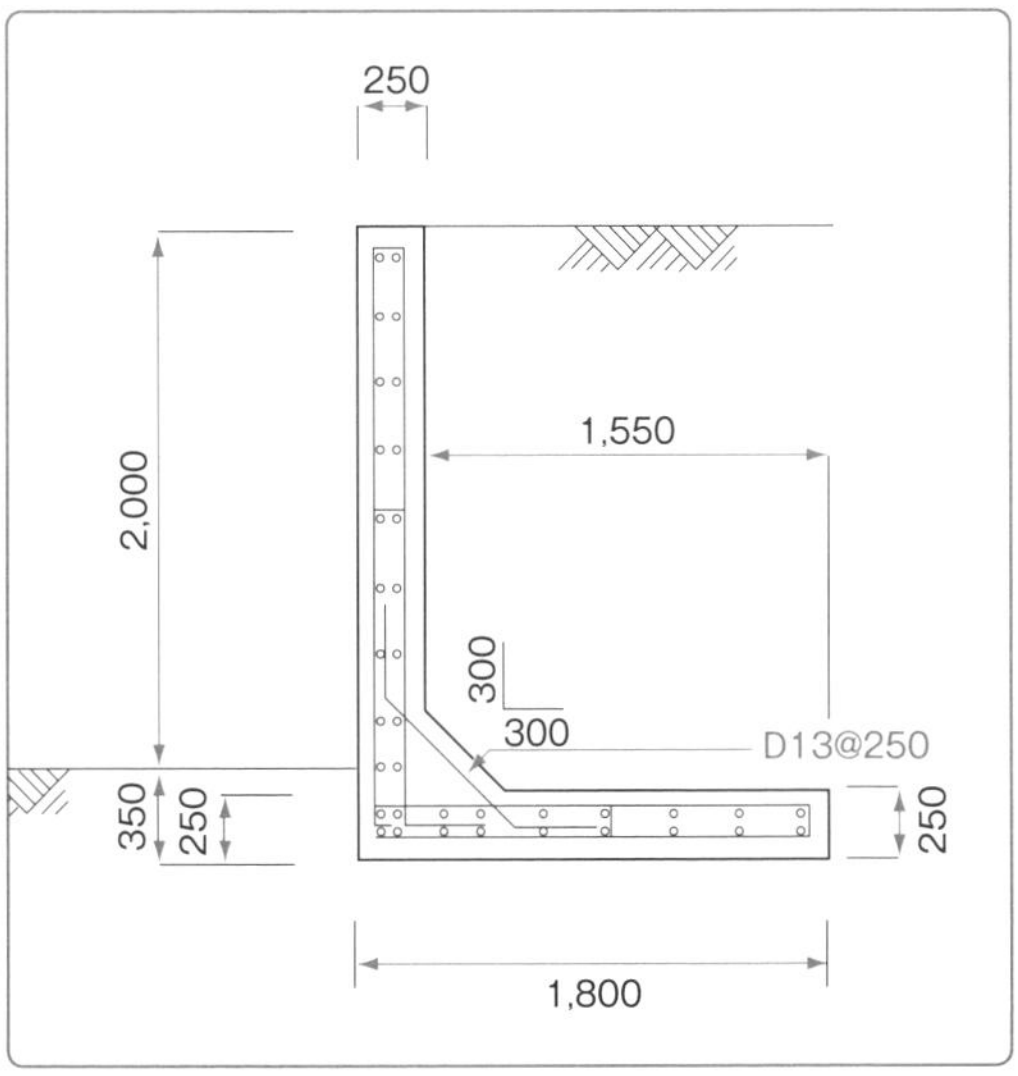

● **鉄筋コンクリートによる擁壁**

鉄筋コンクリート擁壁は埋土・造成地盤に多く利用されている。ベース上は埋土となることから木造住宅の基礎の場合には不同沈下を生じることもあるので注意が必要である。

● **崩壊した土留**

034

直接基礎

▶直接基礎の変遷と形状
▶布基礎とベタ基礎

▼直接基礎の変遷と形状

既存の木造住宅の基礎形状にも変遷があるので注意が必要である。建築基準法の制定により、昭和25年以後は外周布基礎となり、昭和46年に建物内部も布基礎にするように定められた。また基礎の形状も平成12年建設省告示第1347号までの基礎形状は、平家の場合ベースがなく、木造2階建てでベース幅360㎜、厚さ120㎜と定められて、鉄筋コンクリート基礎が要求されるようになった。左ページに平成12年告示第1347号で定められた内容を示した。

確かに改正のたびに基礎は強くなってきているが、調査の時には、基礎の形状に問題がある場合が多いことから、必ず掘って調べたい。逆に通気性は悪くなり、床下の換気は取りにくくなっている。

昭和30年代頃には、お神楽という平家の上に2階を載せる工事が多く行われていたが、このような場合にも基礎の補強はあまり行われていない。

2階建ての場合には布基礎にベースが必要になるが、基礎の補強が行われているかを調べなければならない。また基礎コンクリートに鉄筋を入れるようになったのも昭和46年に旧金融公庫共通仕様書に配筋図が記載されてからである。

▼布基礎とベタ基礎

布基礎は30 kN／㎡以上の地耐力の時に行われる基礎である。地耐力が20～30 kN／㎡の時にはベタ基礎としなければならない。

左ページの図においてベタ基礎と布基礎の配筋図を参考として示したが、丘陵地においては硬質地盤の地山部分が傾斜していることから、造成地盤面において盛土の厚さの差が生じるため、基礎が不同沈下しやすい基礎になり注意が必要である。したがって、地山の傾斜を調べ、基礎の形状を決めることが望ましい。

布基礎底幅

地耐力（KN/㎡）	底盤の幅（mm）	
	平家建て	2階建て
30以上50未満	300	450
50以上70未満	240	360
70以上	180	240

基礎の構造形式

長期地耐力（KN/㎡）	基礎杭	ベタ基礎	布基礎
20未満	○	×	×
20以上30未満	○	○	×
30以上	○	○	○

● ベタ基礎の断面と配筋の仕様規定

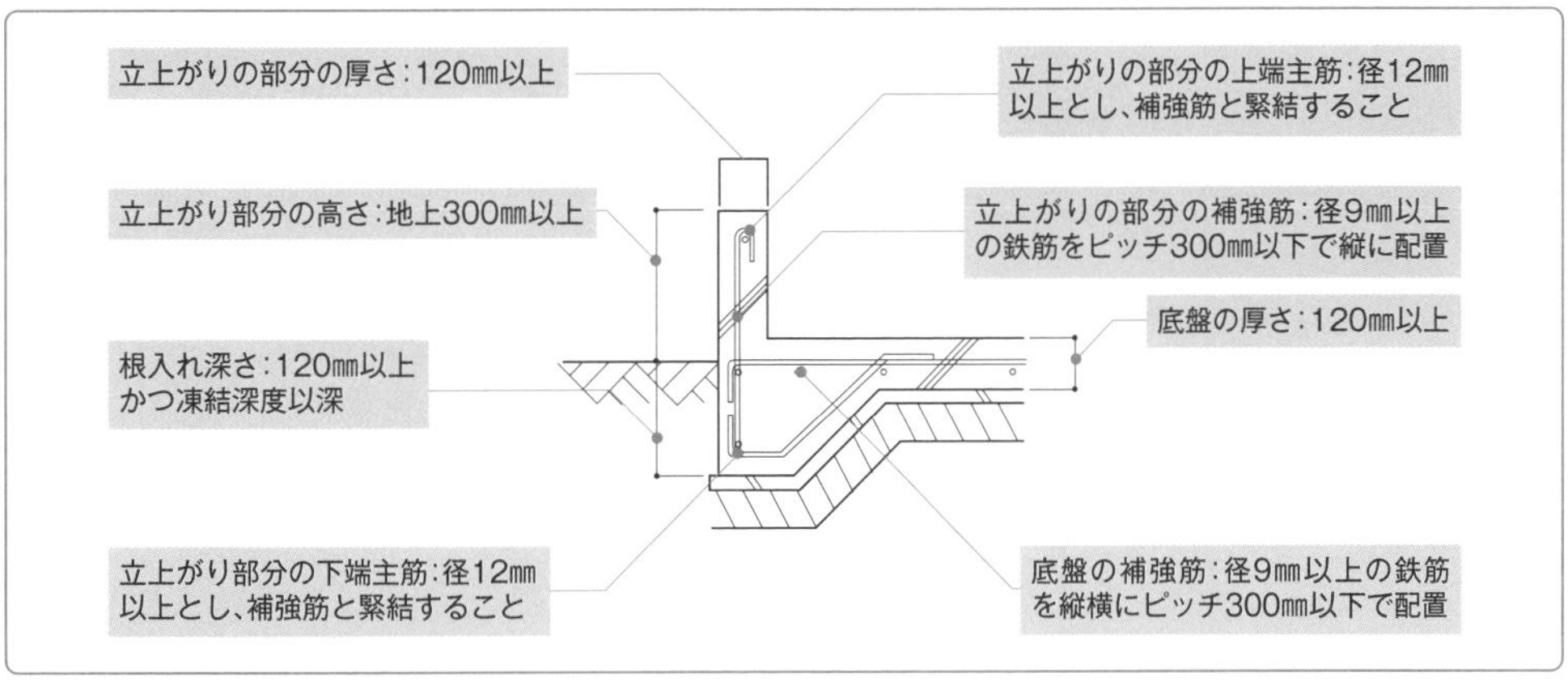

● 布基礎の断面と配筋の仕様規定

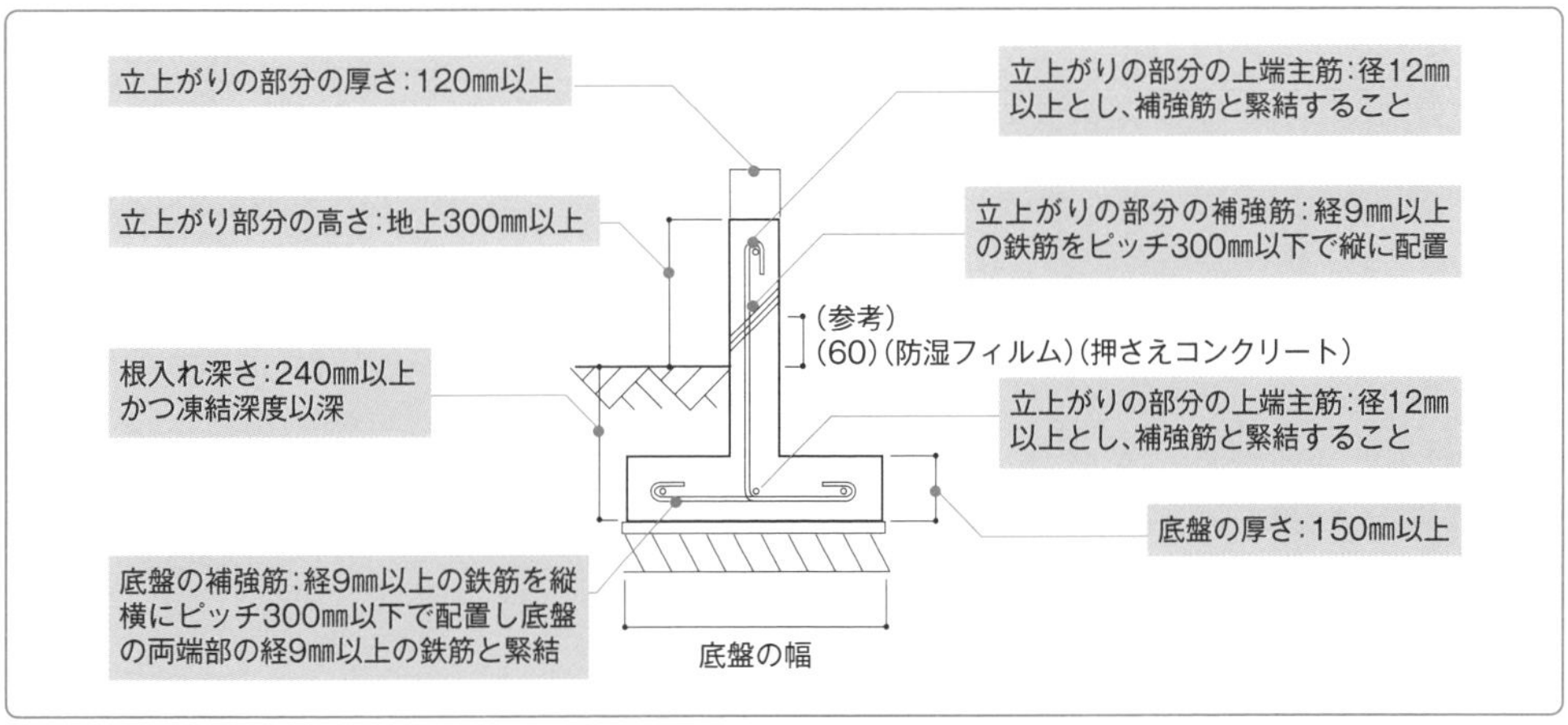

035

筋かいと面材

▶耐力壁の役割
▶筋かい
▶面材

▼耐力壁の役割

耐力壁には、木造住宅が地震や風圧により横からの水平力を受けた時、水平抵抗力により建物を守る役割がある。

木造住宅は柱や梁などの軸組みにより構成されるが、鉛直荷重は柱・梁で対応するものの、水平力に対しては壁に水平耐力をもたせることになる。水平耐力の計算は壁量計算により求めるが、地震力、風圧力により必要壁量が定められる。

壁量の検討にあたっては、壁の配置バランスに注意しなければならない（偏心）。

▼筋かい

筋かいは圧縮筋かいと引張り筋かいに分けられる。圧縮筋かいは筋かいの中間座屈防止の強度が定められており、筋かいの厚さが30㎜（三ツ割）、45㎜（二ツ割）、90×90角などがあるが、中間部を間柱で固定しなければならない。

また、筋かいをタスキにする場合には、筋かいを切断しない。筋かいの上下端部のめり込みにも注意が必要となる。

引張り用の筋かいの場合は薄い筋かい（15×90㎜）またはブレース（鉄筋9㎜以上）が使用されるが、筋かいの強度は両端部の接合により決まる。ただしタスキにしても引張り側の強度にのみ依存することから、筋かい量を2倍にはできない。

▼面材

面材は構造用合板に代表される。最近は各建材メーカーから各種面材が販売されているが、ここでは構造用合板の説明とする。構造用合板などの面材は釘の強度によっている。

面材の厚さは7.5㎜以上で釘はN50釘を150㎜間隔に打ち込み、構造用合板の継手部分の受け材も厚さ45㎜以上とする。また釘のめり込みがないように打たなければならないことから、機械打ち込み時には注意が必要である。

木造建物の耐力壁の数値

建物の種類	耐力壁の数値		
	1階建	2階建	3階建
金属板、石綿ストレートの瓦など軽い屋根葺材の建物	11	15 29	18 34 44
瓦など重い屋根噴材の建物	15	21 33	24 39 50

注）・地盤が著しく軟弱の場合にはこの値の1.5倍をとる
　　・建物内の車庫面積も床面積に参入すること
　　・偏心　壁のバランスの悪い場合

筋かいの接合例

厚さ30㎜以上で幅90㎜以上の木製筋かい

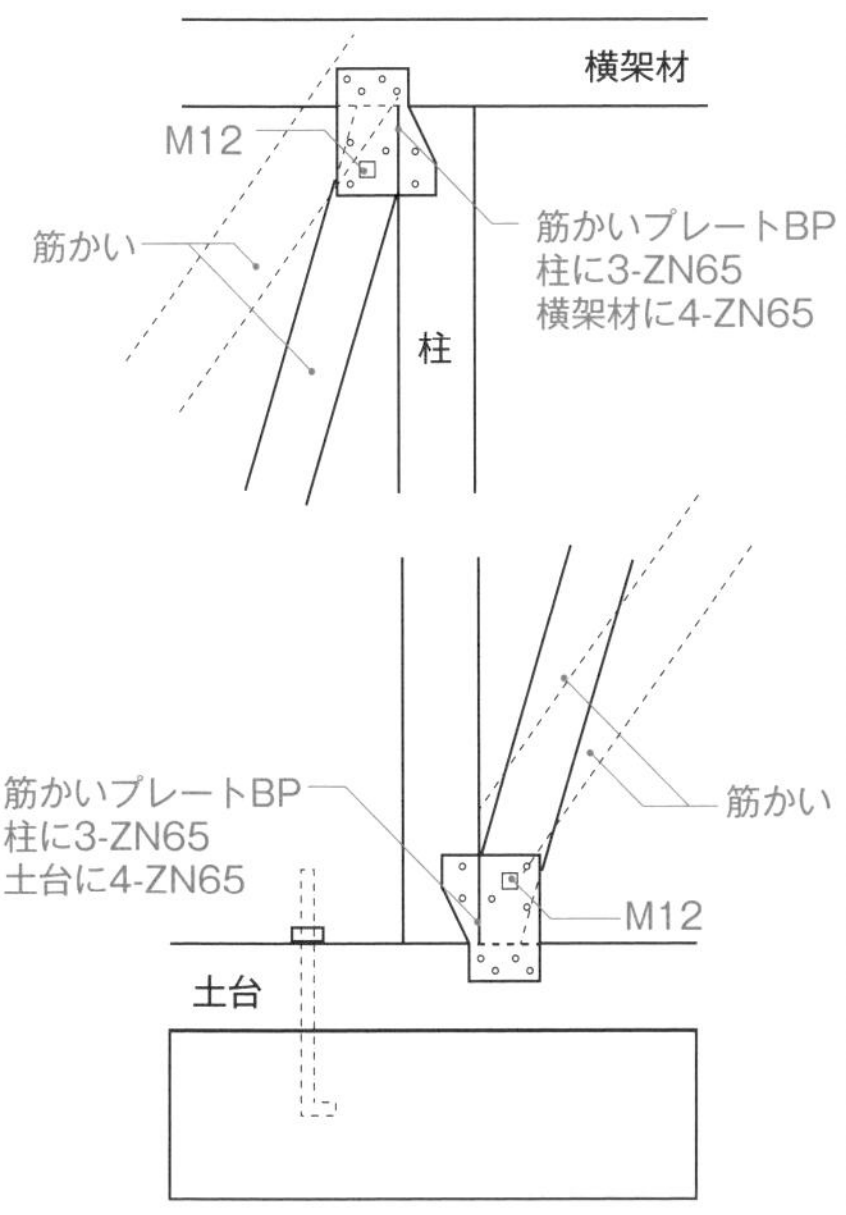

ニッ割（45×90㎜）の筋かいの場合には、BP-2を使用する

面材の接合例

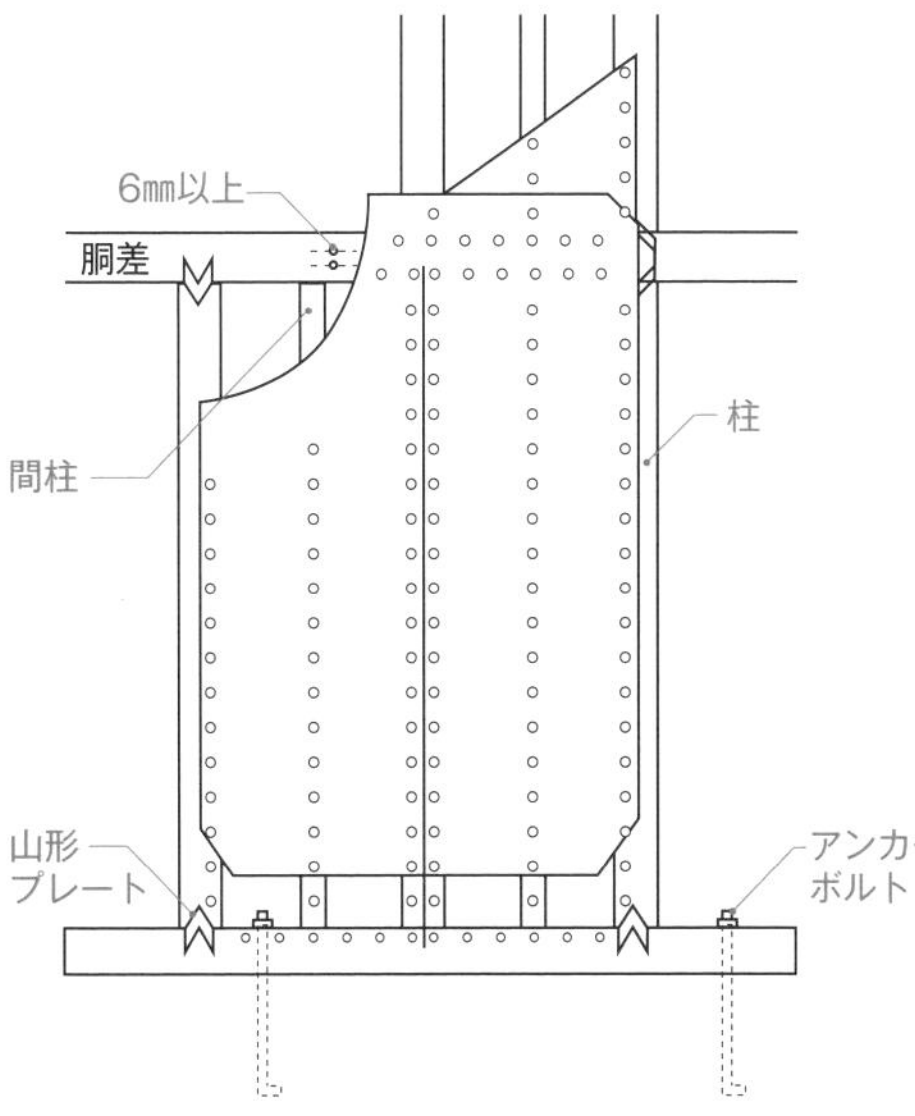

アンカーボルトの位置は柱心から200㎜内外
構造用面材による補強例。柱脚および柱頭の仕口の補強は平成12年建設省告示第1460号による

036

外装材・内装材の変遷

▶屋根材
▶外壁材
▶内装材

▼屋根材

木造住宅の仕上げは時代とともに変わってきている。江戸・明治時代は材料の運搬手段も海や川からで舟が主であったと思われる。素材も木材、茅、焼き瓦などの自然素材であったが、昭和30年頃よりカラー鉄版、昭和50年頃より彩色石綿板が多く利用されており、最近ではガルバリウム鋼板・瓦・彩色石綿板が多く使われている。

もちろん都市部と地方では多少の差はあるものの、昭和30年代頃から運搬手段も飛躍的に向上し、地方においても都市部と同じ建築資材を入手することができるようになってきた。

▼外壁材

外壁材にも時代の変遷は見られる。外壁材の場合には都市部における法規上の制限も影響し、特に防火上の制限は厳しくなってきている。江戸・明治においては土壁が主流で予算のある建物では漆喰が仕上げに使用されていた。板などもよく使われており、南京下見板などは代表的な仕上げである。

戦後、昭和30年代、高度経済成長の時代には木造住宅も数多く造られ、羽目板張り、鋼板、モルタル塗りの壁が多用されている。外部の建具が木製からアルミサッシに変わってきたのも、昭和30年代の後半である。昭和50年代頃には彩色石綿板、俗に言うサイディングが多用されており、ガルバリウム鋼板なども多く利用されている。下地に構造用面材も使用されるようになってきた。

▼内装材

内装材も江戸・明治・大正・昭和初期までは小舞壁下地の土壁、また昭和30年代後半に入りラスボード下地の京壁、繊維壁などの塗り壁が多く、プリント合板なども使用されている。そして昭和40年以降は石膏ボード下地のクロス張りが多く、最近はケイソウ土、板張りなど自然素材も復活している。

外装材・内装材の変遷

	屋根材	外壁材	内壁材	内装下地
明治～大正		・土壁 ・南京下見板	・土壁 ・漆喰	・小舞壁下地 ・木摺
昭和初期～ 昭和30年代		・漆喰 ・羽目板	・漆喰 ・京壁 ・繊維壁 ・プリント合板	・小舞壁 ・木摺 ・ラスボード
昭和40年代		・ラス下地 ・モルタル ・竪羽目板	・繊維壁 ・プリント合板 ・クロス	・小舞壁 ・石膏ボード
昭和50年代 以降		・面材下地 （サイディング、 モルタル）	・クロス	・石膏ボード
平成～令和		・面材下地 （サイディング、 モルタル） ・サイディング ・ガルバリウム 鋼板	・クロス ・珪藻土 ・板張り	・石膏ボード

037

建物の劣化

▶屋根、外壁の劣化
▶設備、配線、配管、機器の劣化
▶構造部材の劣化
▶木造住宅の耐用年数

▼屋根、外壁の劣化（建物の外装）

外装廻りの劣化は一番目に付きやすく、目立つ。日常のメンテナンスによって、劣化の進行は当然違ってくる。外装はもっとも風雨にさらされるため、劣化することは当然と言える。屋根の瓦の風化、外壁モルタルの浮き、クラックなどは避けられない。

しかし、屋根・外壁の劣化は外観的に目立つことから、建て替えを進められることも多いと思われる。屋根、外壁のリフォームにより屋根材を葺き直したり、外壁材を張り替えることは可能なことで、これをもって建物の耐用年数とは言えない。

▼設備、配線、配管、機器の劣化

電気配線、給排水管の劣化も当然生じる。布の電気配線は漏電、土管を使った給排水管はそのずれ、金属製の配管内は錆が、それぞれ問題となる。設備機器の旧式化など配線・配管の劣化についても取り替えを行えばよい。

配線、配管は30～50年程度で行うリフォーム、設備機器は20～30年程度で行うリフォームである。

▼構造部材の劣化

住宅の構造部分は、基礎コンクリート、木造軸組材、各接合部、金物などが考えられる。

これらも構造リフォーム時に劣化部分を取り替え、強度が不足する部分には補強すればよい。木造軸組構造はそれが可能である。

▼木造住宅の耐用年数

木造住宅は直しながら使用するもので、単純に年数で耐用年数を判断することは非合理的と言える。

ほとんどの仕上げ部材は、リフォームする時に取り替えていくものである。耐用年数は年数で判断するものではなく、リフォームの長期修繕の計画を行い、居住者があと何年使用するかを決めればよい。設計者はそのお手伝いをすることになる。

建物の劣化の状況

屋根の劣化

配線の劣化

外壁の劣化

基礎の劣化

米国('97)

TS = 112,357,000
F = 1,474,000
TS/F = 76.2年

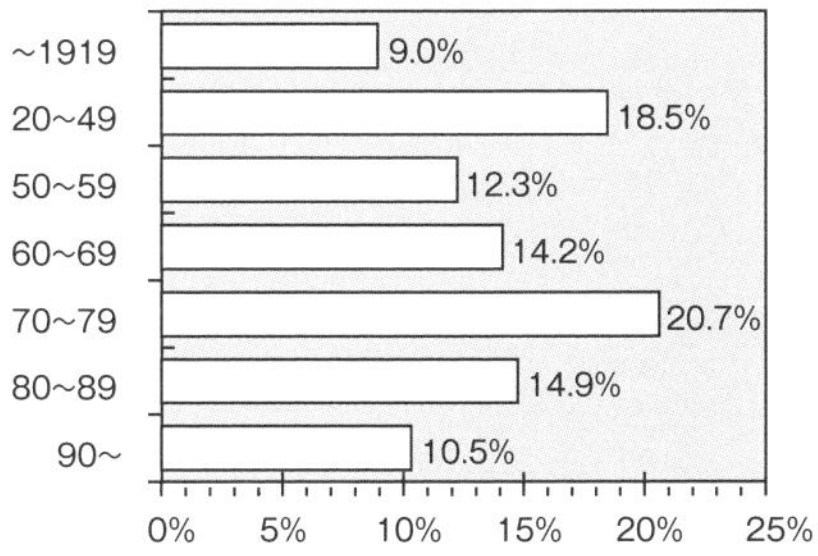

英国('96)

TS = 19,932,000
F = 174,212
TS/F = 114.4年

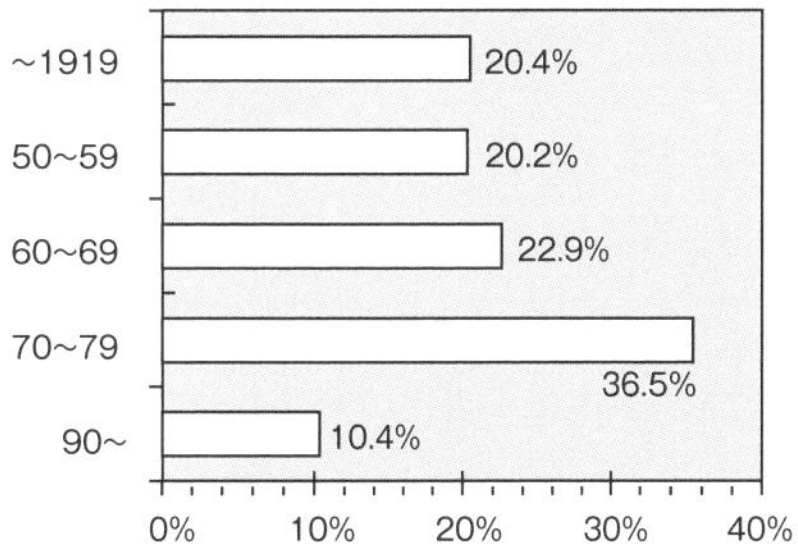

フランス('98)

TS = 28,749,000
F = 282,684
TS/F = 101.7年

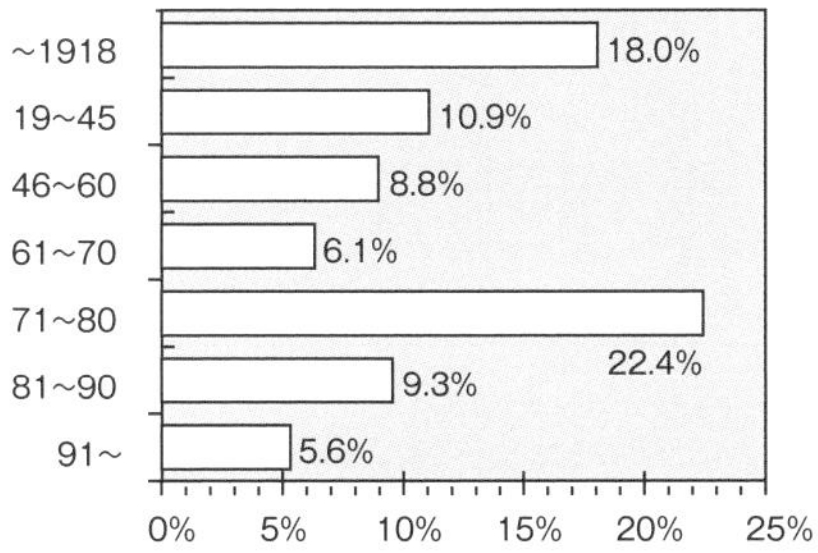

ドイツ('97)

TS = 37,050,000
F = 374,518
TS/F = 98.9年

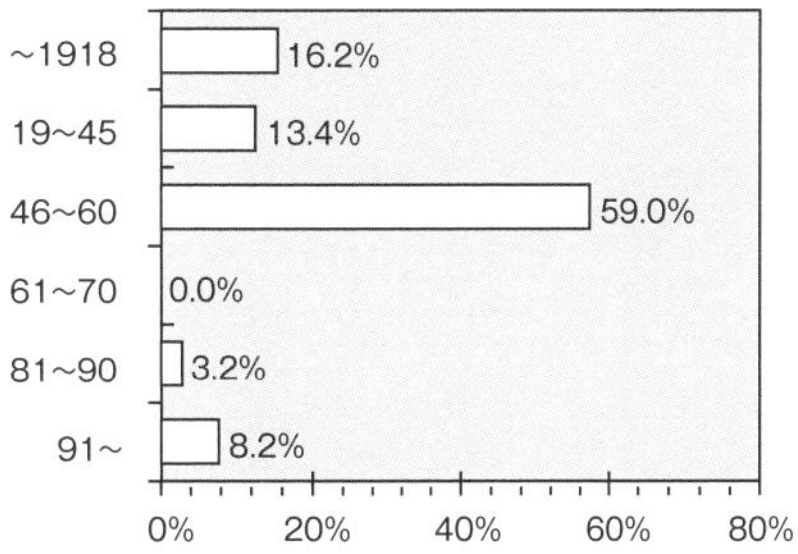

日本('98)

TS = 43,922,000
F = 1,198,245
TS/F = 36.6年

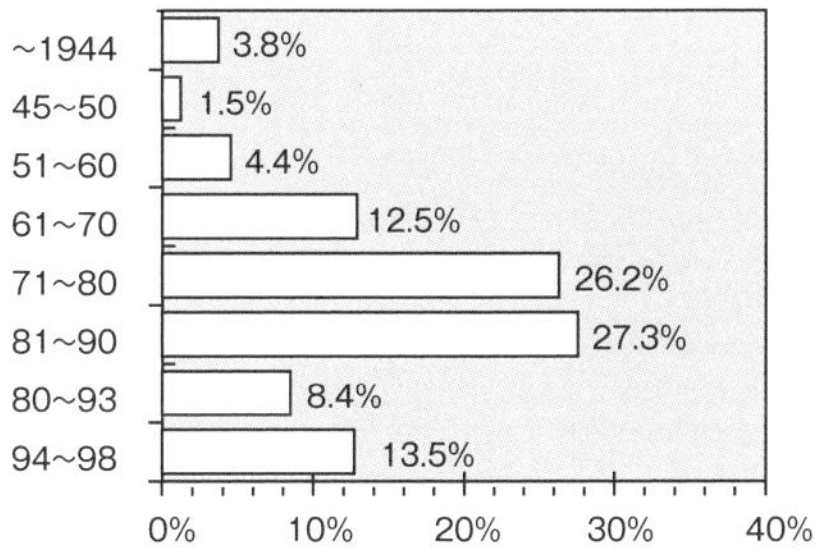

TS：既存総戸数
F ：年間新設住宅戸数

住宅ストックに関する国際比率
『海外住宅 DATA-NOW・14 2000』より作成

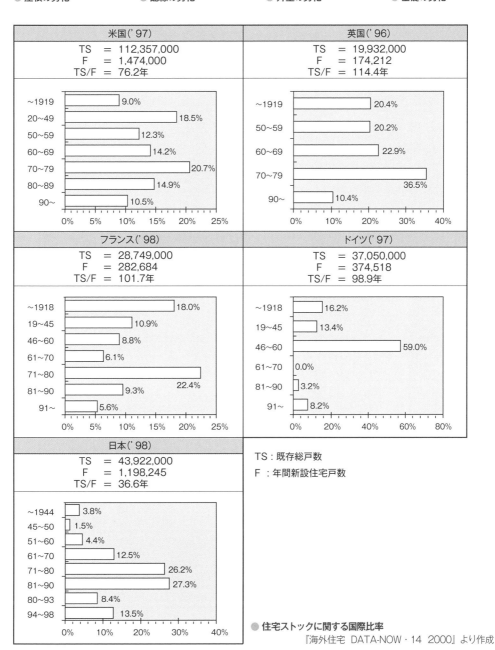

038

木材の耐蟻性と耐久性（生物劣化）

▶シロアリによる被害を見る
▶腐朽菌による被害

▼シロアリによる被害

シロアリは日本に8種類ほど生息しているようであるが、主にはヤマトシロアリとイエシロアリである。ヤマトシロアリの飛翔は4～5月の昼間、イエシロアリの飛翔6～7月の夜である。ヤマトシロアリ飛翔距離は100m程度。ヤマトシロアリは全国に、イエシロアリは関東以西の海岸沿いに生息していると言われている。また、ヤマトシロアリと比較するとイエシロアリの方が体長も少し大きく動きも活発である。シロアリはコロニーも大きく数万匹の集団になり、水分も運ぶ能力があることから、小屋組にも大きな被害を与える。どちらもフェロモンをたどり活動することから、蟻道を作りその中を行き来する。しかしシロアリを退治してもコロニーを取り除かなければ根絶は難しい。

左ページの写真では、シロアリが浴室側の基礎に蟻道を作り浴室の床下内に向かっている。雨漏りしている場所に、また基礎部分に地面から蟻道が作られている。このような被害を見てもシロアリが湿気を好むことがわかる。

▼腐朽菌

木材の含水率が35％を超えると腐朽菌の生息範囲になる。すなわち木材の腐朽が始まる。木材の含水率が低ければ腐朽はしない。しかし木材含水率が25％程度から木材の劣化が始まる。

また、木材の含水率が20～25％程度までは木材の繊維間にある自由水を蒸発させる。含水率を20％以下にするには繊維内の結合水を蒸発させなければならない。この時に木材は変形、寸法変化を生じる。

左ページ一番下の写真は昭和23年建築の建物で、建築時には基礎が見えていたが、周辺道路が舗装されていく中で道路面があがり宅地内の地盤も上がり、基礎は埋まってしまった。結果、土台の含水率が高くなり腐朽した例である。

シロアリと腐朽菌による被害

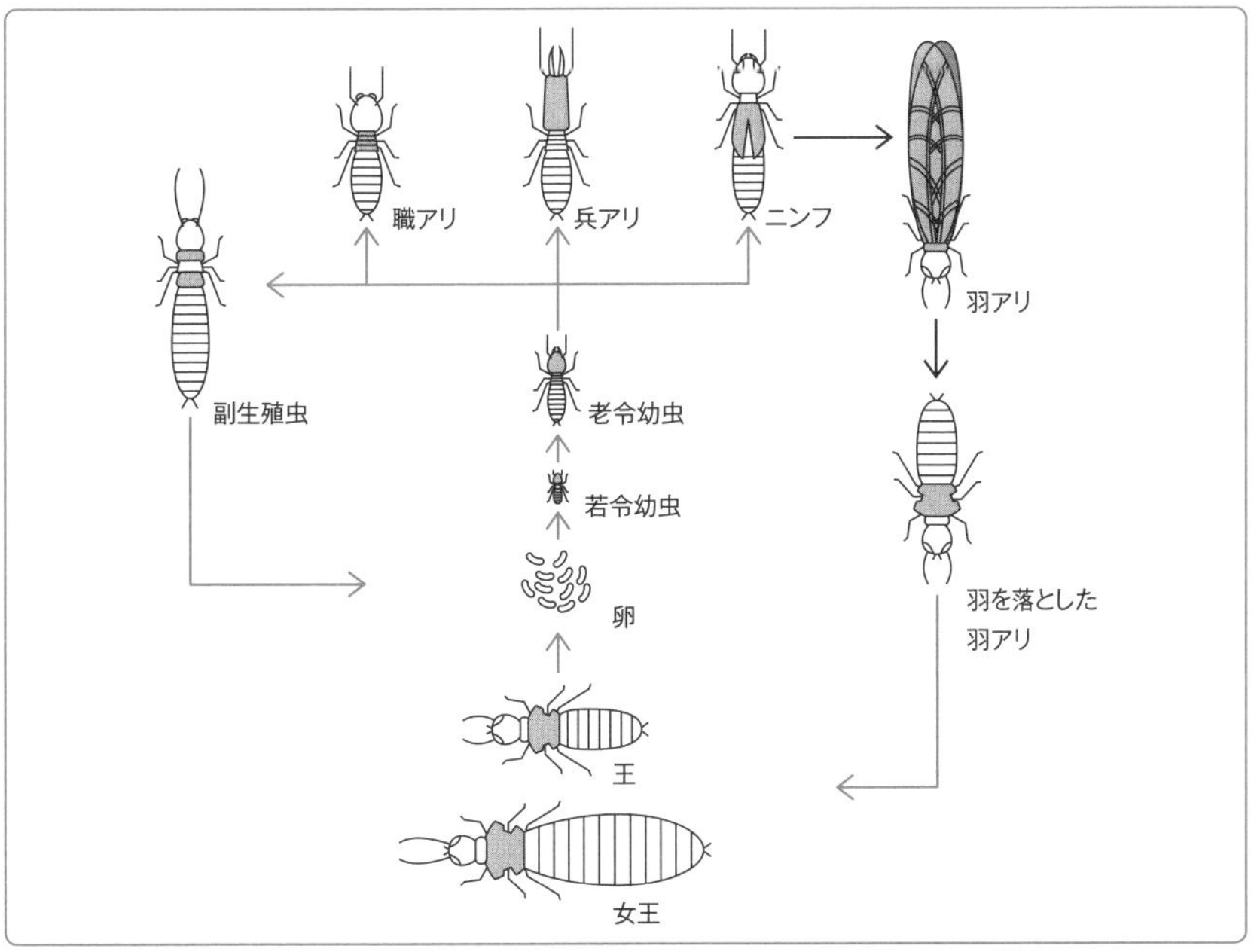

シロアリの生態

床下の蟻道

地盤からの蟻道

雨漏り部のシロアリ被害

腐朽菌による被害

039

建物の重さ

▶建築物と重量
▶木造住宅の重さ
▶地震力は建物の重さに比例する

▼建築物と重量

建築物の重量は建物の構造によってもずいぶんと異なる。例えば高層建築は鉄骨造である。中高層では鉄筋コンクリート、低層の住宅では木造建物が多い。どの構造が優れているという問題ではない。しかし全住宅数の50％以上が戸建木造住宅である。これは木材が最も手軽に入手でき、施工性もよかったからであると思われる。

木造建築は軽いので地盤への負担が小さいと言える。そのため基礎工事も容易である。しかし木造住宅が軽いと言っても数十トンの重量になる。したがって建物の重さを左ページの概算重量表を参考に計算し、地震力の検討、基礎と地盤の検討を行うよう心がけたい。本来は建物の重量を考慮し、配置バランスや地盤の調査から、基礎の形状を検討しなければならない。

▼木造住宅の重さ

木造住宅の重さは実際にどのくらいなのだろうか。各部位における概算荷重は表のとおりである。土台から上（基礎を除く）の荷重を単品ごとに拾ってみたところ、木造2階建て、屋根コロニアル、外壁サイディング、延べ床面積267㎡で、総重量約550 kN（55 t）となった。基礎荷重はベタ基礎として約60 t、合計で115 tで約8.6 kN／㎡となった。左ページの圧密沈下用の建物荷重と比較してみても同じような数値であった。

▼地震力は建物の重さに比例する

基礎の検討は鉛直荷重が問題になるが、地震力は水平耐力の検討になる。しかし地震力も建物の重さが基本となる。現在は地震力の検討は水平震度0.2が基本となる。すなわち建物の重さの2割の水平耐力である。したがって、1階の地震力の検討には建物総重量の2割の水平耐力が必要になる。また2階は揺れが大きくなることから、2階の建物の総重量の0.2×1.4倍の地震力が働くことになる。

固定荷重の概算重量（下地、仕上げ材まで入れた概算の重量）

項　目	内　容	仕上げ材	重　量
重い屋根	仕上げ、野地板、母屋、小屋組、天井	ふき土の瓦	1,200N/㎡
		ふき土なしの瓦	850N/㎡
軽い屋根	〃	厚型スレート	750N/㎡
	〃	コロニアル	650N/㎡
	〃	カラー鉄板	400N/㎡
軒　天	下地共	モルタル	650N/㎡
		ボード	200N/㎡
外　壁	外部仕上げ、下地 軸組、内部仕上げ	モルタル	900N/㎡
	〃	サイディング	700N/㎡
	〃	羽目板	350N/㎡
内　壁	仕上げ、軸組、仕上げ		450N/㎡
床 2階・3階	仕上げ、床組、天井	板貼り	600N/㎡
	〃	（バルコニー）コンクリート床 厚さ1cmにつき23kg	3cm 1,300N/㎡
1階床	仕上げ、根太、大引	板貼り	350N/㎡

圧密沈下用の建物荷重

● 建物の荷重
（固定荷重：積載荷重の総和）

階数	荷重（kN/㎡）
1階建て	7（5～9）
2階建て	10（8～12）
3階建て	14（12～16）

一般的な木造・鉄骨造住宅の荷重
（総荷重　建築面積）
出典：『小規模建築物基礎設計指針』
（日本建築学会）

● 木造2階建の基礎に加わる加重

屋根材	外壁材	1F床面積	2F床面積	（延床面積）	基礎に加わる加重
瓦	モルタル	93.16㎡	88.6㎡	（181.76㎡）	6.9kN/㎡
瓦	モルタル	74.3㎡	48.06㎡	（122.36㎡）	5.85kN/㎡
瓦	モルタル	47㎡	45㎡	（92㎡）	7.5kN/㎡
瓦	羽目	52㎡	52㎡	（104㎡）	6.1kN/㎡
瓦 （下屋鉄板）	モルタル	59.6	37.3㎡	（96.9㎡）	6.25kN/㎡
瓦 （下屋鉄板）	モルタル	68.3㎡	30.99㎡	（99.28㎡）	4.42kN/㎡
セメント瓦	モルタル	68.52㎡	64.79㎡	（133.31㎡）	6.64kN/㎡
瓦	モルタル	53.8㎡	46.37㎡	（100.17㎡）	6.73kN/㎡
瓦	板	107.7㎡	39.7㎡	（147.35㎡）	2.8kN/㎡

資料：既存建物耐震補強研究会

040

柱の強さ

▶柱の役割を考える
▶柱の座屈耐力を柱の太さ、長さで比較する

▼柱の役割

木造住宅にとって柱は最も重要な構造材であることは周知の事実である。柱には通し柱と管柱がある。ともに鉛直方向の荷重を支えるが、柱に曲げの力が加わった時には意外と弱い。よく、通し柱があるから、柱が太いから地震に強いと思われている方がいるが、柱は圧縮には強いが曲げには弱い部材である。したがって、柱が太いということで地震に強い家だとは言えない。

しかし、木材は圧縮には強く、柱としての役割を担う時には頼りになる。あるハウスメーカーが屋上にゾウが乗るという宣伝をしているが、木造軸組構法の住宅では、桧の４寸柱１本にゾウが乗ることになる。

しかし地震に強い家にするには、柱を太くするよりも壁を増やした方がよい。

▼柱の座屈耐力

柱に上から力を加えると、中間部分で曲がり折れる。これを座屈という。座屈は柱の細長比が大きくなると生じやすくなる。要は、細くて長い柱よりも、太くて短い柱の方が座屈には強いということであるが、柱で地震力を補うことには無理がある。

座屈強度は木材の樹種により異なる。桧の柱（105×105、Ｈ＝２７００）では３１５１７Ｎであるのに対し、杉の柱（105×105、Ｈ＝２７００）では２７００９Ｎと桧と杉の柱では座屈耐力に約15％ほどの違いがあるが、通常の木造住宅の重量では杉の柱でも十分である。

杉の柱は日本的で味わいのある木目がある。この木目を生かしつつ木造住宅の柱に使うことは問題ないが、木造３階建てを検討する時には強度を求めるため、桧の柱などを利用した方が有利である。

左ページに柱の許容座屈耐力を計算してみた。

柱の許容座屈耐力

材の寸法	l（単位：m）	細長比（θ）	座屈係数（w）	許容耐力		
				桧（70^{k}）（単位：N）	米栂（65^{k}）（単位：N）	杉（60^{k}）（単位：N）
90×90	2.7	103.8	3.6	15,435	14,328	13,230
	2.8	108	3.9	14,250	13,230	12,210
	2.9	112	4.2	13,230	12,280	11,339
	3.0	115	4.4	12,622	11,721	10,819
100×100	2.7	93	2.7	25,402	23,589	21,776
	2.8	97	3.0	22,863	21,237	19,600
	2.9	100	3.3	20,786	19,306	17,816
	3.0	104	3.6	19,051	17,699	16,337
105×105	2.7	89	2.4	31,517	29,086	27,009
	2.8	92	2.6	29,086	27,009	24,931
	2.9	96	2.9	26,078	24,216	22,354
	3.0	99	3.2	23,638	21,942	20,257
120×120	2.7	78	1.9	51,989	48,275	44,561
	2.8	81	2.0	49,392	45,864	42,336
	2.9	84	2.2	44,903	41,689	38,485
	3.0	87	2.3	42,953	39,886	36,819
135×135	2.7	69	1.6	78,135	72,559	66,973
	2.8	72	1.7	73,539	68,286	63,034
	2.9	74	1.8	69,453	64,494	59,535
	3.0	77	1.9	65,797	61,103	56,399

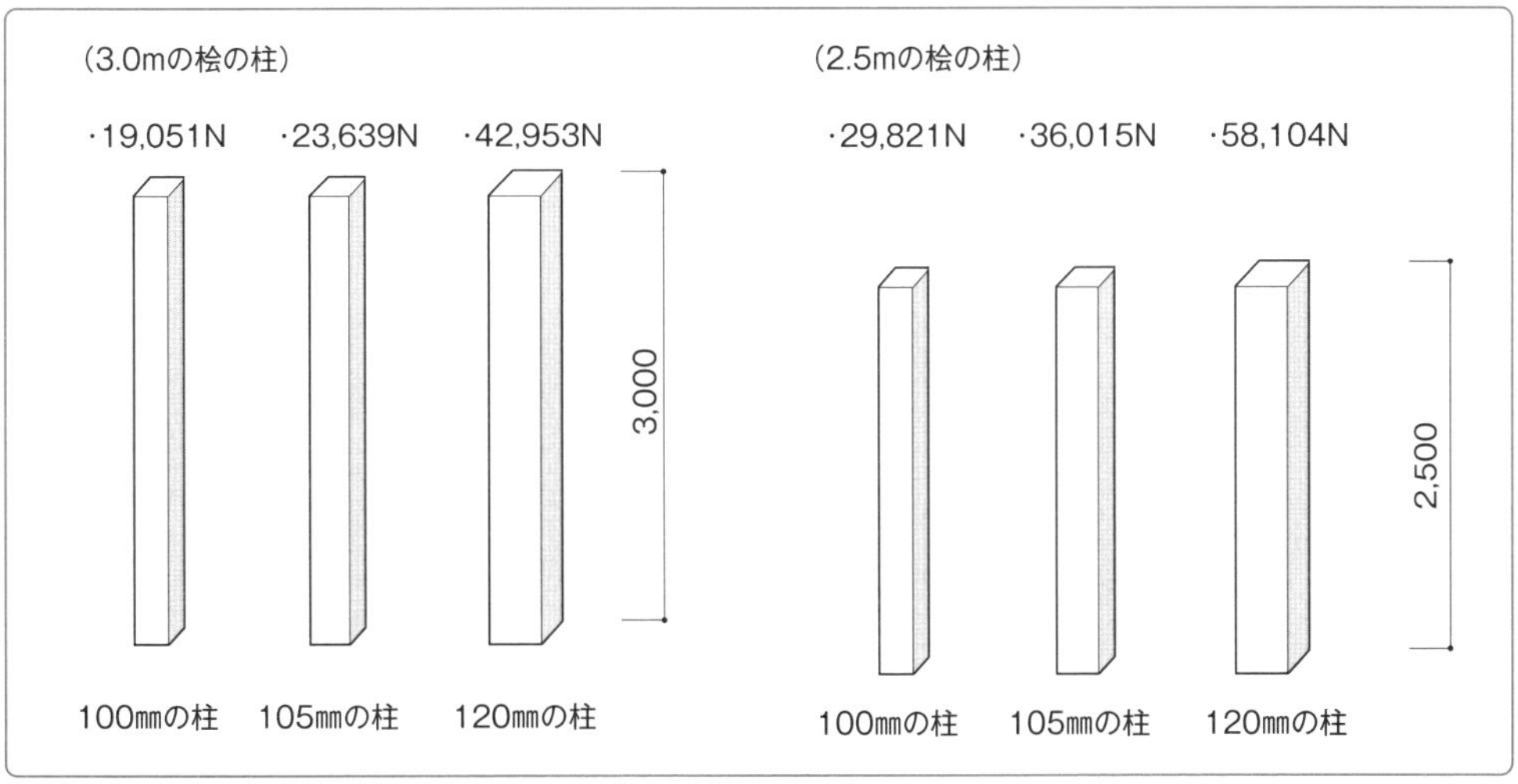

● 柱の太さと長さの違いによる座屈耐力の比較

資料：既存建物耐震補強研究会

041

接合部の強さ

▶接合部の役割を考える
▶継手と仕口を調べる
▶筋かいの接合方法を検証する

▼接合部の役割

木造建物の欠点の1つに接合部がある。鉄筋コンクリートの場合には接合部は一体化する。鉄骨の建物では溶接という手段がある。木造建物の場合には接合部の強度が問題となる。今までは伝統的な加工技術により補ってきたが、最近では金物による接合部の補強が行われている（平成12年国土交通省告示第1460号）。

接合部には直線的に継ぐ継手と、角度をもって接合する仕口がある。仕口の中でも筋かいなどは直角の接合にはならない。したがって、各仕様により正しく接合しなければならない。

▼継手と仕口

継手は、部材を直線的に継ぐ加工であるが、加工方法により接合強度も異なり、蟻継ぎは母材の5～10％程度、鎌継ぎでは10～30％、追掛け大栓などでも30～50％程度である。したがって、加工方法によっても異なるが、金物の補強は必要になる。特に柱と土台などの横架材では阪神淡路大震災の被害を教訓として、柱の引抜けに防止にはN値法と呼ばれる略算法が示されている（告示第1460号）。

▼筋かいの接合

筋かいによる接合にも金物が使われるようになってきたが、既存建物においては釘接合が多い。特に引張り筋かいでは、釘の接合により耐力が決定する。圧縮筋かいにおいても引張り力が加わることから、釘の接合が重要になる。圧縮筋かい端部は、釘の斜め打ちによる端部の割れを防止することから大入れにし、釘による接合が行われている（旧金融公庫仕様N75－5本）。

また筋かいの中間部を間柱にN75－2本打ちと定められていることにも注意が必要である。これは筋かいの座屈を防止するためである。したがって、中間で接合されていない場合には圧縮筋かいとは認められない。

接合部の許容座屈耐力

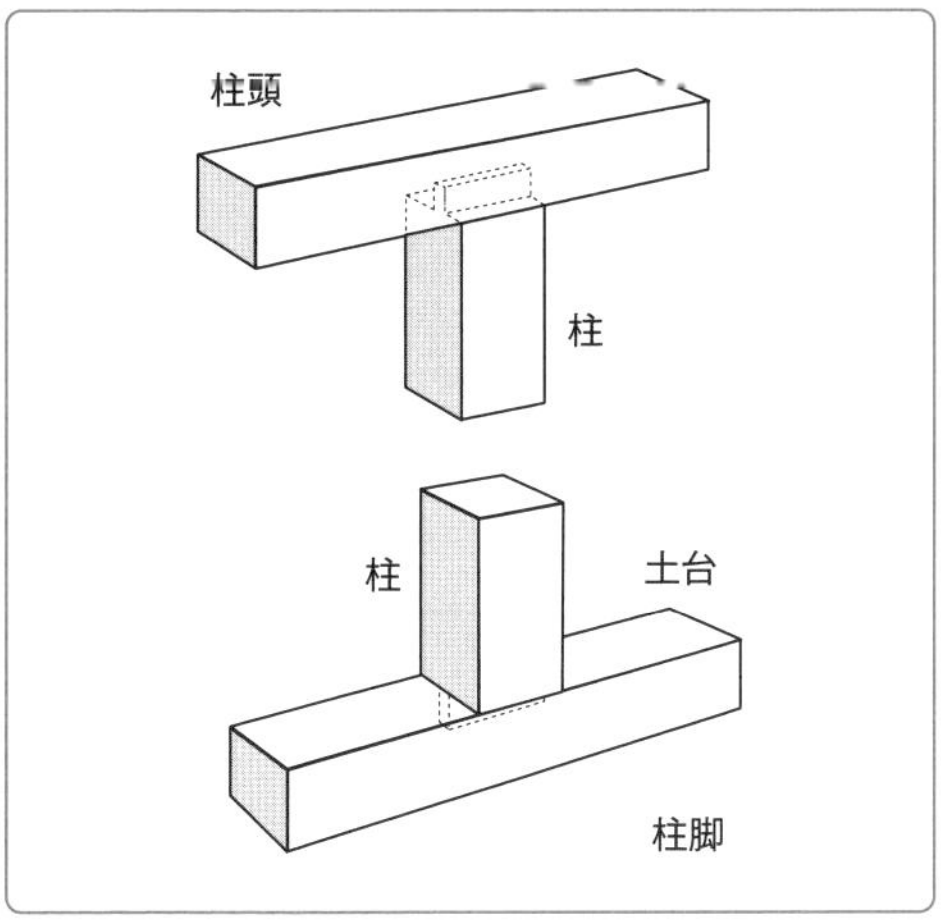

● 柱頭と柱脚の接合

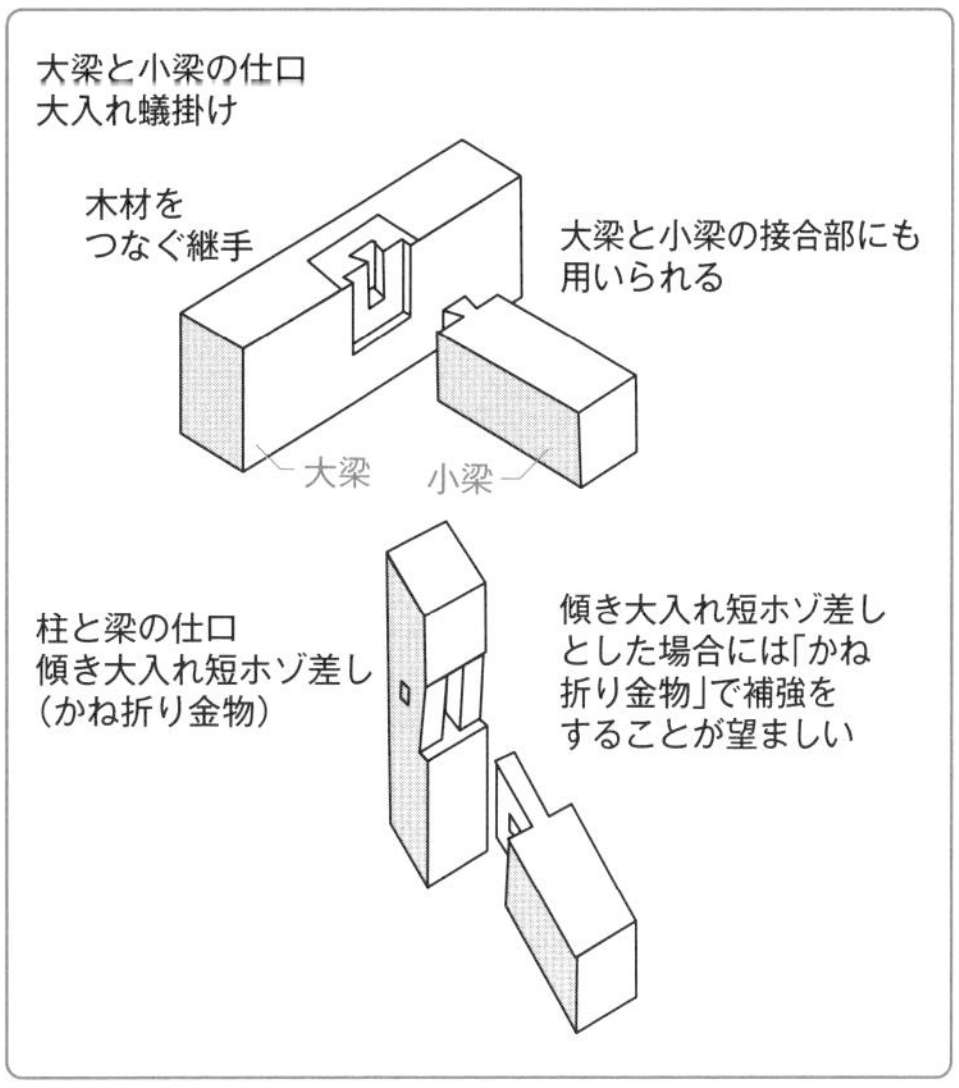

● 接合部

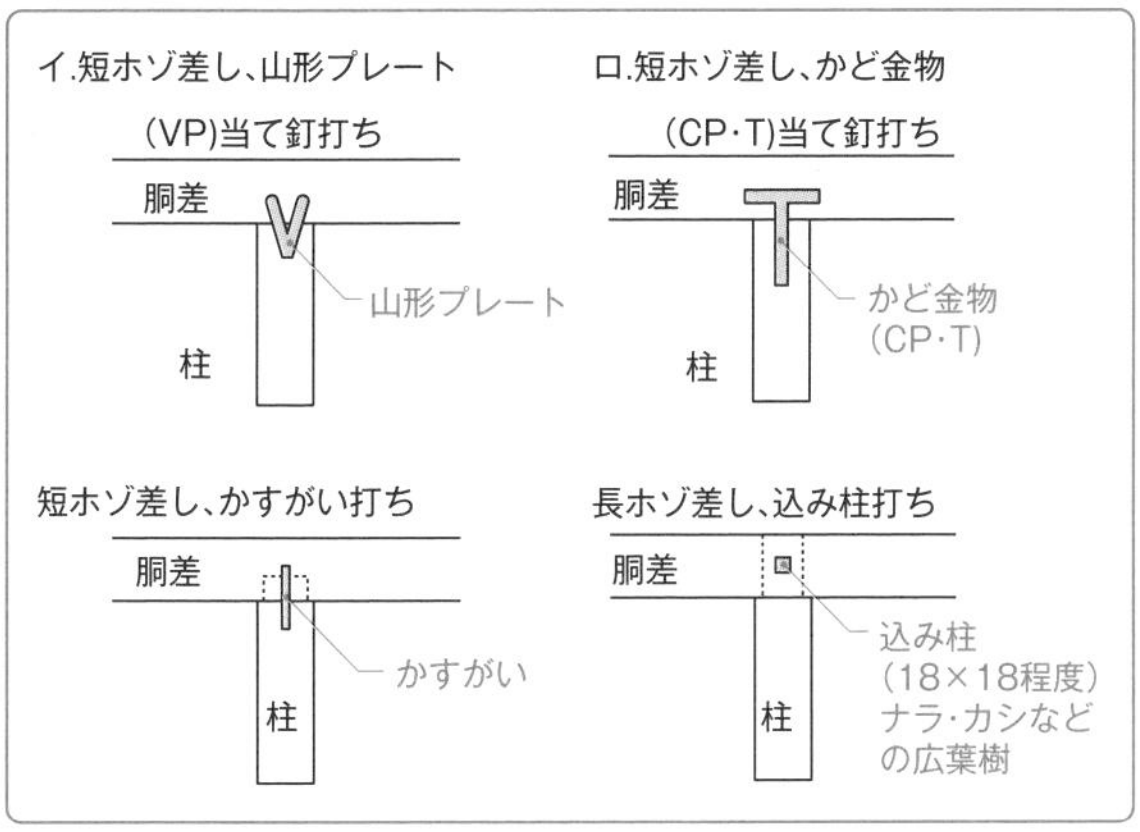

● 柱と胴差の接合

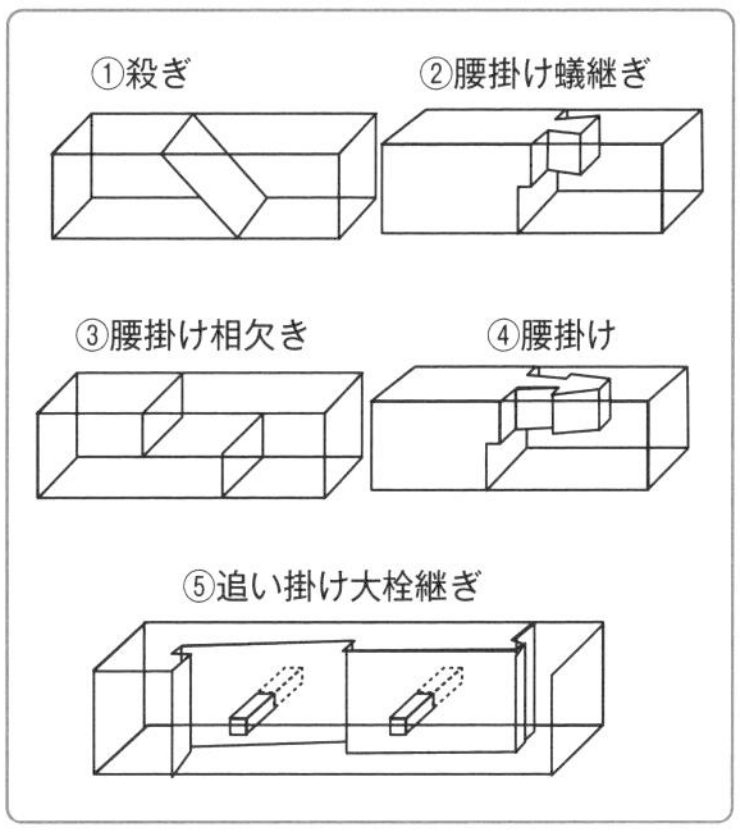

● 基本的な継手

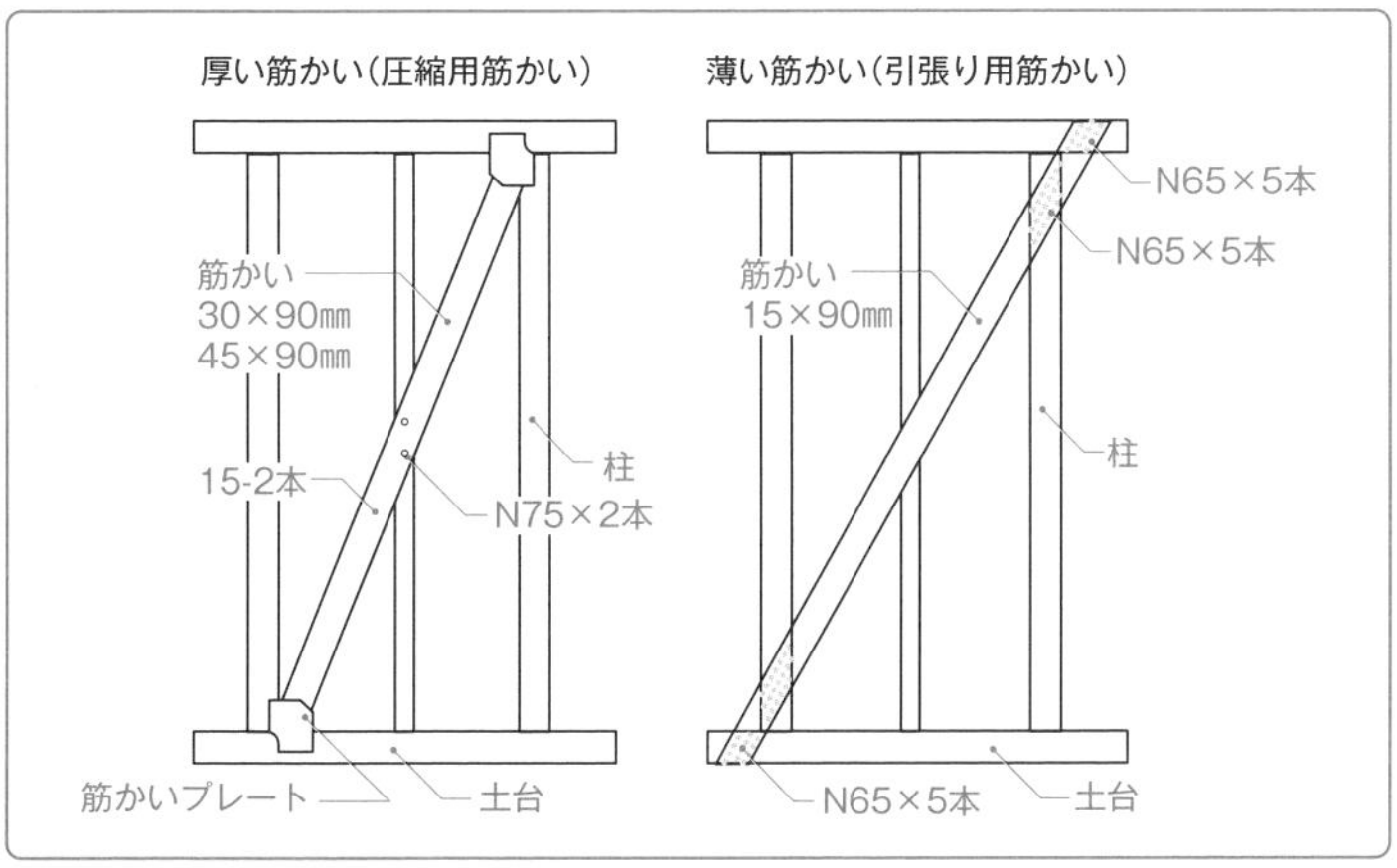

● 筋かい

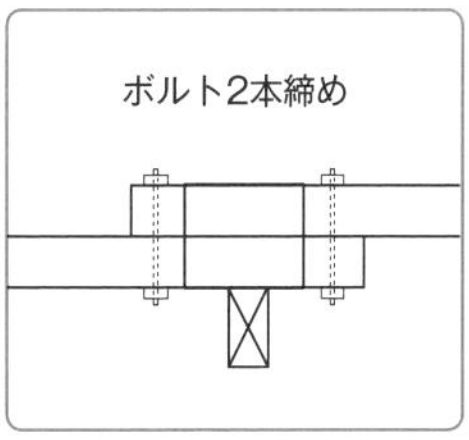

● 梁のつなぎ

042

釘の強さ

▶釘の役割を見直す
▶釘の強さを検証する
▶釘使用時の注意点を考える

▼釘の役割

木造住宅にとっての釘の役割は大きい。また日本では弥生時代から釘が利用されており、伝統工法においても、和釘の役割は重要であった。しかし近年の木造住宅において、釘を軽視する傾向があり、釘に対する認識不足から加工に偏った接合の風潮が見られる。

日本においても、明治に入り海外から安い洋釘が導入され、手作りの日本の和釘は市場から消えてしまった。日本で洋釘が市場に出てきたのは明治後期となる。しかし今日においても、釘の役割が理解されているとは言えず、正しい釘の使用方法が望まれる。参考までに問題の生じやすい例を左ページに図示してみた。

構造用合板の使用も最近増えているが、この場合の釘の使用方法にもいろいろと問題が出ている。特に合板の継手部の受け材の寸法には注意が必要である。

▼釘の強さ

釘にはたくさんの種類があるが、この誤使用が多く見られる。釘を間違えてしまえば、望む強さは期待できない。左ページの別表にあるのは軸組構法用のN釘と金物用のZN釘である。

▼釘使用時の注意点

最近は金物の接合に、釘に代わって木ネジが多用されるようになってきた。木ねじは強度は高いが脆性的な性質を持っているので、長所、短所を理解し使用しなければならない。

また構造用面材も多用されているが、面材継手の受け材間柱の幅が45㎜以上必要とする。それ以下の場合には釘を打ち外すなど、釘接合に問題を生じやすい。また構造用面材への釘のめり込みにも注意が必要である。最近は機械打ちということもあり、圧力の調整が難しく面材へのめり込みがよく見られるが、面材へのめり込みが大きくなれば、強度は低下する。

釘の耐久力と強度（針葉樹Ⅲ種［計算値 単位N］短期

種類	記号	形状寸法　径×長さ（mm）	一面せん断（N）	引抜耐力（N）	備考
N釘	N19	1.50×19	147	169	
	22	1.50×22	147	78	
	25	1.70×25	186	108	
	32	1.90×32	225	137	
	38	2.15×38	284	196	
	45	2.45×45	362	274	側材鋼板1.25倍（せん断力の場合）
	50	2.75×50	441	333	
	65	3.05×65	529	490	
	75	3.40×75	647	627	
	90	3.75×90	774	823	
	100	4.20×100	950	103	
	115	4.20×115	950	118	
	125	4.60×125	1117	137	
	150	5.20×150	1392	190	
太め釘	ZN40	3.33×38.1	627	314	
	65	3.33×63.5	627	519	
	90	4.11×88.9	911	892	

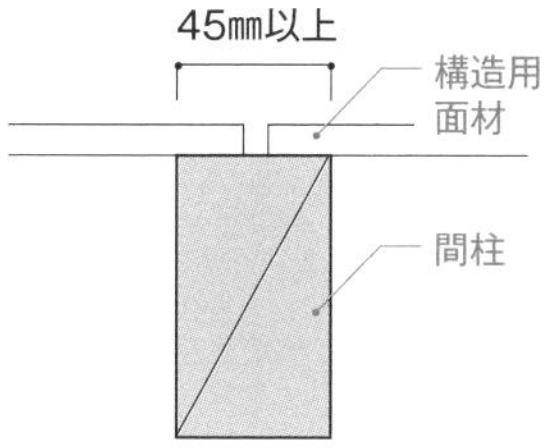

● **継手部の受材**
（柱にするのが望ましい）
- 釘の種類を間違えない
- 釘の斜め打ちは強度を5/6

自動釘打ち機はこんなに危険！

釘は強く打てばよいというものではない。めり込んでしまったり、打ち抜いてしまったりするとまったく強度が出なくなってしまう。自動釘打ち機を使う場合、釘を打つ強さ（圧力）を調整することができないので要注意である。

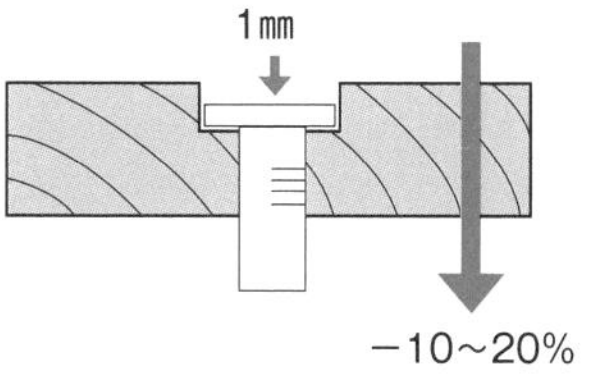

● **1mmめり込んだ場合**
1mmめり込んだだけでも10～20%も強度が落ちてしまう

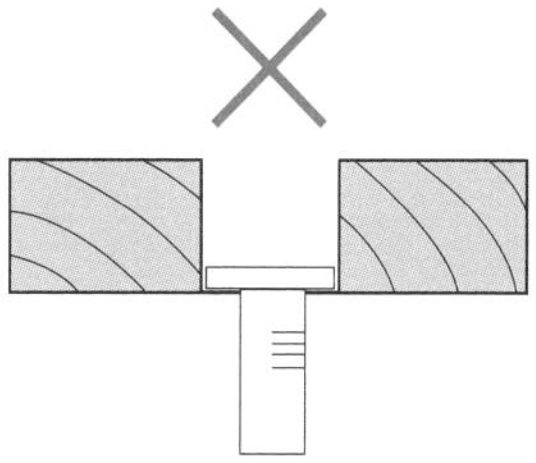

● **合板を打ち抜いた場合**
合板を打ち抜いてしまった場合はまったく釘が効かない

043

金物の種類

▶金物がなぜ必要になるのか
▶金物の種類を見る

▼金物の必要性

日本の木造軸組構法の接合は木材の加工に頼ってきた。昭和49年に導入が認められた枠組壁工法は、木材の加工はなく突き付けである。したがって、木材の接合部の強度はなく金物で接合されている。したがって、使用する金物は構造金物と言える。

しかし日本の軸組構法では現在でも加工が行われており、部位によって接合強度も異なり、強度を補強する意味からの補強金物と言える。

土台と柱など、接合部の強度は耐力壁などの強度により異なっており、耐力壁の強度を増やせば接合部の強度も高くなるため、やたらに耐力壁だけの強度を高めることは好ましくない。接合部もともに強度を高めることが必要になる。

▼金物の種類

金物にはいろいろな種類が必要になる。例えば継手部分の強度の補強（k）。基礎とアンカーボルト（M）、土台と柱の補強（C・I・L）筋かいの補強（D）、1、2階の柱の補強（E）、横架材間の仕口の補強を目的とした羽子板金物（A）などがある。

羽子板金物は、金物の中でも最も古くから使用されている（筆者の経験では昭和初期から使用されている）。金物は、軸組材の接合部の継手・仕口などの多くの部位で必要となる。当然、その部位により強度も形状も異なってくる。

金物の規定は昭和53年に（財）日本住宅・木材技術センターにより「Zマーク表示金物」として規定され、昭和54年には旧公庫共通仕様書にも掲載されるようになり、その他にもZマークと同様の性能を有すると認められた同等認定金物もある。

施工にあたっては、接合部の強度を検討し、接合部に合った金物を使用しなければならない。

Zマーク表示金物の使用部位

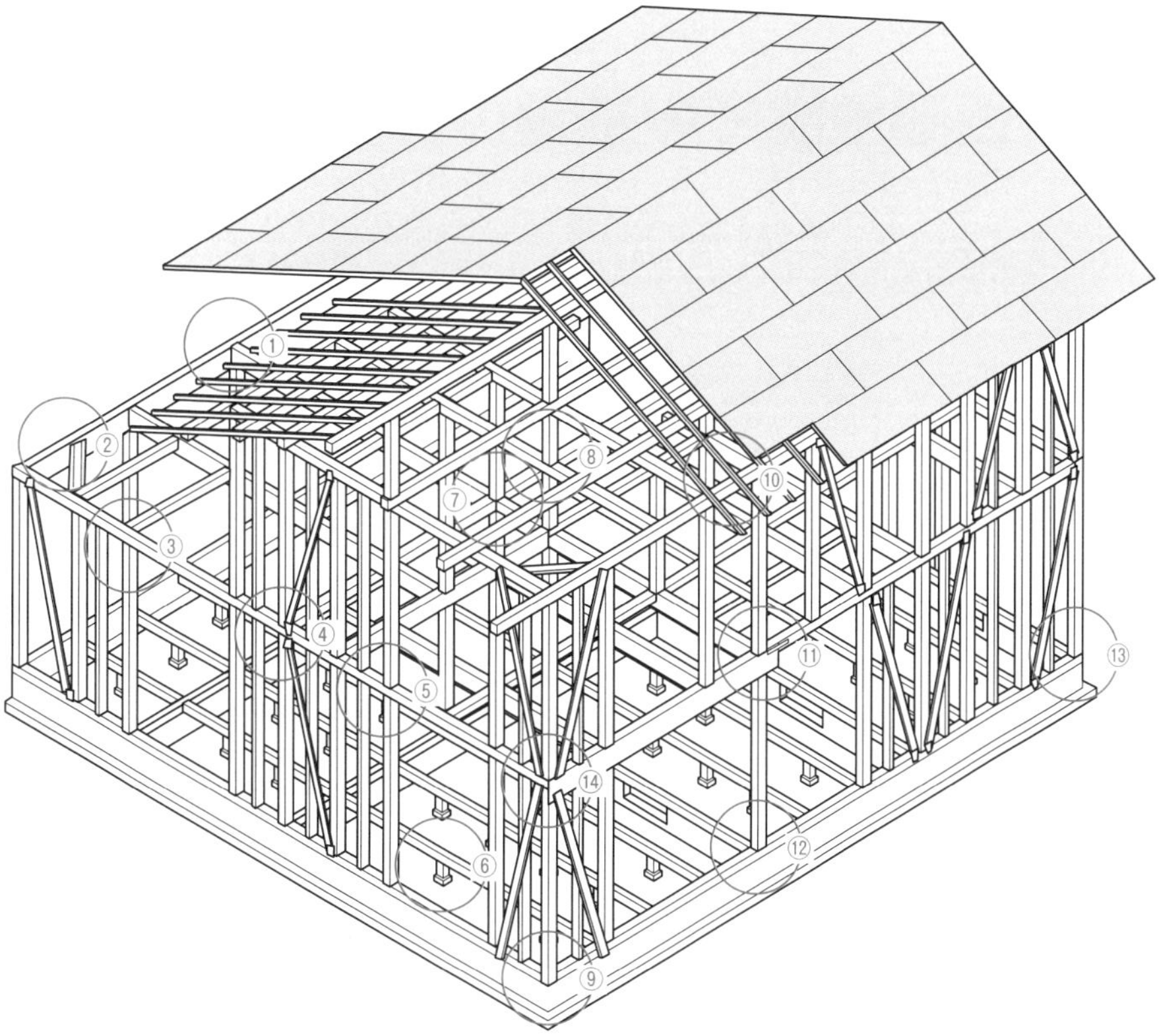

①ー羽子板ボルト　SB・P
②ー火打金物　HB
③ー山形プレート　VP 引き寄せ金物
④ー筋かいプレート　BP
⑤ーひら金物　SM－40　引き寄せ金物
⑥ーひら金物　SM－12
⑦ー羽子板ボルト　SB・E
⑧ーかすがい　C
⑨ーかど金物　CP・L
⑩ーひねり金物　ST
⑪ー短ざく金物　S
⑫ーかど金物　CP・T　ホールダウン金物
⑬ーアンカーボルト　A　ホールダウン金物
⑭ーかね折り金物　SA 引き寄せ金物

TOPIC 3

鳥取県西部地震での基礎の記録（布基礎は連続させる）

布基礎はフーチングを連続させることが特に大切である。このことを端的に表した平成 12 年の鳥取県西部地震における木造建物の不同沈下した調査例を取り上げる。

この建物は高耐久仕様によるもので、地震の半年前に竣工したばかりであった。地盤はまさ土により 60cm 埋土され、その外側にコンクリート土留がつくられていたが、建物から外れた部分はブロックによる簡易なものになっていた。そのため地震時に建物の重量に押され土留が最大 37cm 膨らんでしまった。不同沈下も基礎の剛性不足からバラツキがあり、最大 14.5cm が計測された。その他にも、基礎コンクリートの破断、床の不陸、壁の傾斜が見られた。補修費用には 1 千万円近くの費用がかかったが、不自然な不陸は直しきれなかった。直後の調査では建物四隅の基礎ベース下に手が入るほどの隙間があったことから、埋土の締め固めにも問題があったと思われる。基礎は布基礎の半島型になっている部分が跳ね上がり、床の不陸を生じる原因となっていた。A で印した部分は基礎を連続させなければならない部分であるが、換気を意識したのか基礎が連続しておらず、結果 B で印した部分のように長い半島型の基礎ができ上がってしまっていた。このような震災事例からも基礎は連続させなければならないことがわかる。

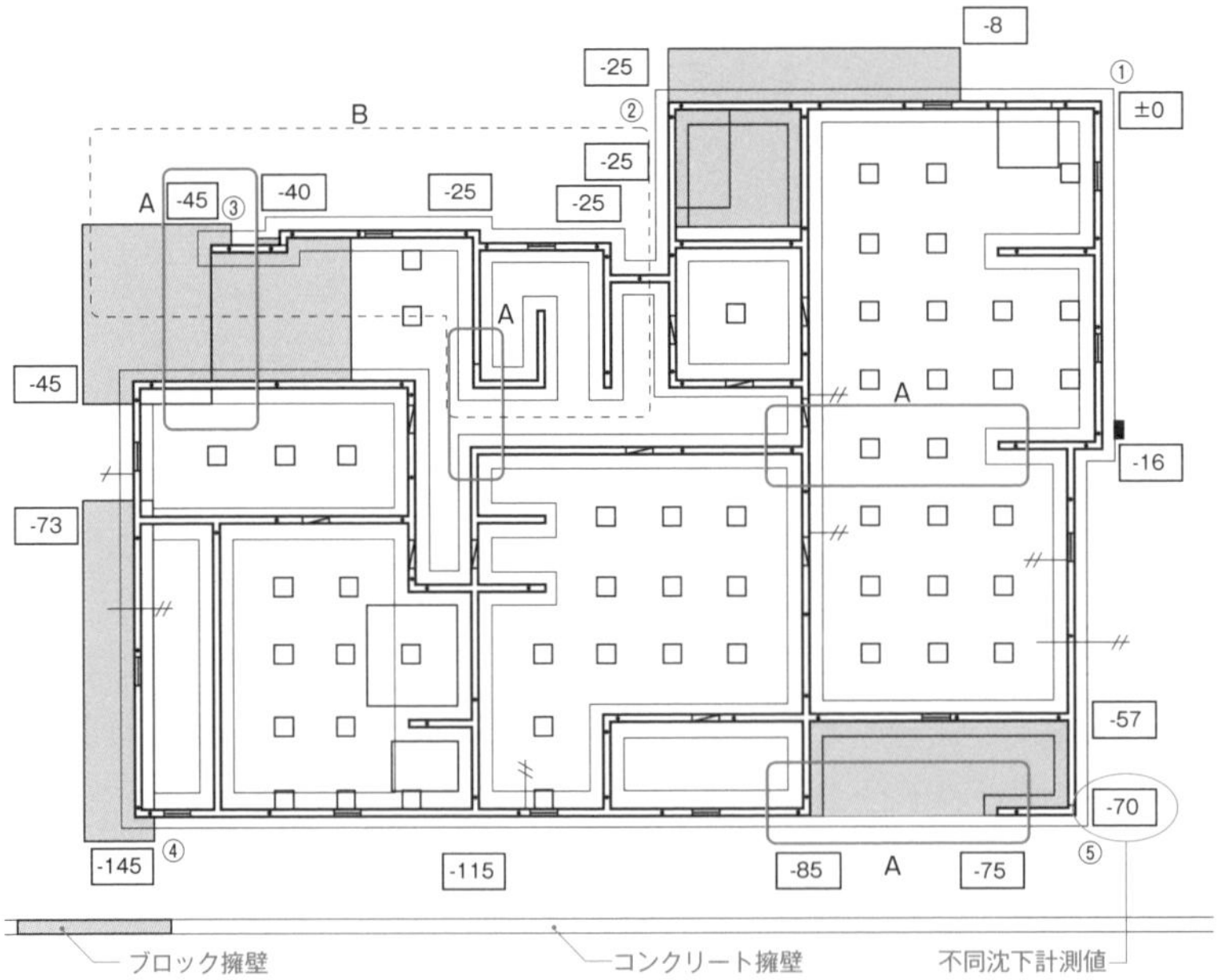

鳥取県西部地震における不同沈下被害

第4章

耐震診断法の種類とその解説

044

耐震診断の種類

▶耐震診断の流れを整理する
▶耐震診断の種類を調べる

▼耐震診断の流れ

日本における耐震診断は、静岡県で東海地震対策として作成されたものを踏襲し、昭和54年に「わが家の耐震診断と補強方法」として日本建築防災協会により作られ、昭和60年に「木造住宅の精密診断と補強方法」として発行され利用されてきたが、平成16年に「木造住宅の耐震診断と補強方法」が改訂版として日本建築防災協会から発行された。

▼耐震診断の種類

この改訂版で専門家が行う耐震診断を「一般診断法」と「精密診断法」に分けている。ここでは、改訂された「木造住宅の耐震診断と補強方法」を中心に解説を進める。

対象とする木造住宅は、軸組構法・伝統的構法・枠組壁工法の住宅としている。混構造住宅は、立面的な混構造に限るが、木造部分以外は適用範囲外とし、階数は3階までとする。

診断方法は大きく3種に分類される。

・「誰でもできるわが家の耐震診断」　一部ユーザー向け
・「一般診断法」　建築士、建築関係者向け
・「精密診断法」　建築士向け

また、精密診断法には次の4種類の方法が用いられる。

・保有耐力診断法（精密診断法1）
・保有水平耐力計算による方法（精密診断法2）
・限界耐力計算による方法（精密診断法2）
・時刻歴応答計算による方法（精密診断法2）

その後、平成18年に耐震改修促進法が改正され、184号別添指針が出された。一般診断法に近いが、細部では違いがあるため、後述のKeyWord 046で解説する。

想定される診断の流れ

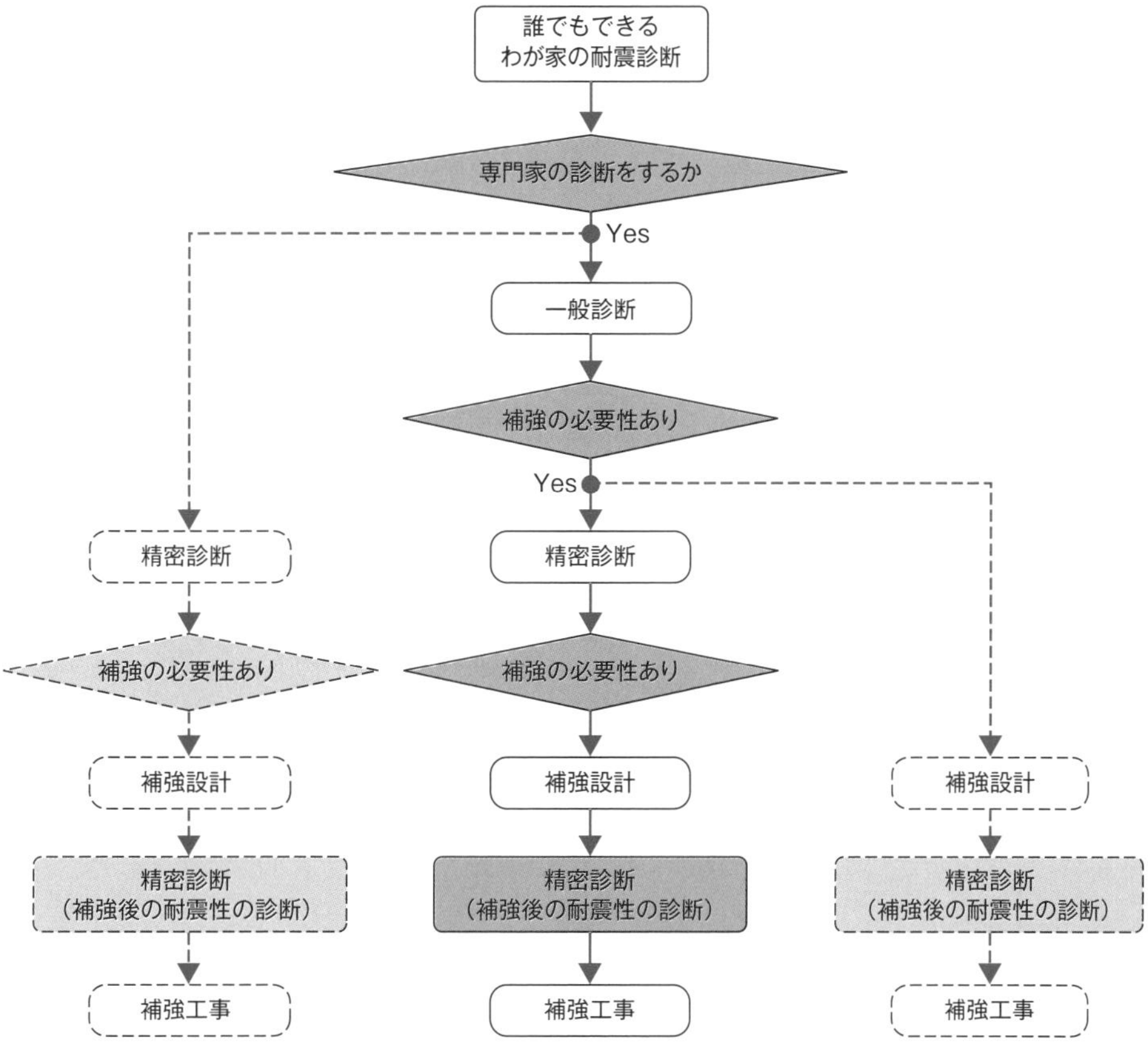

出典：『木造住宅の耐震診断と補強方法』（日本建築防災協会）

045

誰でもできるわが家の耐震診断

▶わが家の健康診断の評点

この耐震診断は、まず始めに自分の家の耐震性を理解するために、また最近問題となっている診断商法に騙されないためにも、自分の家の耐震診断を自ら行ってもらうためのものである。自分の家の問題点を自分の目で確かめ、最小限の問題意識をもってもらうことを目的としている。

自分の家の耐震性向上を図るためには、まず家族の防災意識の向上が不可欠ではないかと思われる。そのうえで専門家に依頼をし「一般診断法」へと駒を進める。

このように専門家に頼む前に自分で取り組むための方法として「誰でもできるわが家の耐震診断」がある。

わが家の耐震診断問診票

耐震診断問診表

問診 1　建てたのはいつ頃ですか？

評点

項目	評点
建てたのは1981年6月以降	1
建てたのは1981年5月以前	0
よく分からない	0

以前
1981年5月
1981年6月
以降

説明　1981年6月に建築基準法が改正され、耐震基準が強化されました。1995年阪神淡路大震災において、1981年以降建てられた建物の被害が少なかったことが報告されています。

問診 2　いままでに大きな災害に見舞われたことはありますか？

評点

項目	評点
大きな災害に見舞われたことがない	1
床下浸水・床上浸水・火災・車の突入事故・大地震・崖上隣地の崩落などの災害に遭遇した	0
よく分からない	0

説明　ご自宅が長い風雪のなかで、床下浸水・床上浸水・火災・車の突入事故・大地震・崖上隣地の崩落などの災害に遭遇し、わずかな修復だけで耐えてきたとしたならば、外見では分からないダメージを蓄積している可能性があります。この場合専門家による詳しい調査が必要です。

問診 3　増築について

評点

項目	評点
増築していない。または、建築確認など必要な手続きをして増築を行った。	1
必要な手続きを省略して増築し、または増築を2回以上繰り返している。増築時、壁や柱を一部撤去するなどした	0
よく分からない	0

説明　一般的に新築してから15年以上経過すれば増築を行う事例が多いのが事実ですが、その増築時、既存部の適切な補修・改修、増築部との接合をきちんと行っているかどうかがポイントです。

問診 4　傷み具合や補修・改修について

評点

項目	評点
傷んだところは無い。または、傷んだところはその都度補修している。健全であると思う	1
老朽化している。腐ったり白蟻の被害など不都合が発生している	0
よく分からない	0

説明　お住いになっている経験から、建物全体を見渡して判断して下さい。屋根の棟・軒先が波打っている、柱や床が傾いている、建具の建付けが悪くなったら老朽化と判断します。また、土台をドライバー等の器具で突いてみて「ガサガサ」となっていれば腐ったり白蟻の被害にあっています。とくに建物の北側と風呂場廻りは念入りに調べましょう。白蟻は、梅雨時に羽蟻が集団で飛び立ったかどうかも判断材料になります。

問診 5 建物の平面はどのような形ですか？（1階の平面形状に着目します）

評点

項目	評点
どちらかというと長方形に近い平面	1
どちらかというとLの字・Tの字など複雑な平面	0
よく分からない	0

説明　整形な建物は欠点が少なく、地震に対して建物が強い形であることはよく知られています。反対に不整形な建物は地震に比較的弱い形です。そこでまず、ご自宅の1階平面形が大まかに見て、長方形もしくは長方形と見なせるか、L字型・コの字型等複雑な平面になっているかのか選びとって下さい。現実の建物は凸凹が多く判断に迷うところですが　ア）約91cm（3尺）以下の凸凹は無視しましょう。
イ）出窓・突出したバルコニー・柱付物干しバルコニーなどは無視します。

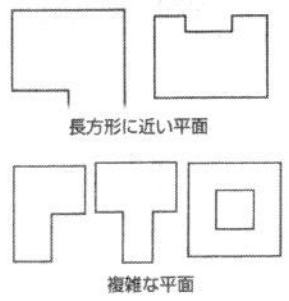

問診 6 大きな吹き抜けがありますか？（1辺の長さが4.0m以上かどうかに着目します）

評点

項目	評点
一辺が4m以上の大きな吹抜はない	1
一辺が4m以上の大きな吹抜がある	0
よく分からない	0

説明　外見は形の整っている建物でも大きな吹抜があると、地震時に建物をゆがめる恐れがあります。ここでいう大きな吹抜とは一辺が4m（2間）をこえる吹抜をいいます。これより小さな吹抜はないものと扱います。

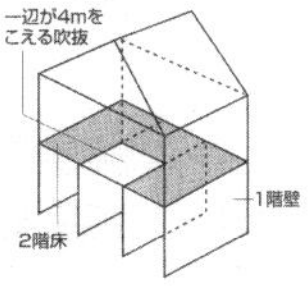

問診 7 1階と2階の壁面が一致しますか？（ご自宅が枠組壁工法の木造（ツーバイフォー工法）なら、ここの評点1とします。）

評点

項目	評点
2階外壁の直下に1階の内壁または外壁があるまたは、平屋建である	1
2階外壁の直下に1階の内壁または外壁がない	0
よく分からない	0

説明　2階の壁面と1階の壁面が一致していれば、2階の地震力はスムーズに1階壁に流れます。2階壁面の直下に1階壁面がなければ、床を介して2階の地震力が1階壁に流れることとなり、床面に大きな負荷がかかります。大地震時には床から壊れる恐れがあります。枠組壁工法の木造（ツーバイフォー工法）は床の耐力が大きいため、2階壁面の直下に1階壁面がなくても、評点1とします。

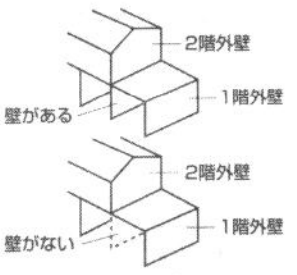

問診 8 壁の配置はバランスがとれていますか？（1階部分の外壁に着目します）

評点

項目	評点
1階外壁の東西南北どの面にも壁がある	1
1階外壁の東西南北各面の内、壁が全くない面がある	0
よく分からない	0

説明　壁の配置が片寄っていると、同じ木造住宅の中でも壁の多い部分は揺れが小さく、壁の少ない部分は揺れが大きくなります。そして揺れの大きい部分から先に壊れていきます。ここでいう壁とは約91cm（3尺）以上の幅を持つ壁です。せまい幅の壁はここでは壁とみなしません。

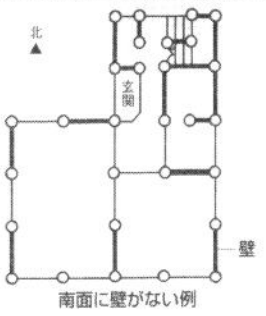

南面に壁がない例

問診 9 屋根葺材と壁の多さは？

評点

項目	評点
瓦など比較的重い屋根葺材であるが、1階に壁が多い。または、スレート・鉄板葺・銅板葺など比較的軽い屋根葺材である	1
和瓦・洋瓦など比較的重い屋根葺材で、1階に壁が少ない	0
よく分からない	0

説明　瓦は優れた屋根葺材のひとつです。しかし、やや重いため採用する建物ではそれに応じた耐力が必要です。耐力の大きさは概ね壁の多さに比例しますので、ご自宅は壁が多い方かどうか判断して下さい。

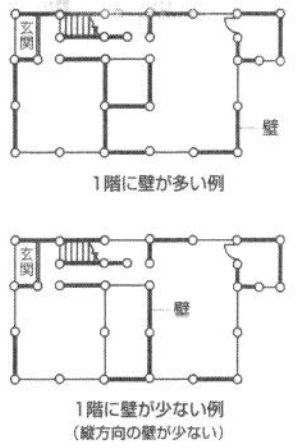

（縦方向の壁が少ない）

問診 10 どのような基礎ですか？

評点

項目	評点
鉄筋コンクリートの布（ぬの）基礎またはベタ基礎・杭基礎	1
その他の基礎	0
よく分からない	0

説明　鉄筋コンクリートによる布基礎・ベタ基礎・杭基礎のような堅固な基礎は、その他の基礎と比べて同じ地盤に建っていても、また同じ地震に遭遇しても丈夫です。改めてご自宅の基礎の種別を見直して下さい。

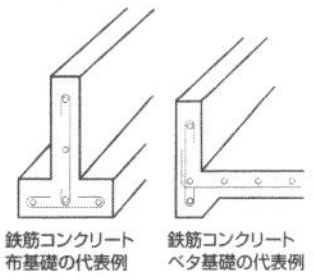

鉄筋コンクリート布基礎の代表例
鉄筋コンクリートベタ基礎の代表例

判定 問診1～10の評点を合計します

評点合計

評点の合計	判定・今後の対策
10点	ひとまず安心ですが、念のため専門家に診てもらいましょう
8～9点	専門家に診てもらいましょう
7点以下	心配ですので、早めに専門家に診てもらいましょう

「誰でもできるわが家の耐震診断」

この耐震診断は一般ユーザー用のものである。

まず始めに専門家へ依頼をする前に、自分の家の特徴、問題点を家族で考えてみる。その耐震診断のマニュアルとして作られたのが、この耐震診断問診表である。病院で医者に問診を受けている状態をイメージして読み進めてもらいたい。

始めの問診によって建物を建てた時期、劣化状況を知り、建物の経歴がわかる。次に建物の構造的な特徴の問診に入る。平面的、立面的、また力の流れがスムーズに行われているか。人の健康診断で言えば血管の流れを調べるのと同じである。最後に建物の重さと壁の量、体力測定を行うという手順で進められている。

この診断方法は簡単に言えば、木造住宅の健康診断である。人の健康診断と違うのは、建物は口述してくれないことである。建物に代わって、居住者の方々が見て答えることになる。これが「誰でもできるわが家の耐震診断」の役割であり、これを基にして次の専門家による「一般診断法」へと進める。

出典：『木造住宅の耐震診断と補強方法』（日本建築防災協会）

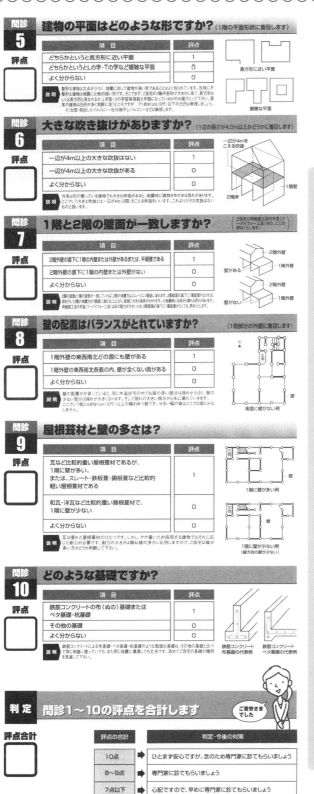

046

指針診断法
（184号別添指針診断法）

▶構造耐震指標を表記する
▶保有耐力を算出する
▶建築物の敷地の形状を調べる
▶指針診断法では劣化低減は未表記

▼構造耐震指標（Ｉｗ）

平成18年1月に耐震改修促進法が改訂され、平成18年国土交通省告示第184号の別添指針として診断法が定められた。診断方法は概ね一般診断法に準拠し作成されたと思われるが、細部においては違いがある。

今までの耐震診断で馴染みのある評点と同様ではあるが、184号別添指針の診断法では構造耐震指標（Ｉｗ）と表記している。

▼必要保有耐力（Ｑｒ）

必要保有耐力を算出するにあたり、壁の強さ倍率は令46条の壁倍率に1・96kN乗じた数値とし、床面積も令46条における床面積による。しかし必要保有耐力表は一般診断法と同じであり、積雪は令86条2項に同じく、地震地域係数、軟弱地盤係数は令88条、形状係数は一般診断法と同様である。

▼保有耐力（ｐｄ）

壁等の強さに基礎・接合部の低減係数を乗じる。ただし壁等の強さは令46条にある壁倍率×1・96kNを乗じる。基礎・接合部の低減係数は一般診断法と同じである。Ｐｗ以外の壁は方法1では一般診断法に同じく、ただし方法2ではＰｅ（その他の耐力）は両側端ではみない。偏心と床仕様は側端部1／4は見込まないが、壁の配置低減係数は一般診断法と同じにする。最後に劣化低減は必要であるが、明示はない。

▼建築物の敷地

イ．高さ2ｍを超える擁壁を設けた建築物の敷地

ロ．がけ崩れ等による被害を受けるおそれのある敷地

ハ．地震時に液状化のおそれのある敷地

▼別添指針に表記されていない内容

令46条にある壁倍率表を基に、1・96を乗じて壁強さ倍率を換算する。劣化低減はするものの、具体的な表記は見当たらない。

1
2
3
4
5
6
7
8

184号別添指針診断法

構造耐震指標を求める　$\frac{保有耐力}{必要保有耐力}$

Iw＝Pd／Qr

Iw＝各階の張間方向または桁行方向の構造耐震指標

必要保有耐力（Qr）

△ △ △	壁の強さ倍率 床面積の算定（当該階の床面積） 積雪	 （Af） （Ws）	（令46条に1.96kNを乗じる） （令46条における床面積） （令86条2項に同じ　積雪深さ×0.26）
・ ・ ・ ・	単位床面積当たりの必要耐力 地震地域係数 形状係数 軟弱地盤係数	（Cr） （Z） （Cd） （Cg）	（一般診断に同じく） （豪雪地帯のみ） （令88条、一般診断法に同じく） （一般診断法に同じく） （令88条一般診断法に同じく）
Qr＝（Cr＋Ws）Af・Z・Cd・Cg			

保有耐力（Pd）

△ △ △	壁等の強さ 偏心と床仕用 Pw以外の壁	 （E）	（令46条にある壁倍率×1.96kN） （側端部1/4は見込まない） （方法2.腰壁、垂壁評価がない）	壁の配置低減
・ ・ ・ ・	Pw以外の壁 基礎の低減係数 接合部の低減係数 壁の配置低減係数 劣化低減	（Pe） （D）	（方法1.一般診断法に同じ） （一般診断法に同じ） （一般診断法に同じ） （一般診断法に同じ） （明示なし）	壁などの強さ以外の耐力
Pd＝（Pw+Pe）E・D				

特記事項　△　一般診断法と異なる　　・　一般診断法と同じ

Pw：壁の強さ・基礎・接合の低減を乗じた値　Pe：Pw以外の強さ（0.25Qr）

E：偏心・床仕様による低減　D：劣化低減

建築物の敷地

イ　擁壁
- 擁壁の劣化、裏込め、排水、土圧の構造計算

ロ　崖崩れ
- 擁壁の安全性、がけと建物の距離の確保

ハ　液状化
- 液状化の恐れのある地盤の改良

一般診断法に準拠するものと思われるが指針診断法に表記されていない内容

- 令46条にある壁倍率をもとに「1.96」を乗じて壁強さ倍率を換算の表記
- 劣化低減　劣化低減はするものの、具体的な表記はない

- 壁倍率＝1.0＝1.96kN/mとする。

$$=\frac{1}{3}（雑壁）+\frac{2}{3}（実質の壁強さ）$$

- 劣化低減は表記されていない。一般診断法では最大0.7まで

047

一般診断法

▶耐震診断の進め方
▶一般診断法は専門家の簡易診断
▶上部構造の評点

▼耐震診断の流れ

一般診断法は平成16年7月に国土交通省住宅局建築指導課の監修により「木造住宅の耐震精密診断と補強方法」の改訂版として「木造住宅の耐震診断と補強方法」が出版された。

この診断法は、専門家が行う耐震診断を「一般診断法」と「精密診断法」に分けている。したがって、「一般診断法」は既存の木造住宅の耐震性能の調査と耐震補強を行い、既存の木造建物の耐震化を進める役割がある。人間の健康診断の役割である。

そして、耐震補強を進める時には、精密診断を行い補強計画を立て、耐震補強を行う。

▼一般診断法の位置づけ

一般診断法は専門家の簡易診断に該当する。したがって、ここでは破壊調査をせずに目視中心に行う診断法である。そして、その結果評点が0.7以下の建物で耐震補強を行う場合には破壊調査を伴った精密診断に入る。

「一般診断法」には壁を主な耐震要素とする「方法1」と、伝統的工法を対象とした、耐力壁以外に無開口壁や垂れ壁、腰壁、柱などのラーメン的な効果を評価する「方法2」に分類されている。

一般診断法の適用範囲は、木造軸組構法の2階建て・3階建て、伝統的構法、枠組壁工法、立面的な混構造の建物である。

▼主な内容

一般診断法では、必要保有耐力・保有耐力の算定にあたり、壁の耐震要素の算出に伴い、接合部、基礎の種類などによる低減係数や、壁の配置バランス、床仕様の低減係数の他、劣化低減係数の検討を行い、上部構造部の評点としている。

また、対象住宅の各階・各方向（X・Y）を算出し、最小値が上部構造評点となる。

一般診断の流れ

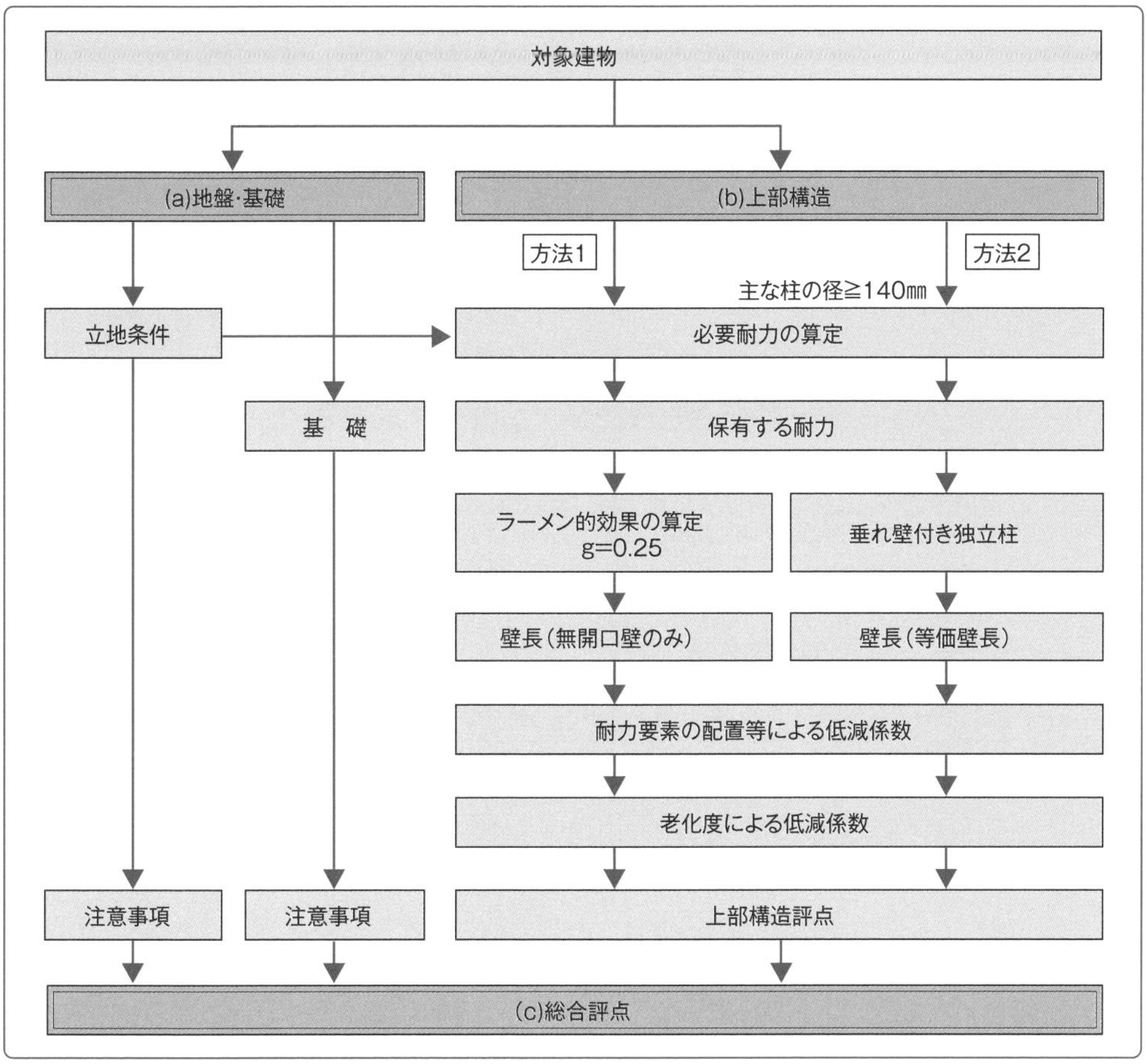

上部構造評点

階	方向	強さ P (kN)	配置 E	劣化度 D	保有する耐力 Pd (kN)	必要耐力 Qr (kN)	上部構造評点
3F	X						
	Y						
2F	X						
	Y						
1F	X						
	Y						

上部構造評点	判定
1.5以上	倒壊しない
1.0以上~1.5未満	一応倒壊しない
0.7以上~1.0未満	倒壊する可能性がある
0.7未満	倒壊する可能性が高い

出典:『木造住宅の耐震診断と補強方法』(日本建築防災協会)

048

一般診断詳細法
（一般診断精算法）

▶一般診断法との主な相違点を把握する
▶一般診断精算法の目的を検討する

▼一般診断との主な相違点

一般診断詳細法とは、一般診断法の中でより正確に診断を行うことを目的として作られたもので、「精算法」とされているが、前項に記したように「一般診断詳細法」として紹介する。

主な相違点は床面積辺りの必要耐力算定式を左ページの表1の補正係数を乗じて求める。これは精密診断法1の保有耐力診断法における略算による必要耐力表を用いる場合においても同じく、表2のk1～k6は表1に代入し、算出する。

形状割増係数は、建物の形状の違いや複雑な平面などの場合に、屋根および壁の面積が増加することにより建物荷重の増加を想定した割増係数である。一般診断法では4m未満の場合に割増係数を1・13倍としている。一般診断詳細法では、表3のように割増係数が違うので注意する。

偏心率の検討は、一般診断法においては側端部1／4法で行われている。ただし側端部にPe（その他の耐震要素）を見込んでいる。一般診断詳細法においては、偏心率計算により求められる。

評点の算出は一般診断法と同じく上部構造評点になる。木造2階建ての場合には最も厳しい数値を建物の評点とする。

▼一般診断詳細法の意図

耐震診断では建物の荷重評価が重要だが、一般診断法における必要耐力の求め方では不十分である。建物荷重の根拠となる床面積の算定に問題があるからである。したがって、一般診断詳細法においては各階の床面積を考慮し必要耐力の算出を行い、より実態に近い数値とすることを目的としている。

一般診断法は建築基準法の床面積の算定と異なる点に注意が必要であるが、その他、狭小間口の寸法による割増係数の違いにも注意する。

一般診断詳細法の算出方法

● 床面積当たりの必要耐力（kN/㎡）[表1]

		軽い建物	重い建物	非常に重い建物
平家建て		$0.28 \times Z$	$0.40 \times Z$	$0.64 \times Z$
2階建	2階	$0.28 \times K_2 \times Z$	$0.40 \times K_2 \times Z$	$0.64 \times K_2 \times Z$
	1階	$0.72 \times K_1 \times Z$	$0.92 \times K_1 \times Z$	$1.22 \times K_1 \times Z$
3階建	3階	$0.28 \times K_6 \times Z$	$0.40 \times K_6 \times Z$	$0.64 \times K_6 \times Z$
	2階	$0.72 \times K_4 \times K_5 \times Z$	$1.44 \times K_4 \times K_5 \times Z$	$1.22 \times K_4 \times K_5 \times Z$
	1階	$1.16 \times K_3 \times Z$	$1.16 \times K_3 \times Z$	$1.80 \times K_3 \times Z$

Z＝地域係数
K_1、K_3、K_4は、R_{f1}、R_{f2}（表2参照）が大きいほど下階の壁が負担する加重が増える影響を示す係数、また、K_2、K_5、K_6は、R_{f1}、R_{f2}が小さいほど上階が振られて加重が増える影響を示す係数である。

● 各係数の求め方［表2］

	軽い建物・重い建物の場合	非常に重い建物
K_1	$0.40 + 0.60 \times R_{f1}$	$0.53 + 0.47 \times R_{f1}$
K_2	$1.19 + 0.11/R_{f1}$	$1.06 + 0.15/R_{f1}$
K_3	$(0.25 + 0.75 \times R_{f1}) \times (0.65 + 0.35 \times R_{f2})$	$(0.36 + 0.64 \times R_{f1}) \times (0.68 + 0.32 \times R_{f2})$
K_4	$0.40 + 0.60 \times R_{f2}$	$0.53 + 0.47 \times R_{f2}$
K_5	$1.03 + 0.10/R_{f1} + 0.08/R_{f2}$	$0.98 + 0.10/R_{f1} + 0.05/R_{f2}$
K_6	$1.23 + 0.10/R_{f1} + 0.23/R_{f2}$	$1.04 + 0.13/R_{f1} + 0.24/R_{f2}$

R_{f1}：1階の床面積に対する2階の床面積の割合。ただし、0.1を下回る場合は、0.1とする。
R_{f2}：2階の床面積に対する3階の床面積の割合。ただし、0.1を下回る場合は、0.1とする。

いずれかの階の短辺の長さが6.0m未満の場合は、その階を除く、全ての階の必要耐力に割増係数を乗じた値とする。ただし、複数の階の短辺の長さが6.0m未満の場合は、割増係数の大きい方を用いるものとする。
ただし、多雪区域では、表3①の耐力を加算後に表3の割増係数を乗じる。

● 割増係数［表3］

	4.0m未満	4.0m以上6.0m未満	6.0m以上
割増係数	1.3	1.15	1.0

① 多雪区域では、積雪深に応じて、積雪1mのとき$0.26 \times Z$（kN/㎡）、積雪2mのとき$0.52 \times Z$（kN/㎡）、積雪1m～2mのときは直線補間した値を加算する。ただし、雪下ろしの状況に応じて、積雪深を1mまで減らすことができる。
② 1階が鉄骨造、鉄筋コンクリート造で2階以上が木造の場合、木造部分の必要耐力は1.2倍とする。
③ 第3種地盤の場合は1.5倍とする。
④ 形状割増係数は一般診断法と多少異なる。

出典：『木造住宅の耐震診断と補強方法』（日本建築防災協会）

049

精密診断法1（保有耐力診断法）

▶必要耐力の算定を行う
▶保有耐力の算定を検討する
▶上部構造と各部の検討を行い評価する

本診断法は、木造軸組構法住宅、伝統的構法住宅、枠組壁工法住宅、および1階部分が鉄筋コンクリート造または鉄骨造の混構造住宅の木造部分に適用する。

また、本診断法は、平家建て、2階建ておよび3階建てに適用する。

▼必要耐力の算定

必要耐力の算定法は、一般診断詳細法と同じく略算法で必要耐力を求めるが、層せん断力分布係数を算定し、層せん断力係数を求めるが、一般的な木造住宅の場合、1階は1.0、2階は1.4前後となることから、層せん断力係数はCi＝1×1×1.4×0.2＝0・28程度になる。それに木造住宅の各階の重量を乗じ、住宅の各階に加わる地震力（Qr）を求める。ただし割増係数がある場合にはそれを乗じなければならない。

▼保有する耐力

保有する耐力を求めるには方法1と方法2がある。

・方法1　木造軸組構法、枠組壁工法などがその対象になり、有開口の壁耐力と無開口壁をそれぞれ拾い出し加える。それに剛性率、偏心率の低減がある場合には乗じる。ただし、14kN／㎡を超えてはならない。また釘のピッチは100㎜以上、釘の長さは40㎜以上であること。

・方法2　伝統的構法をイメージしたものであり、垂れ壁付き独立柱の基準耐力と剛性を算定する。柱の樹種、太さと柱の負担幅L＝1.2m未満、L＝1.2m以上を検討する。

左ページの低減係数をそれぞれ求め保有する耐力（Qd）を求める。

▼上部構造部の評価と各部の検討

評点の数値などは一般診断法などと変わらないが、各部の検討においてはその個々の状態を報告する。また上部構造耐力の評価は各階数の方向ごとに行い評価する。

精密診断法１による算定方法

● 必要耐力の算定（Qr）

1. 令88条により求める

Qr＝Ci×Σwi
Qi＝（住宅の各階に加わる地震力）
Ci＝Z×Rt×Ai×Co
Ci＝（層せん断力係数）
Z＝地域係数
Co＝令88条により0.2以上とする
Rt＝振動特性係数（建物の固有周期と地盤の種類で求める）
（通常の木造住宅の固有周期の方が短い　Rt＝1）
Ai＝層せん断力分布係数　$Ai=1+\left(\frac{1}{\sqrt{\alpha i}}-\alpha i\right)\frac{2T}{1+3T}$

2. 略算による必要耐力を求める
（一般診断詳細法に同じ→keyWord048）

3. 割増係数
①軟弱地盤（1.5倍）
②形状割増係数（その階を除く）

	4.0m未満	4m～6m未満	6m以上
割増係数	1.3	1.5	1.0

③多雪区域（一般診断法に同じ）
④混構造（1.2倍）

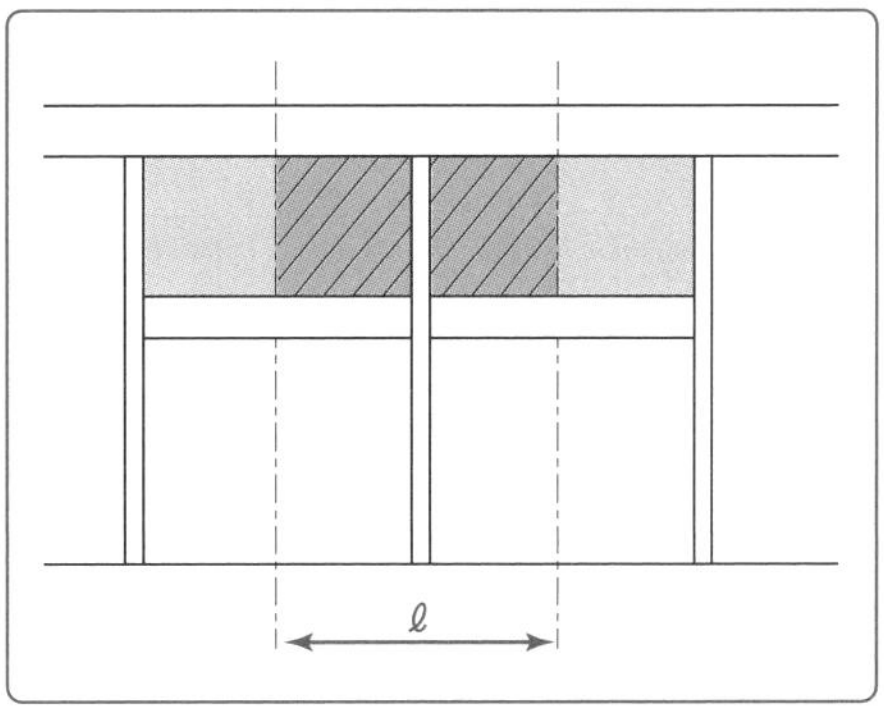

● 垂れ壁付き独立柱の負担幅ℓの取り方

● 保有する耐力（Qd）

1. 方法1　耐力壁構造の場合
Qd＝（有開口壁の耐力＋無開口壁の耐力）×剛性率×偏心率
2. 方法2　垂れ壁付独立柱の多い構造の場合
Qd＝（無開口壁の耐力＋垂れ壁付き独立柱の耐力）×剛性率×偏心率
3. 低減係数
①開口部（窓型・掃き出し開口・1m以下・1～2m・2m以上）
②接合部（基本的には一般診断法と変わらない）
③劣化（柱・壁に分けて検討する）
④偏心率（偏心率と床倍率により係数が定められる）
⑤剛性率（0.6以上　木造の場合はほとんど0.6以上になる）

● 上部構造部の評価と各部の検討

各階の各方向ごとに評点を記入し、下記のような診断表としてまとめる。各部については個々に状態を検討する。

診断表
この住宅は、建築基準法の想定する大地震で、
（倒壊しない／一応倒壊しない／倒壊する可能性がある／倒壊する可能性が高い）
その階と方向は、（　　）階（　　）方向と考えられる

評点

	X方向	Y方向
3階		
2階		
1階		

各部の検討

	部位	箇所など
（　　）	①地盤の崩壊等	
（　　）	②基礎の破損・亀裂等	
（　　）	③水平構面（床や屋根）の損傷	
（　　）	④柱の折損	
（　　）	⑤横架材接合部の外れ	
（　　）	⑥屋根葺き材の落下	

050

精密診断法 2
（保有水平耐力計算）

▶保有水平耐力の考え方により評点を算出する
▶剛床と柔床の場合の計算方法を設定する
▶水平構面の損傷限界変形角は表の値を求めることができる

▼評点の算出

評点は各階・方向での必要保有水平耐力の比の最小値とする。各構面の荷重変形曲線は壁量計算の基となった方法による。接合部仕様や劣化による低減係数は保有耐力診断法と同様、小さい数値を用いる。構面の荷重変形関係は、精算により柱脚の浮き上がりや腰壁・垂れ壁要素の効果を算出する。

▼剛床と柔床

水平構面が剛床と見なせるか否かで検討することになるが、鉛直構面の許容耐力以下で水平構面での損傷が生じないこと、および水平構面の変形量が一定以下であることを判断基準としている。剛床の場合には偏心の程度により、また剛床と見なせない場合には有限な水平構面の剛性を考慮して計算を設定するが、剛床の判定には現在のところ明確な指標はない。

▼水平構面の損傷限界変形角

水平構面のせん断変形角が、原則として1／150ラジアン以下であること。ただし、水平構面のせん断変形角が鉛直構面の降伏せん断変形角から小さい場合は、この限りではない。伝統的構法で鉛直構面の降伏せん断変形角が大きい場合には、水平構面のせん断変形角が基準値以下であることを確認する。

・剛床と見なせる場合

方法A1　偏心率が0・15以下の場合
方法A2　偏心率が0・15を超える場合

・柔床の場合

方法B1　水平構面剛性を無視する場合
方法B2　水平構面剛性を考慮して増分解析を行う場合

（1）水平構面の荷重変形を考慮したモデルとしては、鉛直荷重面および水平構面の各部をブレースに置換したモデルと考える。

（2）鉛直構面を荷重変形関係に対応した弾性バネとしてモデル化し、水平構面は鉛直構面位置で分割、せん断パネルとしてモデル化する。

1
2
3
4
5
6
7
8

精密診断法２による算定方法

方法Ａ１　剛床と見なせる場合①：偏心率が0.15以下の場合

⑴各構面の荷重変形関係により、保有水平耐力および必要保有水平耐力を算出する。

⑵層の荷重変形より完全弾塑性モデルにする。

⑶終局耐力を保有水平耐力とする。

⑷塑性率μを用いて、構造特性係数Dsを算出する。

$$Ds = \frac{1}{\sqrt{2\mu - 1}}$$

・次式により必要保有水平耐力を算出する。
Qm＝Ds・Fes・Qmd
Qm：当該階・方向の必要保有水平耐力
Ds：当該階・方向の構造特性係数
Fes：各階の形状特性係数（昭和55年建設省告示第1792号による）
Qmd：地震力によって各階に生じる力
（令82条の4による固定荷重、積載荷重を算出する）
剛性率が0.6未満の場合に限り剛性による割増係数（Fs）を求める

方法A-2　剛性と見なせる場合②：偏心率が0.15を超える場合

⑴各構面の変位を各構面のねじれ補正係数で除し、補正してから荷重変形関係の累加を行う。

⑵各階の方向の保有水平耐力および必要保有水平耐力を算出する。ただし、偏心割増係数Feを考慮する。

方法B-1　柔床の場合①：水平構面剛性を無視する場合

⑴各階・方向の構造特性係数と、構面ごとの保有水平耐力と必要保有水平耐力を算出し、各階・方向の比の最小値を求める。

⑵各階・方向の構面で保有水平耐力の地震力により、水平構面各部で損傷限界変形以下であることを確認する。
※　隣接する構面が1m以内の場合は同一構面とみなす。

● 水平構面の許容せん断耐力時の変形角および損傷限界変形角

水平構面の仕様	許容せん断耐力時の変形角	損傷限界変形角
構造用合板または構造用パネルを釘打ちした床面または屋根面で、根太または垂木を転ばしとしたもの	1/120	1/50
構造用合板または構造用パネルを釘打ちした床面または屋根面で、根太または垂木を半欠きとしたもの	1/150	1/100
構造用合板または構造用パネルを釘打ちした床面または屋根面で、根太または垂木を落とし込みしたもの、または面材を直張りをしたもの	1/200	1/180
杉板を釘打ちした床面または屋根面	1/120	1/30
火打ち水平構面	1/120	1/50

方法B-2　柔床の場合②：水平構面剛性を考慮して増分解析を行う場合

⑴各階・方向の重心位置で荷重変形関係を算出する。

⑵ねじれや水平構面の変形がないとしてAiを用い、水平方向の地震力分布は各構面の負担重量に比例したものとして良い。

⑶各階・方向の重心位置で、保有水平耐力および必要保有水平耐力を算出する。

保有水平耐力の設計

保有水平耐力設計は昭和56年の基準法に示されている。大地震に対する倒壊防止検証法の1つで、建物の変形性能も考慮し、地震力に対する終局耐力（保有水平耐力）の確認を行う。

必要保有水平耐力　≦　保有水平耐力

051

一般診断法の役割

▶耐震診断の流れをたどる
▶耐震補強の進め方

▼耐震診断の流れ

今まで使用されてきた「木造住宅の耐震診断と補強方法」に代わって、平成16年7月に国土交通省住宅局建築指導課の監修、日本建築防災協会発行により、「木造住宅の耐震診断と補強方法」が出版された。

今までの木造住宅耐震診断の進め方は、まずユーザーが「我が家の耐震診断」を行い、その後「精密診断」へ進んだ。「我が家の耐震診断」では図面を書かなければならなかったことから、一般ユーザーは多少なりとも苦労をされてきたのではないかと思う。改訂版ではすべてを問診式とし煩わしさをなくした。

▼一般診断法から精密診断へ

その後、建築関係者の出番になるわけであるが、建築専門家の簡易診断として「一般診断法」が行われる。次に補強の必要な木造住宅には「精密診断」がある。特に耐震診断の入口にある「一般診断法」の出番は多くなる。

建築の専門家の簡易診断とは言っても、今まで行われてきた「精密診断」よりも中身は濃くなっている。それは平成7年の阪神淡路大震災以後も、鳥取県西部地震、芸予地震、新潟県中越地震、福岡県沖地震、能登半島沖地震、新潟県中越沖地震、岩手宮城内陸地震など多くの地震が日本国内で起き、新たな被害形態が多く見られるようになった。したがって、今までの診断法では対応できなくなっていた。

特に保有耐力の算出にあたっては、接合部床仕様による低減、その他、形状、混構造、積雪などの割増係数も導入された。そして耐震補強を行うにあたっては精密診断1と精密診断2が用意されている。

既存木造住宅の耐震化は重要である。地震防災の中心にあるのが既存木造住宅の耐震性の向上にあることは過去の地震災害が示している。そして、その入口にあるのが一般診断法である。

第5章

一般診断法

052

一般診断法の適用範囲

▶緊迫する地震対策に求められるのは？
▶住宅の多様化に対応できる耐震診断の必要性が求められている

▼緊迫する地震対策

今までの「木造住宅の精密診断と補強方法」で行える耐震診断は木造軸組2階建住宅および平家住宅に限られていた。しかし、建物の構造は多様化してきており、木造軸組構法の2階建てを中心とした耐震診断では対応性が乏しく、現状のままでは住宅の耐震化は図れず、住宅の耐震化の必要性に迫られた。

平成7年の阪神淡路大震災では五千名以上の方が木造住宅の中で亡くなっている。そして平成15年には東海地震対策大綱が発表され、切迫している東海地震のみならず発表された各地の地震発生確率は、日本国内の住宅耐震化の推進を迫られた。

また一方では無料耐震診断等をうたって営業している業者も増え、点検商法のトラブルも多発している。そのような意味においても木造住宅を中心とした新たな耐震診断の必要性に迫られていた。

▼住宅多様化に対応できる耐震診断

左ページから見ても阪神淡路大震災における木造住宅の被害率は、枠組壁工法（2×4工法）住宅を除いても、木造比率も高ければ、被害比率も高い。しかし木造軸組構法と言っても伝統的構法（主に昭和25年以前の建築）も数多く残っている反面、最近では木造3階建ての木造住宅も増えている。

そのような中において発表されたのが木造住宅を対象とした「木造住宅の耐震診断と補強方法」である。これは日本の住宅事情から、多用性をもった内容となっている。対象とする住宅は木造軸組構法、伝統的構法、枠組壁工法、立面的混構造住宅、そして階数は3階までである。

改訂から5年が過ぎ、一般診断法を実務上使ってきたが、診断法の問題点も出てきている。さらなる診断法の開発が望まれるところである。

1
2
3
4
5
6
7
8

兵庫県南部地震の被害状況（震度7地域の構造別被害集計表）

● ①建物構造による被害集計

	無被害	軽微	中破	大破	倒壊	撤去済	消失	不明	合計	大破以上
軸組	192	369	89	28	8	27	6	3	722	10%
2×4	56	29	2	1	0	1	1	0	90	3.3%
プレハブ	79	62	2	1	0	0	2	0	146	2.0%
鉄骨造	28	23	4	0	0	0	1	1	57	3.5%
RC造	6	7	0	0	0	0	0	1	14	
不明・他	12	17	7	1	0	1	1	0	39	
合計	373	507	104	31	8	29	11	5	1068	

● ②建物構造による被害集計（築10年以内）

	無被害	軽微	中破	大破	倒壊	撤去済	消失	不明	合計	
軸組	118	175	25	2	2	3	2	1	328	3%
2×4	50	19	2	0	0	1	1	0	73	2.7%
プレハブ	47	37	1	1	0	0	2	0	88	2.2%
鉄骨造	14	13	0	0	0	0	1	0	28	3.5%
RC造	4	7	0	0	0	0	0	0	11	
不明・他	1	0	0	0	0	0	1	0	2	
合計	234	251	28	3	2	4	7	1	530	

● ③建物構造による被害集計（築10～15年）

	無被害	軽微	中破	大破	倒壊	撤去済	消失	不明	合計	
軸組	37	89	28	3	2	10	1	0	170	9.4%
2×4	3	5	0	0	0	0	0	0	8	
プレハブ	7	12	0	0	0	0	0	0	19	
鉄骨造	7	4	1	0	0	0	0	1	13	
RC造	1	0	0	0	0	0	0	1	2	
不明・他	4	5	3	1	0	0	0	0	13	
合計	59	115	32	4	2	10	1	2	225	

● ④建物構造による被害集計（築15～20年）

	無被害	軽微	中破	大破	倒壊	撤去済	消失	不明	合計	
軸組	37	105	36	23	4	14	3	2	224	20.5%
2×4	3	5	0	1	0	0	0	0	9	
プレハブ	25	13	1	0	0	0	0	0	39	
鉄骨造	7	6	3	0	0	0	0	0	16	
RC造	1	0	0	0	0	0	0	0	1	
不明・他	7	12	4	0	0	1	0	0	24	
合計	80	141	44	24	4	15	3	2	313	

（平成7年度住宅金融公庫融資　住宅震災報告書）

「木造住宅の耐震診断と補強方法」の対象とする住宅

1. 木造軸組構法の住宅
平家、2階建て、3階建て

2. 伝統的構法の住宅

3. 枠組壁工法の住宅

4. 立面的混構造の住宅
1階　鉄筋コンクリート　　2階、3階　木造軸組構法
1階　鉄骨　　2階、3階　木造軸組構法

053

診断方法
（方法1と方法2）

▶耐震診断の進め方を検討する
▶一般診断法の方法１、方法２

▼耐震診断の進め方

「一般診断法」は建築専門家の簡易診断である。したがって、必ずしも補強を前提とする診断ではない。内外装を剥がす方法は馴染まないと考え、目視を原則として行う調査をするため、非破壊検査となる。

したがって、現場における情報も限られたものとなる。そのため補強を前提とした場合には、内外装を剥がした破壊調査を行い、調査の当該建物の情報を詳しく把握し精密診断を行うことを前提としている。

▼一般診断法の方法1

方法1の場合には、最近の軸組構法が対象になる。主に壁を耐震要素として考え、垂れ壁や腰壁を詳細には評価しない。したがって、無開口壁の耐震要素を軸に計算を行うが、その他の耐震要素として垂れ壁・腰壁のフレーム効果を考慮し、Pe＝0・25Qrとしている。

また壁幅は筋かいのある壁の場合には壁幅を900㎜以上とし、構造用面材を利用した耐力壁の場合には600㎜以上の壁幅の耐力壁としている。筋かいのある壁の場合には、筋かいが立ってきてしまっては効果が認められないからである。

▼一般診断法の方法2

方法2は、日本に伝わる伝統的な木造軸組構法を対象にしている。伝統的構法とは。土台がなく独立基礎（自然石が多い）の上に柱が乗り、壁は通し貫、小舞壁が主体とした木造軸組構法である。

開口部が多くて壁が少ないが垂れ壁が多く、垂れ壁の厚さ、柱の小径（150㎜以上）、垂れ壁のスパン、垂れ壁は主独立柱1本あたりの耐力を算定し、Pe（その他の耐力要素）を算定する。

無開口の壁以外の耐震要素については、フレーム効果などを考慮して、Pe＝0・25Qrを用いる。

診断方法1

- 無開口壁が中心
  壁幅　筋かいによる耐力壁　　　900mm以上
  　　　構造用面材による耐力壁 600mm以上
- 壁の強さ（P）
  P＝Pw＋Pe
  　Pw：壁の耐力
  　Pe：その他の耐震要素の耐力
- 壁強さ倍率C（kN/m）
  壁仕様に応じた壁強さ倍率（KeyWord058を参照）
  最大の壁強さ倍率　9.8kN/mとする
  壁仕様が不明の場合　1.96kN/m
- 壁長 ℓ（m）　壁の長さを算定する
- 低減係数
  基礎、接合部の検討

診断方法2

● 垂れ壁付き独立柱1本あたりの耐力（単位：kN）

ℓ_e＝1.2m未満

柱の小径	垂れ壁の厚さ 40mm未満	40mm以上70mm未満	70mm以上
150mm以上180mm未満	0.8	1.2	1.0
180mm以上240mm未満	0.9	1.5	2.0
240mm以上	1.0	1.8	2.5

ℓ_e＝1.2m以上

柱の小径	垂れ壁の厚さ 40mm未満	40mm以上70mm未満	70mm以上
150mm以上180mm未満	1.3	0.9	0.8
180mm以上240mm未満	1.5	1.7	1.6
240mm以上	1.8	3.2	4.5

註：▒部分では柱の折損の可能性があることを示す
　　150mm未満の柱は、折損の可能性が高いため耐力を算定しない

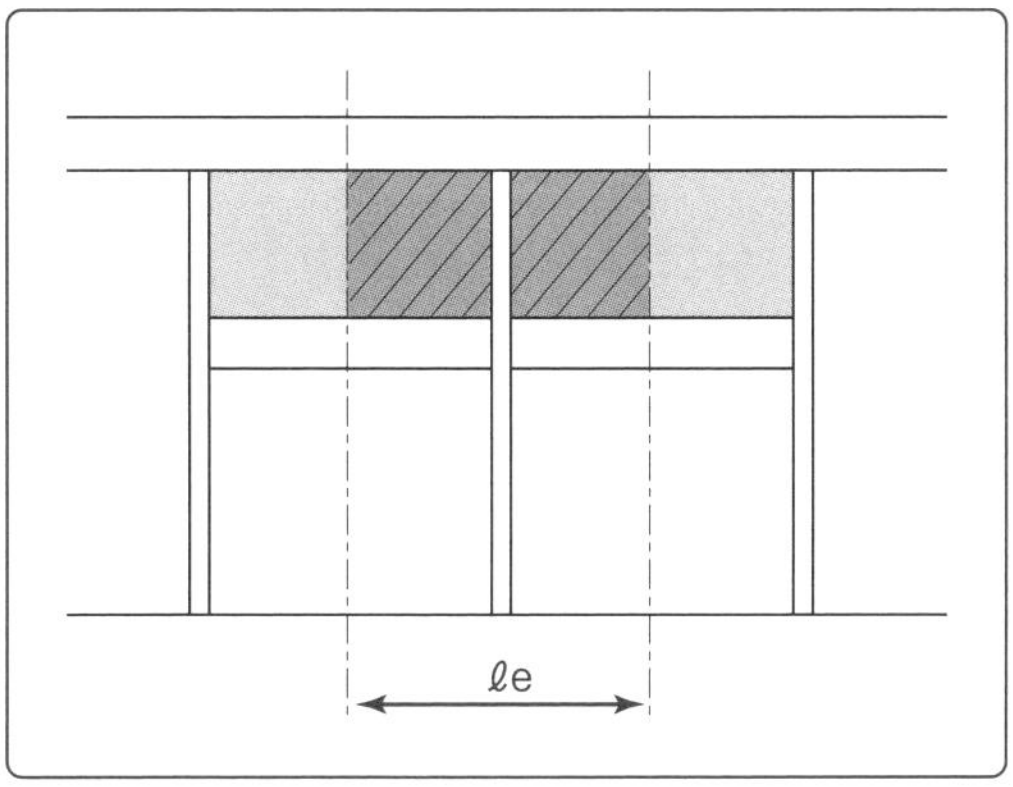

● 垂れ壁付き独立柱

出典：『木造住宅の耐震診断と補強方法』（日本建築防災協会）

054

調査項目

▶建物仕様、平面図の確認、作成を行う
▶地盤、基礎の調査を行う
▶割増係数、低減係数の検討
▶壁の調査と壁の強さ倍率の判断は慎重に行う

▼建物仕様、平面図の確認、作成

まず始めに建物の構造・地域を調べ、地域係数・雪積地域を調べる。そして平面図面がある場合には図面の確認、ない場合は図面の作成をしなければならない。実際には図面がない木造住宅が多く、仮にあっても現場との違いを調べることが必要である。図面とまったく異なる場合もよくある。

そして基本的なことであるが、床面積を確認することから調査を始める。

▼地盤、基礎の調査

ここでは地図を利用して、周辺の地形や低地・丘陵地および宅内などの高低差、また擁壁がある場合には擁壁の種類、劣化状況を調べるとともに、当該建物の基礎の形式を調べる。

▼割増係数、低減係数

一般診断法では必要保有耐力を算出するにあたり、軟弱地盤・地域係数・建物仕様・建物の平面形状などの割増係数が定められている。

また、基礎の仕様、接合部の仕様、床仕様や吹き抜けの有無・劣化などの低減係数があり、保有耐力の検討をする時に低減をしなければならない。

▼壁の調査と壁の強さ倍率

木造住宅の耐震要素の基本は壁にある。そして壁の耐震要素の検討をするのに、壁の強さ倍率を調べ保有耐力の算出をすることになる。耐力壁の壁の強さを判定することには慎重な検討が望まれる。接合部についても配慮しなければならない。

また、伝統的構法の場合には天井の高さと柱の寸法を1本1本調べなければならない。

しかし、壁の強さ倍率の判定にあたっては、調査者によるばらつきが多く、柱脚が接合されていないのに高倍率の壁を入力し計算するなどの問題も出ている。

壁の強さの判断は慎重に行わなければならない。

1
2
3
4
5
6
7
8

調査項目チェックリスト

	項目	内容	割増・低減係数等
1	建物仕様	構造・階数　混構造	1.2
2	平面図	平面図の作成・確認 形状割増係数（4m未満）	1.13
3	築年数	築10年以上か以内か	
4	劣化状況	内外部の劣化状況	劣化低減0.7～1.0
5	床面積	一般診断用の床面積	
6	地域係数	Z　地域	0.7～1.0
7	積雪の深さ	1mの時　0.26（kN／㎡） 2mの時　0.52（kN／㎡） 雪おろしの状況に応じて積雪1.0mまで減らすことができる	
8	地盤	軟弱地盤の場合	1.5
9	地質	高低差、土留の種類、建物からの距離	
10	基礎	基礎形式　Ⅰ　Ⅱ　Ⅲ 基礎の種類	
11	基礎	現状の調査	
12	仕上表	外部　各室の仕上表	
13	壁下地	各部　各室の仕上下地	
14	壁強さ	壁強さ倍率を調べる	最大9.8kN／m 不明の場合1.96kN／m
15	床仕様	構造　床仕様　Ⅰ　Ⅱ　Ⅲ 吹抜けの有無（1辺4m以上の場合）	吹抜け（1辺4m以上） 1ランク仕様を下げる
16	水平構面	2階床組、小屋組	水平剛性 床倍率
17	接合部	柱頭、柱脚の接合部の種類　Ⅰ　Ⅱ　Ⅲ　Ⅳ	低減係数
18	接合部	横架材の接合、加工および金物	接合倍率
19	伝統的構法の場合	柱の寸法　一般診断法　150mm角以上 精密診断　120mm角以上	
20	伝統的構法の場合	天井の高さ	垂れ壁
21	伝統的構法の場合	土壁の厚さを調べる（施工状態）	壁の強さ倍率
22	伝統的構法の場合	基礎と1階床組	

055

地盤・基礎の診断

▶地盤調査を行う
▶基礎の診断は自分の目で確かめる

▼地盤調査

一般診断法を行うにあたり、地盤調査は重要な位置づけとなる。なぜならば第3種地盤と判断した場合には、必要保有耐力を1.5倍にしなければならないからである。しかし第3種地盤の見極めは難しい。このためには地形図・地質図・近隣の柱状図などの調査が必要になる。

また、低湿地か丘陵地などに基づき調査内容も変わる。第3種地盤は低湿地に多いからである。

丘陵地においては、埋土地盤か切土地盤または埋土の厚さと経年などが問題になる。隣地との高低差、擁壁の有無、擁壁の高さと種類、水抜きなどを含めた施工性、劣化状況などを調べなければならない。また、擁壁との距離も必要になる。傾斜角度も30度を規準に調べなければならない。これらを資料と目視によって判断をしなければならない。

その他、液状化の可能性も検討しておいた方がよい。行政で発行しているハザードマップなども参考になる。

▼基礎の診断

基礎の診断をするのに、まず基礎の形式から調べる。外周が独立基礎か布基礎かということは目視ですぐ確認できる。クラックも比較的見えることから判断しやすいが、ベタ基礎か布基礎かの判断は外部からの目視では難しく、床下内部からの調査が必要になる。

また丘陵地においては不同沈下もよく生じていることから注意が必要である。左ページの図は、傾斜地に建つ木造住宅の不同沈下を調べるために、敷地の2カ所でハンド・オーガーボーリングを行い、埋土地盤の深さを確認した図面である。

また、鉄筋の有無の問題もあるが、これも目視ではなかなか難しいことであり、昭和46年以前の建物は基本的には無筋コンクリートと考えた方がよい。

地盤の種類（地震力算定用）

第1種地盤（硬質）	岩盤、硬質砂礫層その他主として第3紀以前の地層によって構成されているものまたは地盤周期等についての調査もしくは研究の結果に基づき、これと同程度の地盤周期を有すると認められたもの。
第2種地盤（普通）	第1種地盤および第3種地盤以外のもの。
第3種地盤（軟弱）	腐植土、泥土その他これらに類するもので大部分が構成されている沖積層（盛土がある場合においてはこれを含む）で、その深さが概ね30m以上のもの、沼沢、泥海等を埋め立てた地盤の深さが概ね3m以上であり、かつ、これらで埋め立てられてから概ね30年経過していないもの、または地盤周期等についての調査もしくは研究の結果に基づき、これらと同程度の地盤周期を有すると認められるもの。

注）液状化の可能性があるところは、非常に悪い地盤とする。

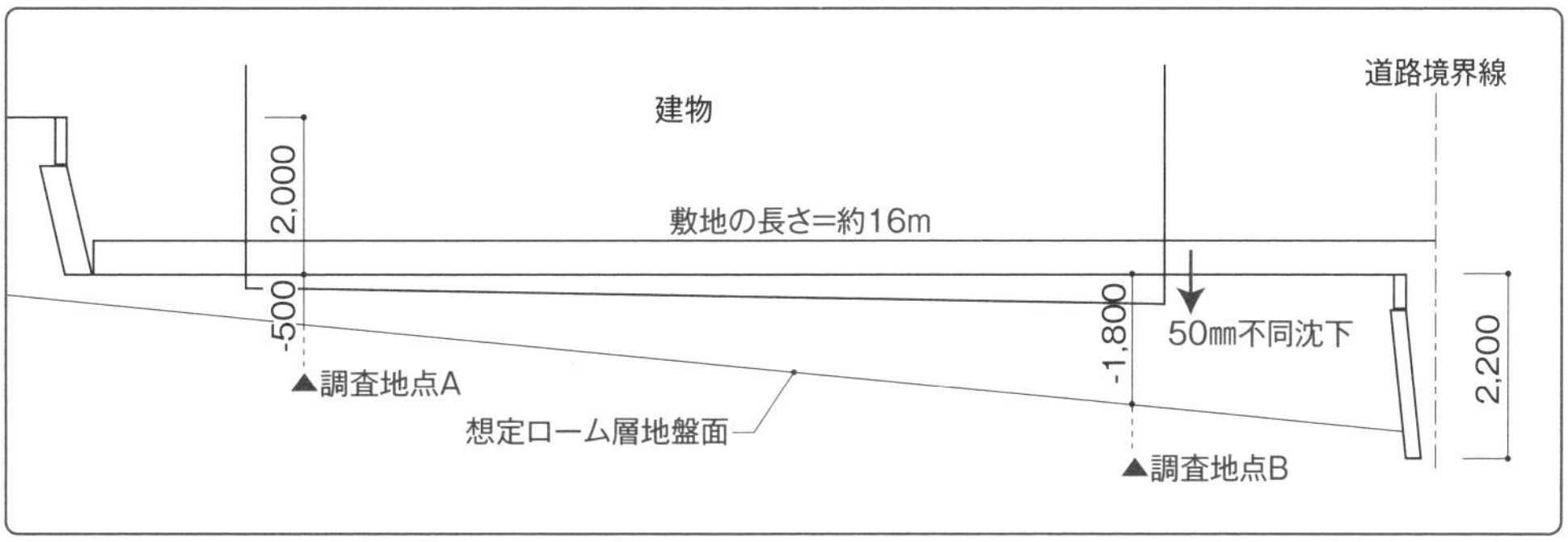

● 傾斜地で不同沈下している事例

● 基礎ベースの沈下
基礎の立上がり破断

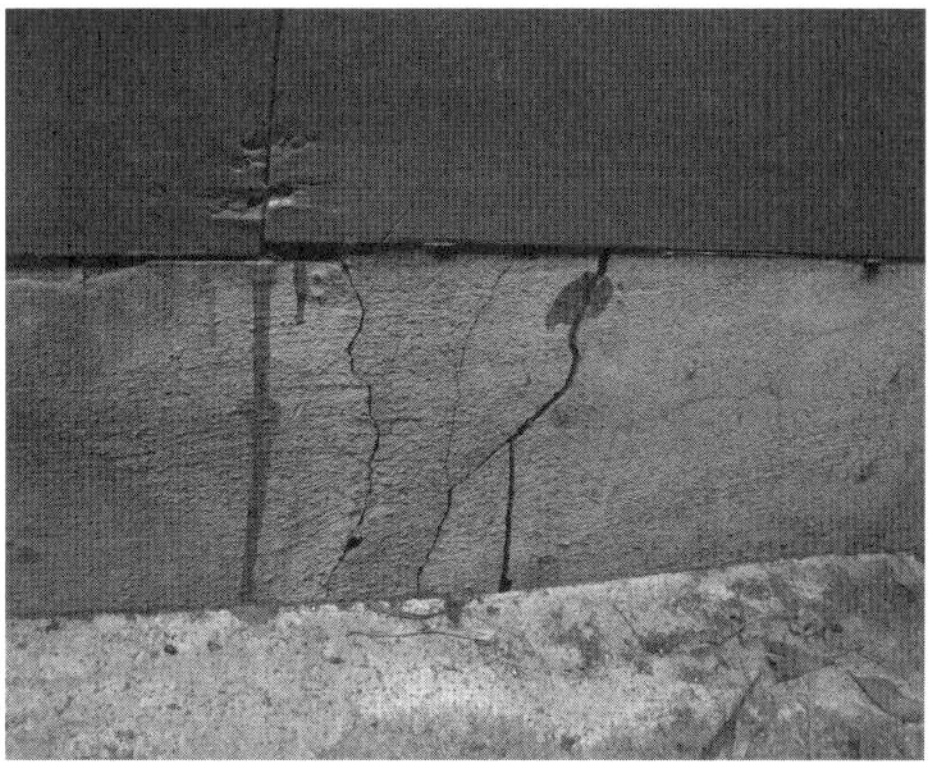

● 基礎の立上がり部のクラック
不同沈下の影響と思われる

056

建物概要

▶建物概要をまとめる
▶建物仕様を調べる

▼建物概要の目的

建物概要とは、「一般診断法」を行うにあたって、総合的な情報をまとめた表題のような役割がある。要は調査対象の建物の築年代や地域性、建物の構造などを記入していく。

所在地から地形、地質を事前調査していくことができ、また築年代により建築基準法の変遷を見るなかで木造住宅の施工慣習がわかる。

したがって、おおよその施工状況、基礎の形式などが想定できる。また、平面図を作成し、建物の形状を見ていく。その他、建物の規模、積雪、地域係数、床仕様を概要にまとめていく。そして全体をつかんだうえで個々の算定をしていく。

個々の問題は、別途進めていくことにするが、まず、建物概要を作成していくなかで、建物の問題点、調査するに際してのの注意点などをまとめる必要がある。

▼建物仕様

「一般診断法」の適用範囲は、木造軸組構法の平家建て、2階建て、3階建て、枠組壁工法、伝統的構法、縦方向の混構造の建物である。今までの木造軸組構法の2階建てまでの内容から考えると、調査対象の建物範囲はずいぶんと広がっている。しかし実際の調査においては、中2階のある部屋、小屋裏、スキップフロアなどの建物も多くある。また軸組構法、伝統的構法においても明確に分けきれず、土台のある伝統的構法などもある。

また、最近の木造住宅の建物では構造用面材も多用されており、同じ木造軸組構法のなかでも混合された現代的な建物もあり、複雑な建物も多い。したがって各項目別に考えていきたいと思う。

平面図の作成にあたっては、既存の平面図があっても、確認のため書くように心がける。

建物概要作成の注意事項

建物概要（例）

建物名称 ：

所在地 ：
竣工年月日 ：

建物仕様 ：
地域係数 Z ：
軟弱地盤割増 ：
形状割増係数 ：
積雪深さ ： （m）
積雪 ： z
基礎形式 ：
床仕様 ：

主要な柱 ：

平面図

壁の位置・仕様を平面図に記入します。また、壁の両端の柱の柱頭・柱脚の接合の仕様も記入します。

上階が部分的にしかない場合は、わかるように上階の位置を斜線で示します。

平面図中には、X方向・Y方向の全長の1/4に線を引きます。

柱頭・柱脚の仕様

平面図の作成の注意事項
平面図の作成にあたっては柱の位置、壁の位置がわかるように書く、また開口部を書く時には掃き出し、窓の区別はわかるように記入する。柱頭·柱脚の仕様は、調査時には困難と思うがわかる内容があれば記入する

平面図（1階）

出典：『木造住宅の耐震診断と補強方法』（日本建築防災協会）

057

床面積の求め方

▶床面積の算出を行う
▶床面積の算出は建築基準法とは異なる
▶各階の床面積を考慮する

▼床面積の算出の目的

床面積を求めることは当たり前のようであるが、実は難しい問題も抱えている。床面積を算出する目的は、床の均し荷重にある。すなわち建物の荷重を求める時に、建物荷重が均等であることを前提にしている。そしてそれを基に地震力の検討をしている。地震力を求めるための水平震度を0.2として、建物荷重の20％（0.2）が標準せん断力係数としている。

100ｔの建物には20ｔの地震力を想定し、耐震性の検討を行うこととしている。これが必要耐力である。しかし実際の建物は決して均等の荷重ではなく、形状も細長かったり複雑なケースも多い。したがって、整形な建物の形状比は短辺：長辺＝1：2程度としている。そのため、それを超える比の平面図の場合は割増をしている。

▼床面積の算出

床面積を求めるにあたり注意を要するのは、建物の荷重を出すために均等荷重としている点である。一般診断法における床面積の算定は、建築基準法の床面積とは異なるので注意が必要である。

一般診断法では、建物の荷重を出すための便法として床面積の算定を原則にしていることから、吹き抜け部分は床面積に算入し、バルコニーも0.4算入し、オーバーハングも1階の面積に算入される。

▼各階床面積を考慮する

一般診断法では、建物を総2階、総3階建てを原則として建物荷重を算出し、必要耐力の検討をしているが、一般診断詳細法（床面積の精算法）の項で述べたが、各階の床面積を考慮した床面積の算出法を行っており、実際の建物荷重に近い値を出すような計算式を用いている。

その後、各割増係数を求め、必要耐力を算出している。

床面積の算出の目的

建物の荷重の算定のため（必要耐力を求める）

- 建物の荷重を均等と考える
- 整形建物とは短辺：長辺＝1：2程度（不整形の場合には割増係数1.13）
- バルコニー：バルコニーにも重さがあるからである（バルコニー面積の0.4を乗じる）
- 吹き抜けもならし荷重の一部（建物の荷重は均等と考える）

床面積の算定

- 建物の投影面積とする
- 吹抜けは床面積に算入
- オーバーハングは床面積に算入
- バルコニーは面積に0.4を乗じる面積

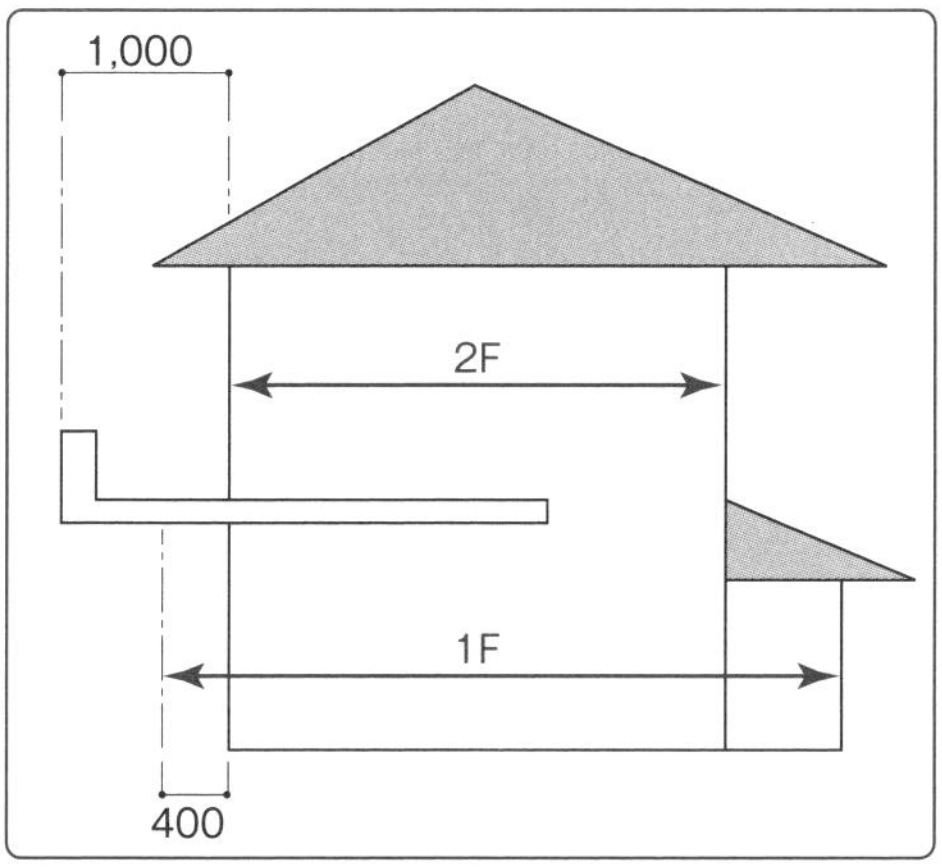

各階の床面積を考慮した床面積の算出

- 一般診断法の床面積は総2階、総3階としている
- 必要耐力を求めるために床面積を算出する
- 軟弱地盤の場合は1.5倍とする・・・第3種地盤
- 建物の仕様は軽い建物、重い建物、非常に重い建物の3種類
- 形状割増係数

一般診断法においては
2階建ての1階、3階建ての1、2階については、短辺の長さが4.0m未満の場合は、その階の必要耐力を1.13倍とする

- 積雪1mの時0.26×Z（kN／㎡）、2mの時0.52×Z（kN／㎡）
- 雪下ろしにより1mとすることができる
- 混構造　割増係数1.2倍とする

058

壁の強さ倍率

▶壁の強さ倍率と壁倍率法とは異なることに注意する
▶壁の強さ倍率の選定に注意する

▼壁の強さ倍率

今までの耐震診断では壁倍率法が利用されてきており、壁の倍率（壁倍率1.0≒2.0 kN／m）の1／3は雑壁が負担をすることから壁倍率1.0≒1.3 kN／mとして定めていたが、一般診断法においては壁の耐力P＝Pw＋Pe（Pw＝壁の耐力、Pe＝その他の耐震要素の耐力）により壁の耐力が求められる。そのうちの壁の耐力の検討をするにあたって、保有耐力の検討を行う時の各壁の耐力として、壁の強さ倍率（C）が定められたものである。

しかし別表に記されていない壁仕様もある。したがって壁仕様がわからない場合はC＝1・96 kN／mとすると定められているが、壁によって壁強さは異なる。また片面、両面などの明記もないことから、保有耐力の算出にあたっては、壁強さ倍率を明確にしておく必要がある。また、高倍率の壁の場合には、接合部の状況の確認が必要になる。

▼壁の強さ倍率の注意点

壁の強さ倍率の算定にあたっては、片面＋軸内（筋かい＋ブレース）＋反対側の壁面の合計とすることができるが、片面において2種類の耐力面材を利用しても、合計することはできない。またその壁強さの合計値は最大C＝9.8 kN／mとする。

左ページの表に記されている壁強さ倍率の種類はこれ以外に多くあると思われるが、仕様がわからない場合はC＝1・96 kN／mとするものの、片面か両面かの明記がないことから表になくても、わかる仕様はできるだけ明記する必要がある。また、横架材間の接合、基礎との接合強度が弱い場合には、期待する強度も望めなくなることに注意する。

また、片面に二重張りをしても壁の強さは2倍にはならない。土塗り壁の場合には上下横架材間が塗り込められているかの確認が必要である。

工法と壁強さ倍率

工法の種類		壁強さ倍率（kN/m）
土塗り壁	塗厚50mm未満	1.7
	塗厚50mm以上～70mm未満	2.2
	塗厚70mm以上～90mm未満	3.5
	塗厚90mm以上	3.9
筋かい鉄筋9φ		1.6
筋かい木材15×90以上	端部金物あり	1.6
	端部金物なし	1.6
筋かい木材30×90以上	端部金物あり	2.4
	端部金物なし	1.9
筋かい木材45×90以上	端部金物あり	3.2
	端部金物なし	2.6
筋かい木材90×90以上	端部金物あり	4.8
	端部金物なし	2.9
木ずりを釘打ちした壁		1.1 （1.1）
構造用合板		5.2 （3.0）
構造用パネル（OSB）		5.0 （3.0）
硬質木片セメント板		4.1 （3.0）
フレキシブルボード		3.5 （2.8）
石綿パーライト板		3.4 （2.8）
石綿ケイ酸カルシウム板		2.9 （2.5）
炭酸マグネシウム板		2.8 （2.5）
パルプセメント板		2.7 （2.4）
シージングボード		2.0 （2.0）
ラスシート		2.7 （2.4）
モルタル塗り壁		1.6
窯業系サイディング張り		1.7 （1.7）
石膏ボード張り		1.2 （1.2）
化粧合板（厚5.5：大壁）		1.4 （1.4）
構造用合板（非耐力壁仕様）		2.5 （2.3）
化粧合板（厚5.5：真壁）		1.0 （1.0）

（　）内は胴縁仕様の場合

出典：『木造住宅の耐震診断と補強方法』（日本建築防災協会）

- 仕様がわからない場合は、C＝1.96kN／mとする。
- 壁強さを求める時は、壁面＋軸内＋反対壁面の合計値が可能。
- 複数の仕様を併用する時も、合計値は最大でも9.8kN／mとする。
- 無開口壁の長さを算定する。
- 筋かいの場合の壁は900㎜以上、面材の場合は600㎜以上。
- 引張り筋かい（ブレース）は、タスキであっても2倍とはしない。
- 土塗り壁の耐力は、横架材間が塗り込められていることが必要。
- 構造用面材の場合は、釘の種類ピッチ、受材の有無、めり込みに注意が必要である。

059

必要耐力と保有耐力

▶必要耐力の検討を行う
▶保有する耐力の検討を行い確認する

▼必要耐力（Ｑｒ）

必要耐力は住宅の仕様により左ページの表に各階の床面積を乗じて求める。建物は3種類に分ける。

・軽い建物：石綿スレート、鉄板葺
・重い建物：桟瓦葺
・非常に重い建物：土葺瓦屋根

対象建物により、床面積あたりの必要耐力の表が左ページにある。この数値に床面積を乗じて必要耐力を算出する。

その他にも割増係数が定められていることから、必要耐力に各割増係数を乗じて求めることとする。

しかし、ここで求められる数値は、建物を総2階、総3階の数値にはなるが、正確に求める場合には「精算法」を用いて必要耐力を求めることもできる。

▼保有する耐力（Ｐｄ）

保有する耐力は、本来木造住宅が有している耐力のことであるが、それぞれ低減係数を乗じて保有耐力の検討をする。また壁の耐力は、壁強さ倍率の表を参考にして計算するが、それにその他の耐震要素の耐力を加えて算定する。

Ｐｗは壁の耐力でありＰｅはその他の耐震要素の耐力のことで（Ｐｅ＝0.25Ｑｒ）、これを加えることで保有耐力の算定をする。そのうえで、各低減係数を乗じて保有耐力を求める。

また、壁の仕様から壁の強さ倍率（ｃ）を求めるが、内壁＋軸内（筋かい、ブレース）＋外壁の仕様とするが、最大値は9.8kN／ｍとする。

その他、低減係数には柱頭、柱脚の接合状態もあるが、接合部と基礎を合わせて低減係数が定められているが、建物配置や吹き抜けなどにも注意は必要である。

最後に劣化の低減もある。各階Ｘ方向、Ｙ方向において検討する。

1
2
3
4
5
6
7
8

必要耐力(Qr)

必要耐力Qrは、住宅の仕上材の仕様、建設地域(地域係数Z、積雪量)に応じて、表に示す値に各階の床面積を乗じて求まる数値とする。

割増係数
①地盤が著しく軟弱な場合(第3種地盤) 必要耐力を1.5倍とする。
②2階建ての1階、3階建ての1、2階については、短辺の長さが4.0m未満の場合は(1.13倍)。
③多雪区域では積雪深さにより、積雪1mのとき0.26Z(kN/㎡)、積雪2mのとき0.52Z(kN/㎡)、積雪1~2mのときは、深を1mまで減らすことができる。
④1階が鉄骨造、鉄筋コンクリート造で2階以上が木造の場合(1.2倍)。

● 床面積あたりの必要耐力(kN/㎡)

対象建物		軽い建物	重い建物	非常に重い建物
平屋建て		0.28Z	0.40Z	0.64Z
2階建て	2階	0.37Z	0.53Z	0.78Z
	1階	0.83Z	1.06Z	1.41Z
3階建て	3階	0.43Z	0.62Z	0.91Z
	2階	0.98Z	1.25Z	1.59Z
	1階	1.34Z	1.66Z	2.07Z

Z:地震地域係数

保有する耐力

Pd=P・E・D

Pd=保有する耐力

E=耐力要素の配置等による低減係数

P=強さ

D=劣化度による低減係数

強さ(P)

P=Pw+Pe

Pw:壁の耐力Pw=Σ(C・L・f)

C、L、fは以下による。

Pe:その他の耐震要素の耐力

①壁の強さ倍率C(kN/m)
壁の仕様により壁強さ倍率を求める。ただし、内、外部の仕様を加えた場合9.8(kN/m)を最大とする。
また仕様が不明の場合はC=1.96(kN/m)とする。

②壁長 L(m)
無開口壁の長さの算定をするが、筋かいの場合は900mm以上、面材の場合は600mm以上とする。

③柱接合部による低減係数 f
壁端柱の柱頭・柱脚接合部の種類によって低減係数fは柱頭、柱脚の低減係数による。

060

4分割法

▶建物を4分割する
▶4分割法の考え方を検証する

▼4分割法

4分割法は、平面上において、建物を梁間方向、桁方向にそれぞれ4分割をする方法である。

4分割する場合には、建物の両端部の最外縁から行う。オーバーハングしている場合には、そこから最外縁からとなる。すなわち投影面積で行うことになる。

4分割をした後には、耐力壁を頭上に配置する。左ページに示したように、一部2階建ての建物の場合には、2階建て部分は2階建てとして必要耐力を算出し、平家建て部分は平家建てとして必要耐力を算出する。

▼4分割法の考え方

4分割法は偏心率の簡易法であり、偏心率を計算しない場合に行う方法である。まず両端部の壁の強さを計算し、ねじれを生じているかを検討するために行うものである。これは、偏心率が複雑な計算になるため現場などで簡単に行えるものではなく、あくまで計算上のものだからである。

それに対して4分割法は図面上で行えるメリットがある。したがって、特に現場などで判断しなければならない時には便利な方法といえる。具体的には、X方向、Y方向それぞれの壁量を計算し、両端部の必要耐力に対する保有耐力の充足率と左ページの表にある床仕様によって、X方向、Y方向それぞれに壁量の充足率を算出し、低減係数を求める。しかし、水平構面の剛性が低い場合には応力の分配が行われにくく、偏心の大きい建物では応力の集中がより大きくなるため、計算上は低減しなければならない。また、一辺の長さが4m以上の吹き抜けがある場合には床構面の仕様を一段階下げる。

このようにして、偏心率の計算に対応した建物のねじれの検討を行う。ねじれが大きくなれば建物への負担が大きくなるからである。

4分割法

建物の梁間方向、桁行方向の全長を四分割する。

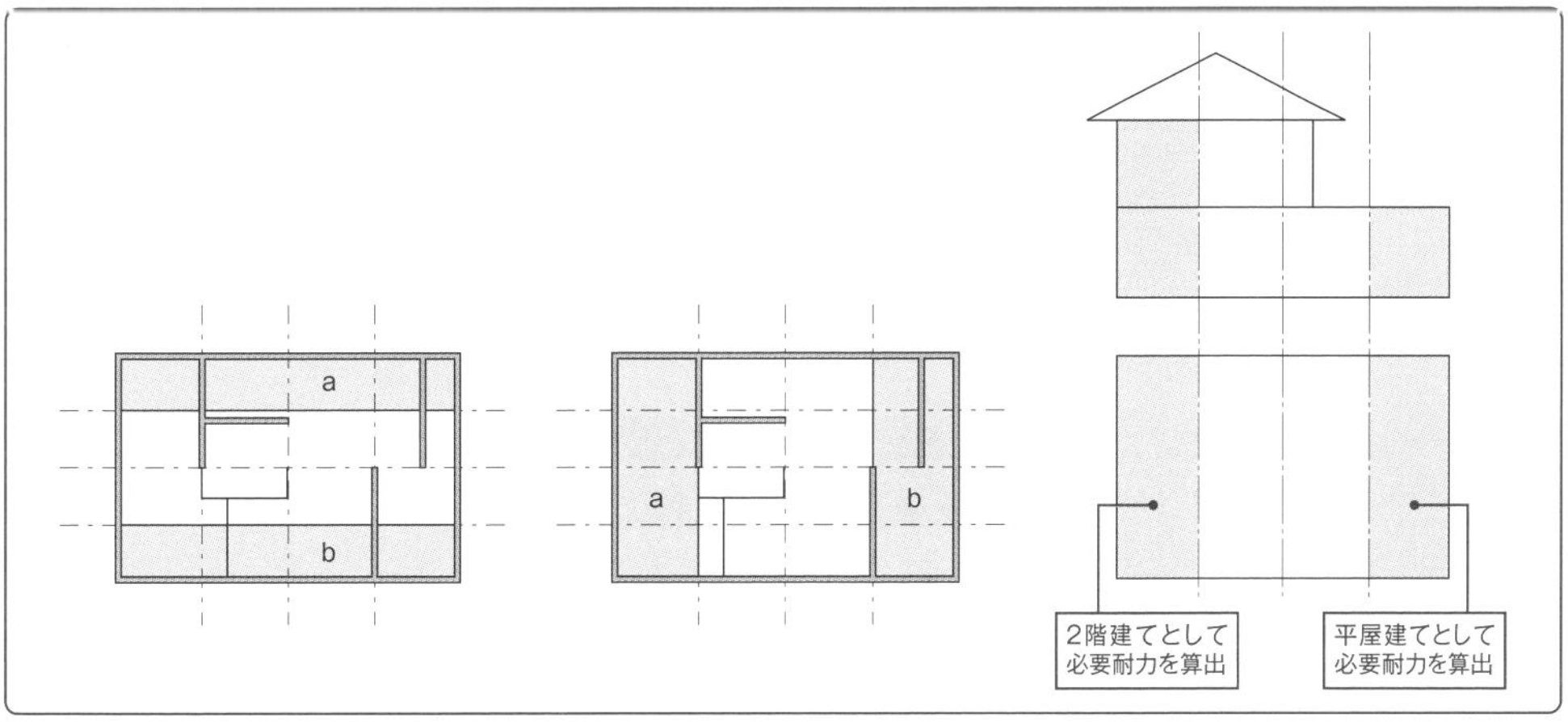

4分割法の考え方

- 建物の平面を分割する1/4の線上に壁が存在するような場合には、当該壁の中心線が側端部分（線上を含む）に含まれていれば算入し、そうでなければ算入しないこととする。
- L型平面等不整形な平面形状であっても、最外縁より1/4の部分をもとに算出する。
- 側端部分の階数については、建物の階数ではなく、該当部分ごとに取り扱う。

● 耐力要素の配置などによる低減係数（E）(4分割法における壁量充足率)

X方向4/4	X方向1/4 床仕様	0.00 ~0.32	0.33 ~0.65	0.66 ~0.99	1.00 ~
0.00 ~0.32	Ⅰ	1.00	0.70	0.60	0.60
	Ⅱ	1.00	0.50	0.45	0.45
	Ⅲ	1.00	0.30	0.30	0.30
0.33 ~0.65	Ⅰ	0.70	1.00	0.80	0.75
	Ⅱ	0.50	1.00	0.80	0.75
	Ⅲ	0.30	1.00	0.75	0.75
0.66 ~0.99	Ⅰ	0.60	0.80	1.00	1.00
	Ⅱ	0.45	0.80	1.00	1.00
	Ⅲ	0.30	0.75	1.00	1.00
1.00 ~	Ⅰ	0.60	0.75	1.00	1.00
	Ⅱ	0.45	0.75	1.00	1.00
	Ⅲ	0.30	0.75	1.00	1.00

● 床仕様の診断項目

- 4m以上の吹き抜けがある場合には、床仕様を1段階下げる。

床仕様	診断項目	床倍率
Ⅰ	合板	1.00
Ⅱ	火打ち＋荒板	0.63
Ⅲ	火打ちなし	0.39

061

接合部

▶接合部の仕様
▶基礎の仕様
▶柱頭・柱脚の低減係数

▼接合部の仕様

木造住宅は4m前後の長さの木材により、土台を敷き柱を建て、梁や胴差しなどの横架材により1階柱頭部を固め、その上に柱を建て、2階の柱脚・柱頭部を桁や梁などで接合し、木造住宅の軸組を構成する。

この時に直線的に継ぐ場合を継手と呼び、角度を持った接合部を仕口と呼ぶ。しかしこの接合部は木造住宅の構造上の欠点と言える。

接合部は木材の母材部と比べると弱くなる。そのため金物などの補強が必要となるが、既存木造住宅の接合部は弱く、特に耐力壁と接合部の柱頭、柱脚の接合は弱い。そのため、一般診断法では既存木造住宅の接合部を4種類に分けている。

▼基礎の仕様

木造住宅の基礎も変遷がある。木造住宅の基礎は、昭和25年の建築基準法制定前までは独立基礎で施工されている建物が多い。

そして基準法の制定により建物の外周は布基礎になったが、鉄筋はほとんど入っていない。そしてその後、建物内部も鉄筋コンクリートの布基礎で繋ぐようになった。

このように基礎も接合部と同じように、築年数を経ている木造住宅は構造的に弱い傾向がある。したがって、基礎も3種類に分けている。

▼柱頭・柱脚の低減係数

木造住宅の水平耐力は壁によって決まるが、前述したように、木造住宅の柱頭・柱脚の接合は弱く、耐力壁を強くすればするほど、柱が抜け土台に浮き上がりを生じる。

したがって、柱頭・柱脚の接合強度が小さい場合、また、基礎強度が小さい状態で耐力壁の強度が高い場合には、耐力壁の強度を低減しなければならない。この場合の低減係数表を左ページに示した。

接合部の仕様

- 接合部Ⅰ　平成12年建設省告示第1460号に適合する仕様
- 接合部Ⅱ　羽子板ボルト、山形プレートVP、かど金物CP-T、込み栓
- 接合部Ⅲ　ホゾ差し、釘打ち、かすがい等（構面の両端が通し柱の場合）
- 接合部Ⅳ　ホゾ差し、釘打ち、かすがい等

基礎の仕様

基礎Ⅰ～Ⅲの仕様は以下のとおり。ただし2階・3階に対しては基礎Ⅰの欄の数値を用いる。

- 基礎Ⅰ　健全な鉄筋コンクリートの布基礎またはベタ基礎
- 基礎Ⅱ　ひび割れのある鉄筋コンクリートの布基礎またはベタ基礎、無筋コンクリートの布基礎、柱脚に足固めを設けた玉石基礎
- 基礎Ⅲ　その他の基礎

柱頭・柱脚の低減係数（f）

壁端柱の柱頭・柱脚接合部の種類による耐力低減係数は以下のとおり。

● 最上階（平家建ての1階を含む）

壁強さ倍率C	2.5kN/m未満			2.5以上4.0未満			4.0以上6.0未満			6.0以上		
	基礎Ⅰ	基礎Ⅱ	基礎Ⅲ	基礎Ⅰ	基礎Ⅱ	基礎Ⅲ	基礎Ⅰ	基礎Ⅱ	基礎Ⅲ	基礎Ⅰ	基礎Ⅱ	基礎Ⅲ
接合部Ⅰ	1.0	0.85	0.7	1.0	0.7	0.35	1.0	0.6	0.25	1.0	0.6	0.2
接合部Ⅱ	1.0	0.85	0.7	0.8	0.6	0.35	0.65	0.45	0.25	0.5	0.35	0.2
接合部Ⅲ	0.7	0.7	0.7	0.6	0.5	0.35	0.45	0.35	0.25	0.35	0.3	0.2
接合部Ⅳ	0.7	0.7	0.7	0.35	0.35	0.35	0.25	0.25	0.25	0.2	0.2	0.2

● 2階建ての1階、3階建ての1階および3階建ての2階

壁強さ倍率C	2.5kN/m未満			2.5以上4.0未満			4.0以上6.0未満			6.0以上		
	基礎Ⅰ	基礎Ⅱ	基礎Ⅲ	基礎Ⅰ	基礎Ⅱ	基礎Ⅲ	基礎Ⅰ	基礎Ⅱ	基礎Ⅲ	基礎Ⅰ	基礎Ⅱ	基礎Ⅲ
接合部Ⅰ	1.0	1.0	1.0	1.0	0.9	0.8	1.0	0.85	0.7	1.0	0.8	0.6
接合部Ⅱ	1.0	1.0	1.0	1.0	0.9	0.8	0.9	0.8	0.7	0.8	0.7	0.6
接合部Ⅲ	1.0	1.0	1.0	0.8	0.8	0.8	0.7	0.7	0.7	0.6	0.6	0.6
接合部Ⅳ	1.0	1.0	1.0	0.8	0.8	0.8	0.7	0.7	0.7	0.6	0.6	0.6

062

床剛性

▶床の役割を考える
▶床仕様による床倍率の違い

▼床の役割

床の役割を考えてみよう。例えば箱にふたがない場合、横から力を加えれば箱は簡単に歪んでしまう。しかし箱にふたをすれば箱が簡単に歪まなくなる。このように箱のふたの役割がわかる。これは木造建物でも同じである。箱の蓋は木造建物では2階の床であり、屋根、下屋であるといえる。この屋根や床の造り方で床の剛性が大きく変わる。床が強ければ両端部の壁まで床が歪むことはない。しかし床の造り方が弱ければ床が壊れてしまう。したがって、耐震診断ではそのような目で床の強さを判断していかなければならない。

▼床仕様と床倍率

床仕様とは床の造り方のことである。造り方により床の強さが大きく変わる。この床の造り方による床の強さを表しているのが左ページにある屋根、床の倍率表である。

木造建物ではよく火打ち梁が使われている。この火打ち梁を見ても0.8倍から0・15倍まで5倍以上の強さの違いがある。これは、火打ち梁を取り付ける部材が強ければ火打ち梁は効力を発揮するが、取り付ける部分の部材が小さければ火打ち梁に負けてしまうことを意味する。

そのような違いによるのであるが、実際の木造建物の床をのぞいてみると、横架材の接合部に火打ち梁を取り付けているケースをよく見かける。これでは火打ち梁を入れた意味がまったくないことになる。むしろ建物を弱くしている。

床を強くすれば両端部まで床が歪まない。4分割法（→KeyWord 060）を参考にすると、合板の場合、床仕様が（Ⅰ）床倍率が1.0、火打ち梁＋荒板の場合は（Ⅱ）床倍率0・63、火打ち梁がない場合は（Ⅲ）0・39となっているが、4m以上の吹き抜けがある場合には、床仕様を1段階下げる。

1
2
3
4
5
6
7
8

屋根・床・火打構面の仕様と存在床倍率

番号		水平構面の仕様	存在床倍率 △QE
1	床構面	構造用合板12mm以上または構造用パネル1･2級以上、根太@340以下落し込み、N50@150以下	2
2		構造用合板12mm以上または構造用パネル1･2級以上、根太@340以下半欠き、N50@150以下	1.6
3		構造用合板12mm以上または構造用パネル1･2級以上、根太@340以下転ばし、N50@150以下	1
4		構造用合板12mm以上または構造用パネル1･2級以上、根太@500以下落し込み、N50@150以下	1.4
5		構造用合板12mm以上または構造用パネル1･2級以上、根太@500以下半欠き、N50@150以下	1.12
6		構造用合板12mm以上または構造用パネル1･2級以上、根太@500以下転ばし、N50@150以下	0.7
7		構造用合板24mm以上、根太なし直張り4周釘打ち、N75@150以下	3
8		構造用合板24mm以上、根太なし直張り川の字釘打ち、N75@150以下	1.2
9		幅180杉板12mm以上、根太@340以下落し込み、N50@150以下	0.39
10		幅180杉板12mm以上、根太@340以下半欠き、N50@150以下	0.36
11		幅180杉板12mm以上、根太@340以下転ばし、N50@150以下	0.3
12		幅180杉板12mm以上、根太@340以下落し込み、N50@150以下	0.26
13		幅180杉板12mm以上、根太@340以下半欠き、N50@150以下	0.24
14		幅180杉板12mm以上、根太@340以下転ばし、N50@150以下	0.2
15	屋根構面	3寸勾配以下、構造用合板9mm以上または構造用パネル1･2･3級、垂木@500以下転ばし、N50@150以下	0.7
16		5寸勾配以下、構造用合板9mm以上または構造用パネル1･2･3級、垂木@500以下転ばし、N50@150以下	0.7
17		矩勾配以下、構造用合板9mm以上または構造用パネル1･2･3級、垂木@500以下転ばし、N50@150以下	0.5
18		3寸勾配以下、幅180杉板9mm以上、垂木@500以下転ばし、N50@150以下	0.2
19		5寸勾配以下、幅180杉板9mm以上、垂木@500以下転ばし、N50@150以下	0.2
20		矩勾配以下、幅180杉板9mm以上、垂木@500以下転ばし、N50@150以下	0.1
21	火打構面	火打金物、平均負担面積2.5㎡以下、梁背240以上	0.8
22		火打金物、平均負担面積2.5㎡以下、梁背150以上	0.6
23		火打金物、平均負担面積2.5㎡以下、梁背105以上	0.5
24		火打金物、平均負担面積3.3㎡以下、梁背240以上	0.48
25		火打金物、平均負担面積3.3㎡以下、梁背150以上	0.36
26		火打金物、平均負担面積3.3㎡以下、梁背105以上	0.3
27		火打金物、平均負担面積5.0㎡以下、梁背240以上	0.24
28		火打金物、平均負担面積5.0㎡以下、梁背150以上	0.18
29		火打金物、平均負担面積5.0㎡以下、梁背105以上	0.15
30		木製火打90×90mm、平均負担面積2.5㎡以下、梁背240以上	0.8
31		木製火打90×90mm、平均負担面積2.5㎡以下、梁背150以上	0.6
32		木製火打90×90mm、平均負担面積2.5㎡以下、梁背105以上	0.5
33		木製火打90×90mm、平均負担面積3.3㎡以下、梁背240以上	0.48
34		木製火打90×90mm、平均負担面積3.3㎡以下、梁背150以上	0.36
35		木製火打90×90mm、平均負担面積3.3㎡以下、梁背105以上	0.3
36		木製火打90×90mm、平均負担面積5.0㎡以下、梁背240以上	0.24
37		木製火打90×90mm、平均負担面積5.0㎡以下、梁背150以上	0.18
38		木製火打90×90mm、平均負担面積5.0㎡以下、梁背105以上	0.15

注：21～29の火打金物の床倍率は、それぞれ30～38の木製火打の床倍率と同じ値である。
構造用合板などの釘打ちは、特記がない限り、床構面では根太に対して、屋根工面では垂木に対して川の字で打ち付けること。

出典：『木造住宅のための住宅性能表示』(日本住宅・木材技術センター)

063

劣化

▶劣化度による低減係数（D）を調査する
▶築10年の建物を基準に考える

▼劣化度による低減係数

木造建物の耐震性を調べるうえで、劣化は建物の強度に大きな影響を与える。劣化には蟻害や腐りなどの生物劣化が代表的である。

木造住宅の劣化診断は、左ページのチェックシートではすべてが網羅されているわけではない。

ここでは、構造耐力に影響を及ぼすであろう部分を抜粋している。

・存在点数（築10年未満、築10年以上）
部位がある場合は存在点数検査に0を付け、合計を算出する。

・劣化点数
劣化事象がある場合には劣化点数に0を付ける

・劣化度による低減係数（D）
数値が0.7未満の場合は0.7、0.7以上の場合はその数値を低減係数とする。

▼築10年以上、築10年未満

建築後10年以上を経過した木造住宅では、日常的に繰り返される水掛かりなどによって、多かれ少なかれ経年劣化が起こり、その経年劣化の進行度が木造躯体に劣化などの影響を与えているどうかを診断することを意図している。

たとえば、バルコニーの手すり壁に不具合が生じていれば、下階の躯体に影響を及ぼしている可能性があるため、調査対象としている。

ただし、不具合が発見された場合は、築10年以上の建物と同様の調査を行うこととし、存在点数の欄に斜線を引いた項目も調査する必要がある。

また、左ページの表には表現されていないケースも当然あり得るが、一般診断法のソフトの中で反映させることは難しいと思える。その場合には筆者は近い部位で行うようにしている。

劣化度による低減係数

①築10年以上か、築10年未満かの欄により、「存在点数」の数値に○をつけ合計を算出する。

②劣化状況を調査し、「劣化事象」の欄に符合する内容がある場合には劣化点数欄の数値に○をつけ、その合計を算出する。

③1－劣化点数／存在点数。

④算出結果が0.7以上の場合にはその数値を書くが、0.7未満の場合には0.7を劣化低減係数とする。

● 老朽度の調査部位と診断項目（チェックシート）

部位		材料、部材等	劣化事象	存在点数 築10年未満	存在点数 築10年以上	劣化点数
屋根葺き材		金属板	変退色、さび、さび穴、ずれ、めくれがある	2	2	2
屋根葺き材		瓦・ストレート	割れ、欠け、ずれ、欠落がある			
樋		軒・呼び樋	変退色、さび、割れ、ずれ、欠落がある	2	2	2
樋		縦樋	変退色、さび、割れ、ずれ、欠落がある	2	2	2
外壁仕上げ		木製板、合板	水浸み痕、こけ、割れ、抜け節、ずれ、腐朽がある	4	4	4
外壁仕上げ		窯業系サイディング	こけ、割れ、ずれ、欠落、シール切れがある			
外壁仕上げ		金属サイディング	変退色、さび、さび穴、ずれ、めくれ、目地空き、シール切れがある			
外壁仕上げ		モルタル	こけ、0.3mm以上の亀裂、剥落がある			
露出した躯体			水浸み痕、こけ、腐朽、蟻道、蟻害がある	2	2	2
バルコニー	手摺壁	木製板・合板	水浸み痕、こけ、割れ、抜け節、ずれ、腐朽がある		1	1
バルコニー	手摺壁	窯業系サイディング	こけ、割れ、ずれ、欠落、シール切れがある			
バルコニー	手摺壁	金属サイディング	変退色、さび、さび穴、ずれ、めくれ、目地空き、シール切れがある			
バルコニー	手摺壁	外壁との接合部	外壁面との接合部に亀裂、隙間、緩み、シール切れ・剥離がある		1	1
バルコニー	床排水		壁面を伝って流れている、または排水の仕組みがない		1	1
内壁	一般室	内壁、窓下	水浸み痕、はがれ、亀裂、カビがある	2	2	2
内壁	浴室	タイル壁	目地の亀裂、タイルの割れがある	2	2	2
内壁	浴室	タイル以外	水浸み痕、変色、亀裂、カビ、腐朽、蟻害がある			
床	床面	一般室	傾斜、過度の振動、床鳴りがある	2	2	2
床	床面	廊下	傾斜、過度の振動、床鳴りがある		1	1
床	床下		基礎の亀裂や床下部材に腐朽、蟻道、蟻害がある	2	2	2
合計						

出典：『木造住宅の耐震診断と補強方法』（日本建築防災協会）

064

その他の低減

▶形状割増係数を考えてみよう
▶縦の混構造の割増係数の注意点

▼形状割増係数

形状割増係数といってもいろいろなケースが考えられる。平面形状で見た場合には、細長い建物、凹凸のある建物、L形の建物などがあるが、不整形の建物は偏心が生じたり、一部に応力が集中するなど、力の流れがスムーズにいかない。

例えば、建物の短辺・長辺の比率が1対2以上または4m未満の場合には形状割増係数の低減をしなければならない。しかし、これは実際にはよくある建物である。最近建てられている建物のなかにも不整形の建物は多いと思われる。したがって、既存の建物では壁量が不足することがあっても不思議はない。

次に立面を考えてみる。まず壁量計算の基本は総2階で、2階より1階が強くなっている。しかし形状が不整形の場合には、壁量なども逆転現象が生じ、低減要素と考えなければならない。これは2階が小さくなっている建物の場合にも、一見安定感があるように見えるが、2階の壁は梁の上に載っていることになり、壁の耐力の評価を見直す必要がある。

▼混構造の建物

混構造の建物とは、原則として同一建物に異種の構造物は認められない。建物の構造が変われば固有周期も異なってくるからである。

認められているのは立面上の混構造の場合だけである。混構造の構造は、1階が鉄骨または鉄筋コンクリートで2階または3階が木造軸組構造の場合を想定している。

このような混構造の建物の場合には、異種構造部分に応力が集中することから、接合部の補強が必要となる。

また、壁量も固有周期の違いによって地震力が大きくなることが想定できることから、混構造の建物の場合には壁量を1.2倍にしなければならない。

形状割増係数

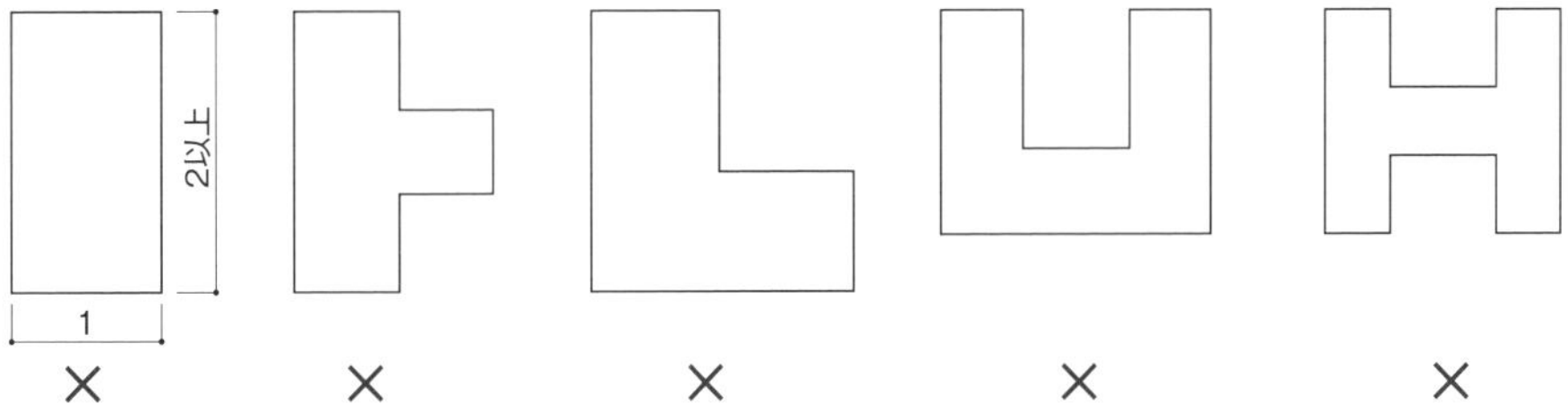

（一般診断法）

4m未満	2階建ての1階、3階建ての2階、1階については1.13倍とする

（積算法）

	4m未満	4〜6m	6m以上
割増係数	1.3	1.15	1.0

● 木造住宅の平面形状

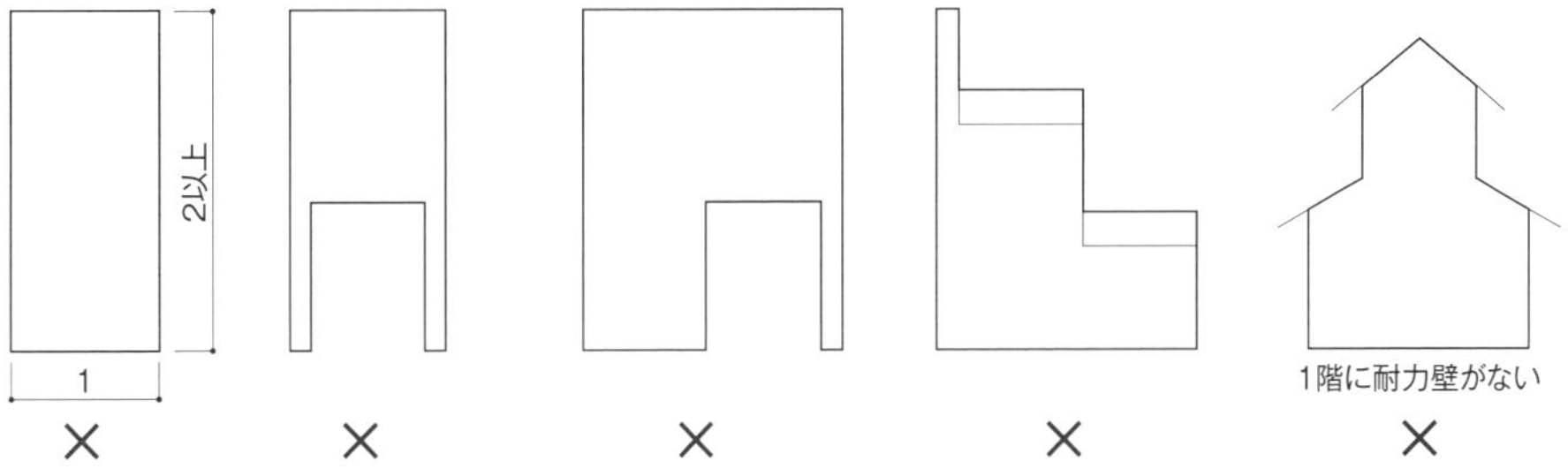

● 木造住宅の立面形状

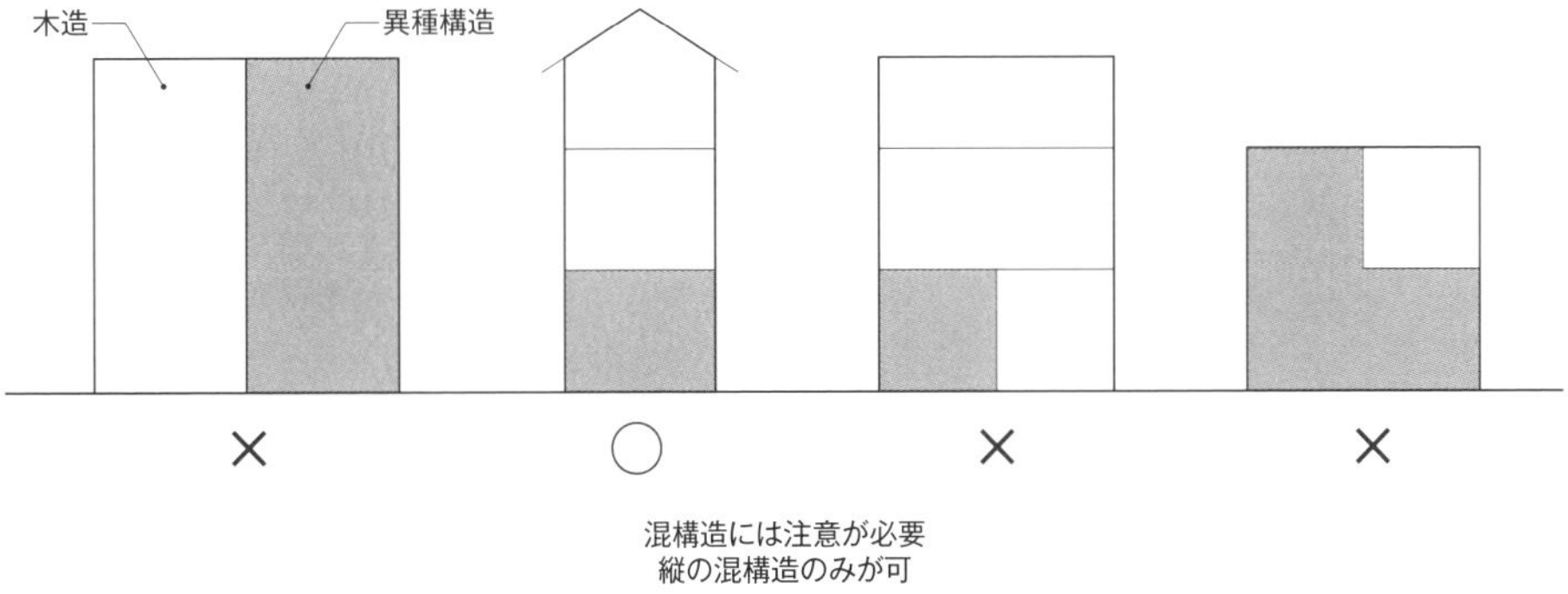

● 混構造の建物

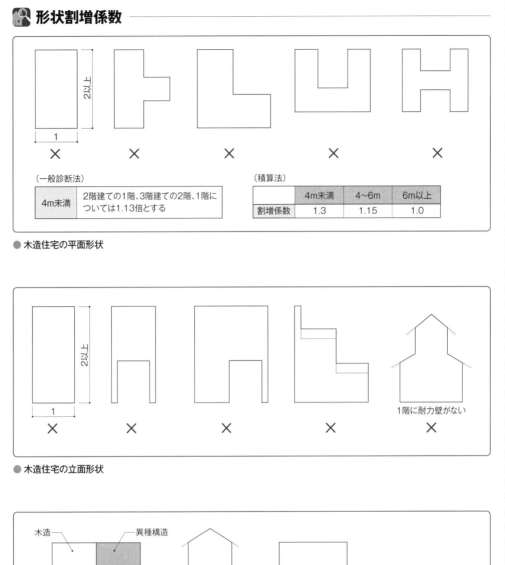

065

上部構造評点

▶必要耐力は床面積と割増係数に注意する
▶保有耐力の算定の基本は現場調査

▼必要耐力を求める

必要耐力とは、建物の重さ、階数、形状、建設地域などから建物が必要とされる水平耐力を求めるものである。

必要耐力を求める時に特に注意しなければならないのが床面積である。基本は建物の投影面積である。すなわち、上階がオーバーハングしている場合にはその面積、吹き抜けなども床面積の対象となる。

必要耐力とは建物の重量から定められるものである。したがって、共同住宅などの場合には鉄骨の廊下、あるいはバルコニーなども地震の時には建物に荷重が加わることから、当然加えたものが必要耐力の考え方である。また、必要耐力を求める時には、形状の割増係数および建物の構造上の割増係数などにも注意をしなければならない。

▼保有耐力を求める

一般診断法においては、保有耐力から必要耐力を除した値により評価点とするが、保有耐力とは、建物が保有する水平耐力の合計の値である。建物の平面図に、各壁の仕様に応じて壁の強さ倍率を合計し壁の強さ倍率を求めるが、壁の仕様がわからない場合には、1・96 kN／mとする。その壁の強さに、他の耐力要素として0・25Qrを加えた合計により定める。

しかし、壁の長さは、構造用合板などの面材においては壁幅600㎜以上の壁が対象となるが、筋かいのある壁の場合には壁幅は900㎜以上を必要とする。壁の高さは1対3が基本であるが、3m程度までが限界とすべきである。

また既存建物の場合、年代・施工状況も異なることから、基礎の形状、接合部の種類、偏心率（または4分割法）、床仕様などを調べ低減率を求める。それらの総合的な判断から保有耐力を求めることになるが、調査者により内容が異なることのないよう心がけなければならない。

上部構造評点と耐震診断

● 上部構造評点

階	方向	強さ P（kN）	配置 E	劣化度 D	保有する耐力 Pd（kN）	必要耐力 Qr（kN）	上部構造評点
3F	X						
	Y						
2F	X						
	Y						
1F	X						
	Y						

- 強さ　P（kN）　建物の持つ壁の強さ倍率の合計（基礎・接合部等の低減後）
- 配置　E　偏心率1/4法による低減係数（床仕様・吹き抜けなどによる低減）
- 劣化度　D　劣化度による低減（0.7未満の場合は0.7とする）
- 保有する耐力　Pd（kN）　P×E×D＝Pd
- 必要耐力　Qr（kN）　建物が必要とされる水平耐力（重さ・形・建設地により決まる）
- 上部構造評点　Pd ／ Qrで算出

● 上部構造評点と下表の判定により、耐震性を診断する

上部構造評点	判定
1.5以上	倒壊しない
1.0以上～1.5未満	一応倒壊しない
0.7以上～1.0未満	倒壊する可能性がある
0.7未満	倒壊する可能性が高い

● 地震時に起きる被害についての注意事項

上部構造評点は、外力に対する保有する耐力の安全率に相当する。

一般診断は、大地震での倒壊の可能性についての診断を行うものと位置づけているため、評点1.0未満の場合には、大地震時に建物の安全限界変形角を超え倒壊の可能性があることを表す。

評点1.0以上1.5未満は「一応倒壊しない」と考えられる。しかし、さまざまな不確定要素が含まれるため 評点1.0以上1.5未満でも 精密診断法を用いて診断するのが望ましい。

066

一般診断法の注意点

▶地盤は自分の目で調べる
▶必要耐力を算定する
▶保有耐力は現場を見て行う

▼地盤

地盤の調査は、地質図、地形図、地図などを使うことも大切であるが、現場をよく観察することが必要である。まず、該当建物の周辺の地形、道路、周辺建物の状態を観察することも有効な調査の1つである。

そして、敷地内高低差と隣地との高低差を調べる。土留がある場合には、土留の種類、高さ、水抜、損傷の有無などを調べ、該当建物の基礎の形式、クラックなどの損傷の有無を調べる。

▼必要耐力

必要耐力の検討では床面積の算定に注意したい。建築基準法の床面積の算定法とは異なることから、間違えやすい点もあるが、床面積の算定をミスすると、その後の計算根拠がすべて違ってしまうので注意が必要である。

そして割増係数がある。割増係数には軟弱地盤、形状、混構造、地域係数、積雪荷重などがある。特に、地盤、形状の割増係数には注意が必要である。

▼保有耐力

保有耐力の検討では、何よりも壁の強さ倍率の特定が意外と難しい。現場の施工状況が左ページの表とは異なる場合があるからである。また、仕様に記されていないなどの問題もある。したがって、そのような場合には壁強さ倍率の判断を明確にしておきたい。

また、柱脚、柱頭の接合部、基礎形式、床仕様などの特定も難しく、判断基準を明確にしておきたい。最後に、劣化については建物によって仕様が異なり、判断項目に違いもあるが、劣化状況を把握し、その評定をいかに行うかが重要になる。

▼木材の劣化

木材の劣化には、蟻害・腐朽菌など生物劣化がある。また、劣化内容も多様で、構造上重要な部位の劣化もあれば、あまり支障のない部位の劣化もある。その点の判断も重要である。

一般診断法の注意項目

	項目	注意内容	備考
地盤	地盤調査	情報収集	近隣の地盤被害 粘土質、砂質、常水位
	沖積層	地耐力、深さ	第3種地盤　割増係数1.5
	液状化	砂質、N値、水位	第3種地盤　割増係数1.5
	崖	崖の傾斜角度、高さ	土質、建物との距離
	傾斜地	埋土の深さ、切り土	土質、建物との距離
	擁壁	施工性、劣化、高さ	擁壁の種類
必要耐力	構造	階数、基礎の種類	内・外装の仕上げ
	床面積	床面積の算定	吹き抜け、バルコニー、廊下 オーバーハング
	地域係数	地域行政により係数を 変更している地域もある	Z0.7 ～1.0
	積雪	積雪の違い	多雪地域
	形状	平面上、立面上	割増係数1.13
	混構造	縦の混構造 （横の混構造は法的に認められていない）	割増係数1.2
保有耐力	壁の仕様1	仕上げの特定	仕上表
	壁の仕様2	施工性	金物、接合部
	壁の強さ倍率	表に無い壁強さ倍率	分からない壁1.96kN/m
	壁長	面材600mm　筋かい900mm （壁の高さ）	最大9.8kN/m
	基礎	形状の算定	直接基礎、杭基礎、地盤改良
	接合部	釘、金物（H12年以降）	4種
	柱頭・柱脚	接合法（H12年以降）	釘・金物
	筋かい	接合法（H12年以降）	釘・金物
	床仕様	床板の種類、施工性	3種類（低減）
	四分割法	分割方法	外端部より
	偏心率	できれば0.15以内	0.3以内
劣化度	劣化	基礎	有筋、無筋、FC、中性化、 クラック
	腐朽・蟻害	劣化の部位	土台、柱、壁、小屋

TOPIC 4

沖積層を探る

沖積層とは、最終氷期以降（1 万 8000 年より後）に堆積した新しい地層を指す。

沖積層は低地に見られ、建築の支持地盤としては支持力不足で建物の沈下を招くこともあることから注意が必要である。

また、沖積層は谷底低地、おぼれ谷、後背湿地、潟湖、旧河道などに多いことから、地図上からも地形を判断して沖積層の存在を知ることができる。このような場所は一般的に沖積低地と呼んでいる。沖積層がすべて軟弱地盤ではないが、特に粘土質、シルト、泥炭などが推積するような環境では軟弱地盤になっている場合も多く、特に注意が必要である。

軟弱地盤は約 2 万～ 5 千年前に起こった急激な海面上昇（100 ～ 140 m）によって生じた粘土層にある。

今から 2 万年ほど前は最後の氷河期（ウルム氷期）にあたっている。大陸の氷河が広く、そのため海水が減少して海面は現在よりも 100 ～ 140 m低下してしまい、海岸線は後退し、陸地は現在より広がっていた。したがって、河川も現在より 100 m以上低かった。

その後、地球上の気候が温暖になり、今から 5 千年ほど前までの間に、現在より数m程度、海面が上昇した。この海面の上昇は年間約 1cm ほどの急激な上昇であったと思われている。そして谷であった所は水没し、河川や海から運び込まれた堆積物で埋め立てられ、現在の低地ができた。したがって、沖積層の厚さは、海に近づくほど厚くなることが考えられる。丘陵地の谷形状の場所にも沖積層は存在している。その深さはおおよそ谷幅に比例していると考えられ、下流に向かって厚くなっていることが予想される。

第6章

実際の調査方法

067

事前調査

▶現地調査の前にできること
▶現地に行く前に資料を調べる

まず耐震診断を行う前の事前調査について考えてみる。特に地盤調査は重要であることから地盤調査について考えてみることにする。震災は地盤災害と言ってよいほど地盤の影響を受ける。

地盤調査は事前にできることがある。現場に行く前に資料を見て下調べしてから現場調査に向かうことが望ましい。なぜなら現地における調査を効率的に進めることができるからである。以下に示した調査資料を基に事前調査を行うことができる。

▼現地調査に行く前の資料調査

調査資料としては以下のものが挙げられる。

・地図　1／1万程度、川との距離、ハザードマップ
・地形図　1／2.5万程度の等高線
・航空地図　周辺の高度差、周辺案内
・地名　地名により地形を推定
・古地図　過去と現在の地形の変化
・地盤図　地盤の状態、主にローム層、沖積層など
・柱状図　周辺の地質、水位、N値
・地質図　地質状況
・土地条件図　土地の利用状況

例えば、地下水が浅く常に排水しているような低湿地では水稲栽培のために水田として利用されている。排水がよく土壌の肥えている場所では、畑、桑畑、果樹園などに利用されている。また未利用の空き地などは自重のみで荷重がかかっていないことから、地盤の締め固めが緩い場合もある。東海道新幹線の建設にあたり、補償問題を避けることから、空き地を探したようだが、地質調査した結果、地盤の悪い軟弱地盤が多かったそうである。

古い街道も自然堤防を利用して使われてきた。低い場所の道はいつもぬかるんでいることから、比較的高く、水はけの良い自然堤防を利用するようになった。木造建物の基礎の場合は、このような地盤の上になる。

地盤、築年数、平面図から問題点を探る

● 明治14年の古地図（世田谷区）
池がある

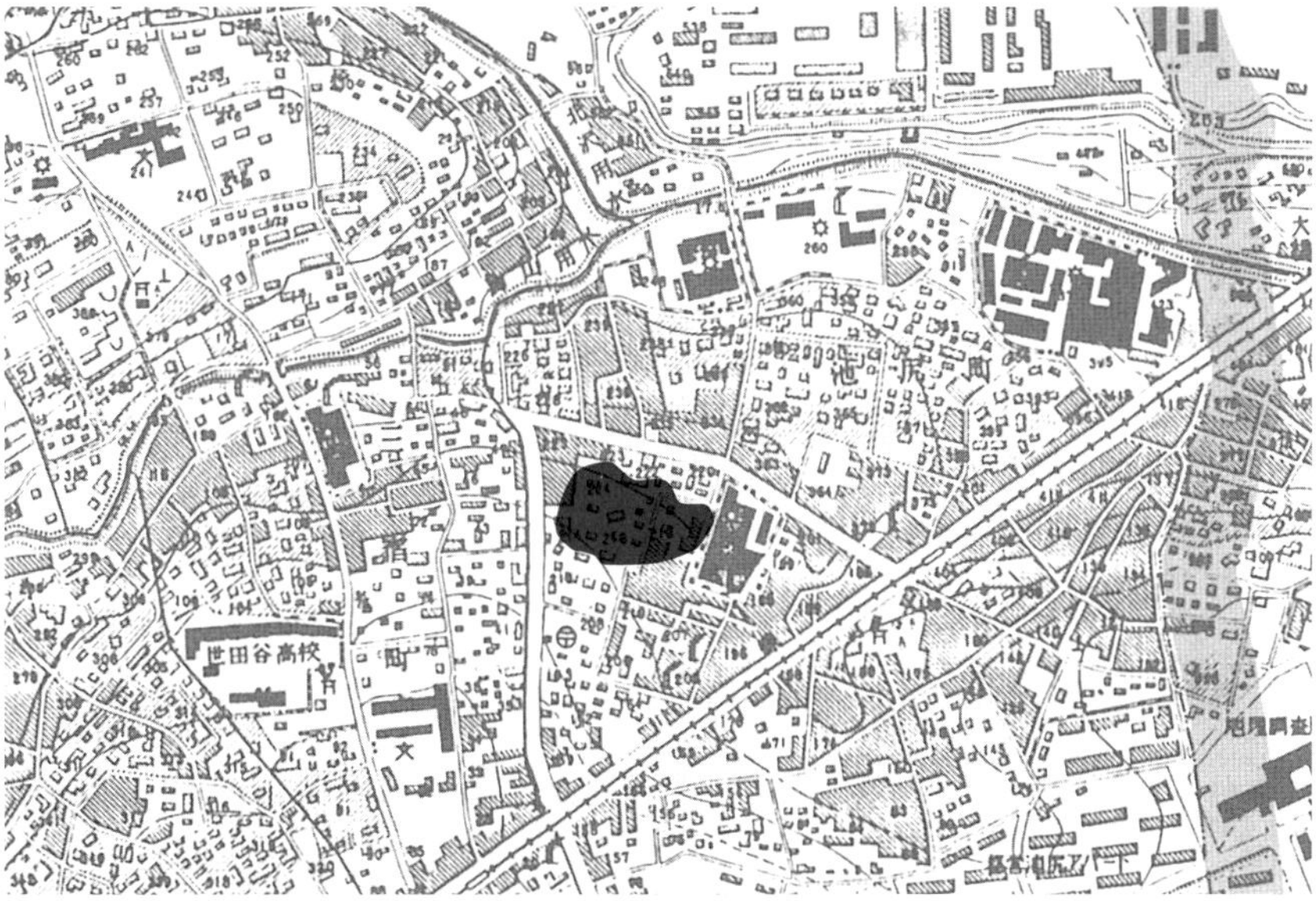

● 昭和30年の地図（世田谷区）
池がなくなっている

- 不同沈下　丘陵地の場合には不同沈下、低地においては床下の湿度の検討
（1階のレベルの測定）
- 床のたわみ　低地における1階では、湿気と1階の床板の劣化
2階床においては1階、2階の間取りの不一致などによる2階床の沈下
（2階におけるレベル測定）
- 劣化　低湿地においては、劣化に注意
特に防水の施されていない浴室周辺では注意
（床下における湿度の測定）

068

地盤調査

▶地盤調査は必要条件である
▶ＳＷＳ試験などの調査方法

▼地盤調査の必要性

地盤調査の必要性は建物の規模に関係ない。特に木造建物の基礎は直接基礎が多く、基礎の根入れも浅く評価が難しく、設計者の泣き所である。

また、地盤についての意識も薄いが、震災地を見る限り地盤の影響は大きく、第三種地盤の場合には壁量も1.5倍にしなければならないことが定められている。したがって、地盤調査のない耐震診断はあり得ないと言える。

建築基準法においても、地盤の許容応力度の求め方が定められている。特にＳＷＳ試験が多いことから、ＳＷＳ試験について記しておく。地盤試料については、「地盤の調べ方」の項で記しているため、ここでは地盤調査の方法について考えてみる（→KeyWord 031）。

地盤の許容応力度については平成13年国土交通省告示第１１１３号に定められている。

・標準慣入試験に基づいて計算する
・平板載荷試験に基づいて計算する
・スウェーデン式サウンディング試験に基づいて計算する（ＳＷＳ試験）。

▼スウェーデン式サウンディング試験による地盤の許容応力度の算定

木造３階建ての場合は、ＳＷＳ試験を行うことが一般化しており、平成13年国交告１１１３号第２の(3)項に式が示されている。

しかしＮ値と地耐力の関係を見出すことは難しい。特に耐震診断では地盤調査までなかなかできないが、地盤資料収集による調査、現地目視調査では不同沈下の有無までは調べたい。その他の主な試験方法は次のとおり。

・素掘りによる試験掘り
・ハンドオーガーボーリング
・ラムサウンディング試験
・表面波探査
・３成分コーン慣入試験
・コンペネトロメーター

1 2 3 4 5 6 7 8

長期許容地耐力表

地盤		長期許容地耐力[注4] [kN/㎡]	備考 N値	備考 Nsw値
土丹盤		300	30以上	
礫層	密実なもの	600	50以上	
	密実でないもの	300	30以上	
砂質地盤	密なもの	300	30～50	400以上
	中位	200	20～30	250～400
		100	10～20	125～250
	ゆるい[注1]	50	5～10	50～125
	非常にゆるい[注1]	30以下	5以下	50
粘土質地盤	非常に硬い	200	15～30	250以上
	硬い	100	8～15	100～250
	中位	50	4～8	40～100
	軟らかい[注2]	30	2～4	0～40
	非常に軟らかい[注2]	20以下	2以下	Wsw1kN以下[注5]
関東ローム	硬い	150	5以上	50以上
	やや硬い	100	3～5	0～50
	軟らかい[注3]	50以下	3以下	Wsw1kN以下[注5]

注1）液状化の検討を要す。
注2）過大な沈下に注意を要す。
注3）2次堆積土では長期許容地耐力20kN/㎡以下のこともある。
注4）短期許容地耐力は長期の1.5～2.0倍をとることができる。
注5）スウェーデン式サウンディング自重Wswで自沈する。

出典：『小規模建築物基礎設計の手引き』（日本建築学会）

試験掘りによる地層の簡易判別法

	地層の硬さ	素掘り	オーガーボーリング	推定N値	推定許容地耐力（長期）[kN/㎡]
粘性土	極軟	鉄筋を容易に押し込むことができる	孔壁が土圧でつぶれて掘りにくい	2以下	20以下[注1]
	軟	シャベルで容易に掘れる	容易に掘れる	2～4	30[注1]
	中位	シャベルに力を入れて掘る	力を入れて掘る	4～8	50
	硬	シャベルを強く踏んでようやく掘れる	力いっぱい回すとようやく掘れる	8～15	100
	極硬	つるはしが必要	掘進不能	15以上	200
地下水面上の砂質土	非常にゆるい	孔壁が崩れやすく、深い足跡ができる	孔壁が崩れやすく、試料が落ちる	5以下	30以下[注2]
	ゆるい	シャベルで容易に掘れる	容易に掘れる	5～10	50[注2]
	中位	シャベルに力を入れて掘る	力を入れて掘れる	10～20	100
		シャベルを強く踏んでようやく掘れる	力いっぱい回してようやく掘れる	20～30	200
	密	つるはしが必要	掘進不能	30以上	300

注1）過大な沈下に注意を要す。
注2）地震時の液状化に注意を要す。

出典：『小規模建築物基礎設計の手引き』（日本建築学会）

N値と長期許容地耐力の関係[kN/㎡]

地盤の種別	砂質地盤	沖積粘性土	洪積粘性土	関東ローム
Dunham式	10N	11.7N	―	―
（旧）日本住宅公団他	8N	10N	（20～50）N	30N

出典：『小規模建築物基礎設計の手引き』（日本建築学会）

069

外観の調査

▶建物周辺の地形を調べる
▶屋根・外壁の仕上げを確認する
▶屋根・外壁の劣化状況の調査を行う

▼建物周辺の地形を見る

現地に行き調査をする時は、「この家で何を調べなければならないか」という問題意識をもって調査を行う。敷地が傾斜地の中腹にある場合には、造成前の地山は傾斜していたはずである。そのような敷地では切土、埋土の敷地、または埋土層の厚みの差を生じている可能性があり、土留めの有無を含め不同沈下を疑わなければならない。

また敷地が低地に位置していれば、湿度対策を考慮するべきである。あるいは高台の景色の良い場所では風対策が必要になる。このように地形や周辺環境を調べることで調査方法の的は絞れるものである。

▼屋根・外壁の仕上げ

耐震診断では、建物仕様が重要になる。一般診断法においても、軽い建物、重い建物、非常に重い建物に分けられている。したがって、屋根および外壁の仕上げは必ず確認しなければならない。屋根材、軒天、外壁、下屋、1階外壁、浴室周辺（立ち上がりがブロックになっている場合が多くある）、また戸袋内の外壁側の仕上げなどもよく問題になる。

その他、バルコニーの形状または共同住宅などでは外部廊下、仕上げも確認しておかなければならない。

▼屋根、外壁の劣化

外部から劣化の状況を調べる。まず屋根について、瓦などのズレ、棟の通りをよく観察する。また割れやコケ、表層の仕上げの剥離または雨漏りの有無など、目視でわかることもたくさんある。

外壁においては、モルタル壁の場合は、クラックの有無とクラックの位置、クラックの傾向も斜めのクラックか縦のクラックかなどを調べることは問題点を探る重要な手がかりである。

建築主に許可を得て、写真を撮っておくことも必要である。

建物の外観を調べる

● 周辺環境から地形を見る

● 隣地との高低差、土留を見る

● 外壁の劣化（クラック）

● 外部から見た浴室周辺の劣化を想定する

● お神楽
外部に柱を抱かせ、基礎は束石

● 竪樋の垂れ流し
雨水の垂れ流しによる地盤の緩みまたは建物に湿気も呼ぶ

070

平面図の確認

▶平面図がある場合も平面図を確認する
▶平面図の現地作成内容の検討を行う

▼平面図がある場合

耐震診断を行ってまず驚くことは、図面がない家が多いことである。もちろん建築年代にもよるが、図面がない木造住宅は多く、仮にあったとしても、現況とはまったく異なっているケースも珍しくない。増築をしたが図面がない、あるいは、改修工事をしたが図面が書かれていないなど、リフォームの場合には図面が必要ないと考えている方が随分多いことに驚く。

▼平面図の現地作成

前述したように、木造住宅には図面がない家が多い。これは木造住宅の場合には図面は必要ないと考えている方が多いことになる。

しかし、木造住宅の耐震診断では、まず平面図の作成およびチェックから始めなければならない。

平面図を書く場合の注意事項と言えば、左ページにも記してあるように、以下のとおりである。

・柱・壁の位置を正確に書きたい

平面図から床面積（重さ）と開口部・壁などを書き、低減係数・割増係数なども考慮できるような図面を作成する。

・開口部は掃き出しか窓か

上下に垂れ壁を持つ壁か、掃き出し窓なのかを調べる。

・戸袋の位置

戸袋がアルミなどの既製の場合には問題はないが、木製で造った場合には外壁はモルタルであっても、戸袋内の壁は合板、トタン、フレキシブルボードなどの場合が多い。

・仕上げ表

壁の強さを調べなければならないため、仕上や壁下地を調べる。

・伝統的構法の柱の寸法

伝統的構法では、柱の位置と寸法、壁の幅と厚みなども記録しなければならない。

1
2
3
4
5
6
7
8

現地での平面図の作成

● **特記事項**
- 柱の位置、壁の位置を確認する
- 開口部が掃き出しか窓か
- 戸袋の位置と仕様
- 仕上表
- 伝統的構法では柱の寸法

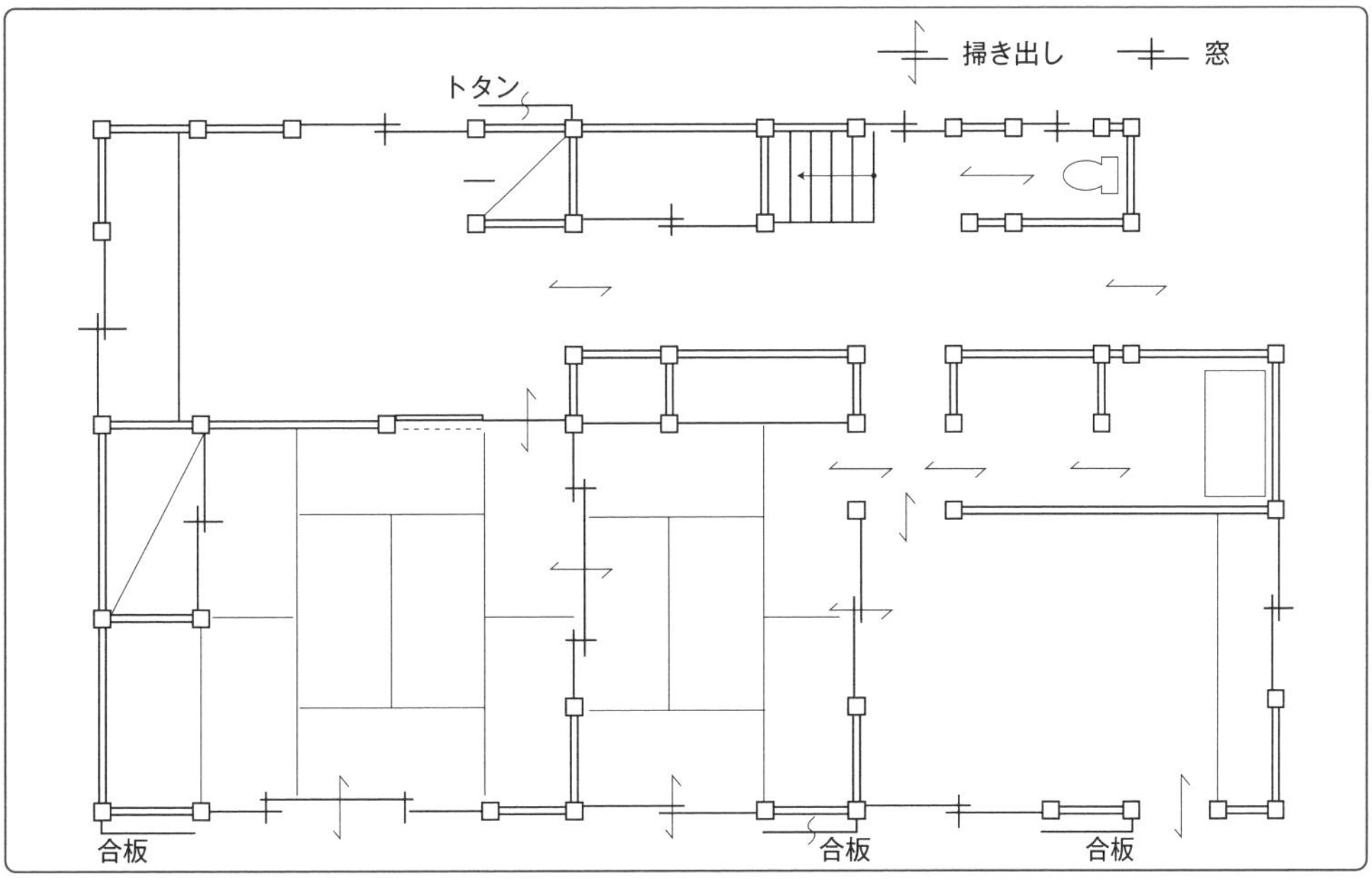

● 1階平面図

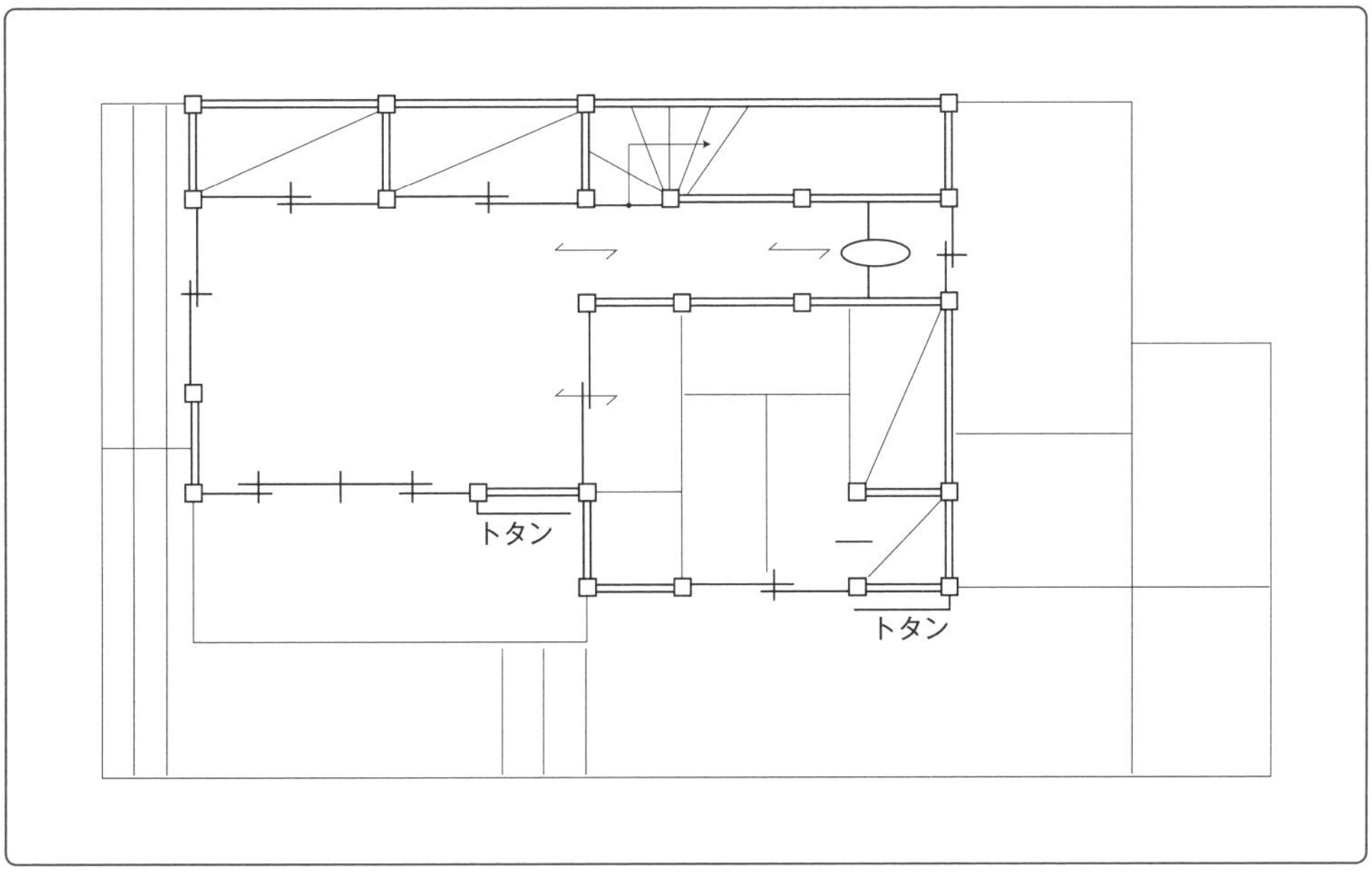

● 2階平面図

071

基礎の調査

▶地盤と基礎を検討する
▶既存基礎を目視で調べる方法と内容
▶基礎の種類を確認する

▼地盤と基礎

地盤と基礎は密接な関係がある。特に木造住宅の場合は直接基礎を中心に行われてきた。地盤の調査では調査をする時に自分の足で敷地内を歩くことも必要である。

人の足の裏に加わる荷重は、木造2階建ての重量とあまり変わらないからである。また隣地との高低差、距離を調べることも必要である。

そしてハンドオーガーによる地盤調査を行い、どのような地盤の上にどのような建物があるのかを調べる。特に直接基礎では地盤の許容支持力が問題になる。

▼既存基礎を目視で調べる

まず、建物の外周を調べ、基礎の状態、形状を調べる。換気口の位置なども調べながらクラックの有無、場所をチェックしていく。

基礎がコンクリートでない場合、ブロック、自然石、敷石などによる基礎も、あとでわかるように記録しておく。

また、コンクリートであっても鉄筋の有無などもできれば調べたい。特に基礎の連続性には注意が必要である。車庫、玄関などで基礎が断裂しているケースがある。

▼基礎の種類

通常、木造住宅の基礎は連続した布基礎である。しかし、最近はベタ基礎が多く利用されている。

・直接基礎

基礎を地盤の上に直接乗せる場合を直接基礎という。独立基礎・布基礎（ベース付き、ベースなし。現在は平家もベース付き）。

・柱状改良

別項で述べたように、地盤を採掘し、セメント系固形剤をまぜながらコラムを作る。

・杭基礎

鋼管杭・ＰＣ杭・現場打込杭・摩擦杭などがある。

基礎を調べる

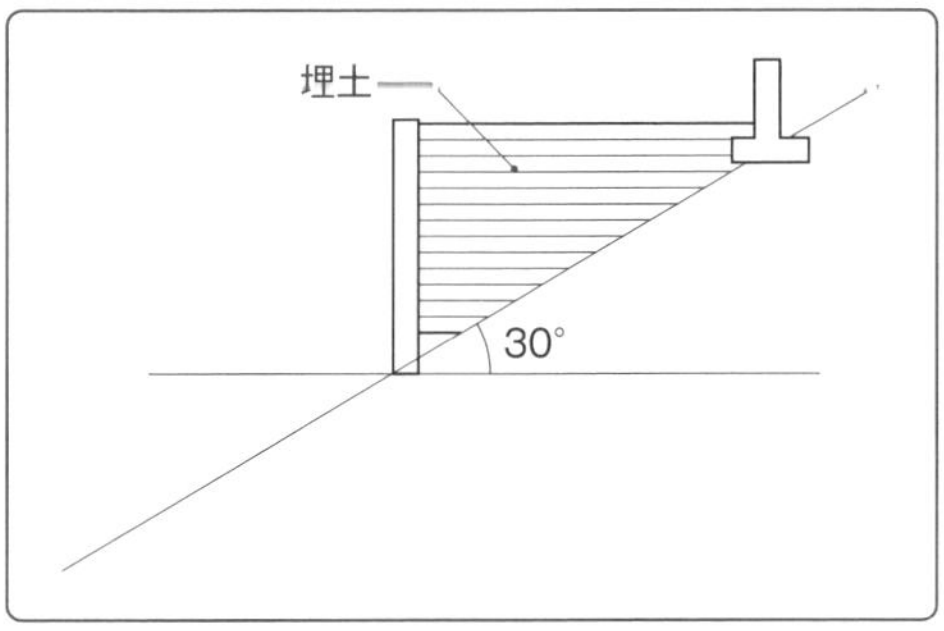

● 30度勾配

● 基礎のクラック位置を調べる

● 浴室廻りがブロックの場合

耐久性には望ましいが、構造的には好ましいことではない

● 布基礎を求める場合の上部荷重の目安
（性能表示のスパン表より）

一般地	重い建物	2階	6.87kN/㎡
	軽い建物	2階	5.60kN/㎡

● 布基礎

建物全重量（木造2階建て）＝2階固定荷重＋2階積載荷重＋1階固定荷重（床は含まず）＋基礎荷重（1床面積で除した値）

$$\frac{\text{建物全重量 (kN)}}{\text{基礎面積（㎡）}}$$ （≦地耐力）

● ベタ基礎を計算する場合の上部荷重の目安
（性能表示のスパン表より）

平家建	重い建物	4.00kN/㎡
2階建	重い建物	7.50kN/㎡

● ベタ基礎

建物全重量（木造2階建て）=2階固定荷重＋2階積載荷重＋1階固定荷重＋1階積載荷重＋基礎荷重

地盤改良法とその他の基礎

- 表層改良
  表層部を締め固める。または表層土を取り替える。
- 柱状改良
  地盤を掘削し、セメント系固結剤とまぜながら柱状のコラムを作る。
- 杭地業
  1. 鋼管杭、PC杭を打込む。
  2. コンクリート現場打ち杭。
  3. 摩擦杭。

072

室内の仕上げ

▶室内の仕上げを調べる
▶劣化状況の観察を行う

▼室内の仕上げ

内装は時代とともに変化してきている。外部建具は、昭和30年代頃までは木製建具が主流であった。日本の木造住宅では、30年代後半からは金属製建具、アルミサッシへと変わってきている。内装の壁下地も、今までの小舞壁からラスボード下地へと変わってきている。

すなわち下地も湿式工法から乾式工法へと移行が行われている。仕上げでは昭和30～40年代は和室が中心となり湿式工法の塗り壁である。しっくい壁、京壁、繊維壁などが主流の時代であった。そして一部洋室に化粧合板などが使われるようになってきた。

しかし昭和40年代の後半にもなると、工法は湿式工法から乾式工法へと移行し、それに伴い仕上げも乾式へと変わってきた。主流は現在でも使用されているクロス張りである。下地は初期には合板下地であったが、プラスターボード下地へと変わっている。また最近では自然素材が見直され、無垢の板も多く使われており、内壁もケイソウ土や漆喰壁が復活してきている。

▼劣化状況の観察

各室の室内の仕上げを見ていく時に、当然やらなければならないのが雨漏り、劣化の調査である。内装にシミや雨漏り跡があれば、その位置を特定し原因を探る。また、建具の建付けが悪いケースも多く、原因が2階梁のたわみ、不同沈下によるかなどの検討は必要である。

1階の床では、合板床が床下の湿気、床板の劣化（合板の剥離）などにより、根太の間でたわむケースも大変多い。2階床においては、2階梁のたわみ、1階に間仕切りがある場合は、1階柱のある間仕切り部は下がることがなく、2階の床は逆にむくみを感じ、実際には問題がないのだが、不安を感じている場合も多い。

各室の仕上げと劣化

● 内装　現代

● 内装　昭和20 ~30年代

● 雨漏り

● 壁のクラック

ラスボード継手のクラックと思われる。

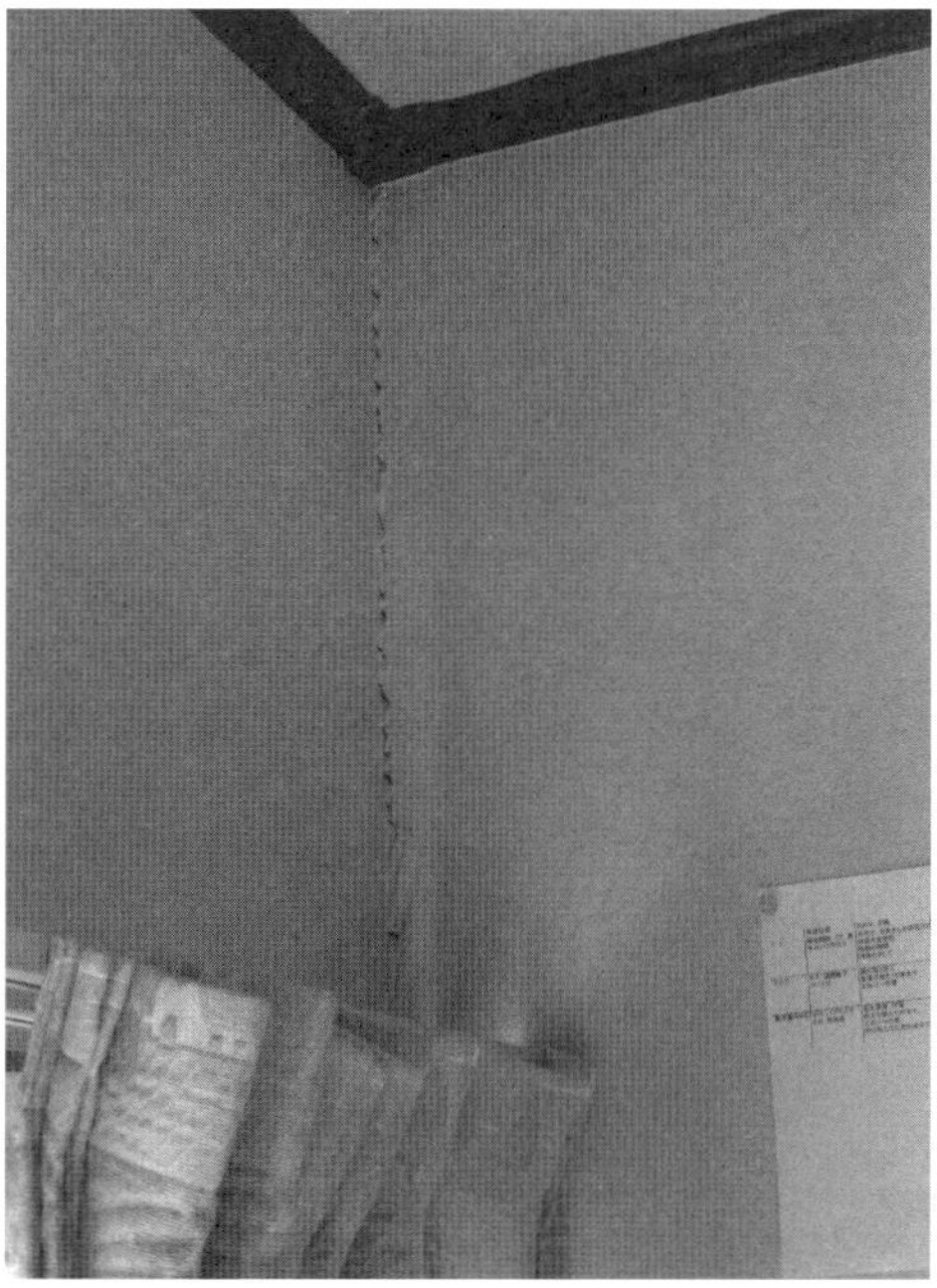

● 入隅部のねじれ

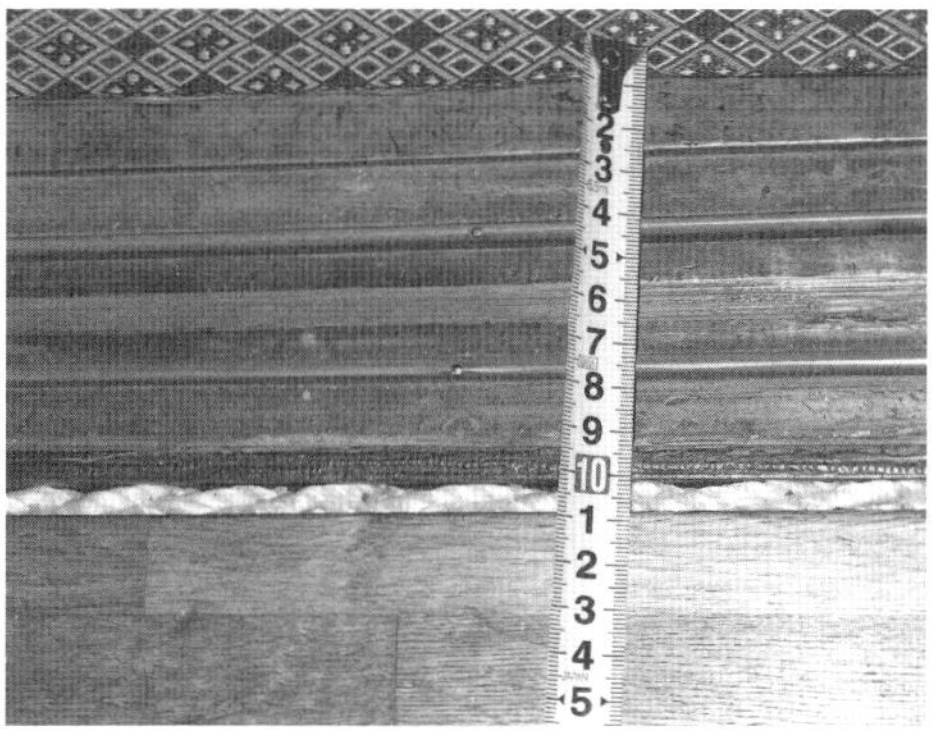

● 不同沈下による床の隙間

073

床下の調査

▶床下は劣化調査を中心に調べる
▶基礎・筋かいの調査も行う

▼床下は劣化調査が中心

最近よく耳にするのが、床下に金物を付けて耐震補強をしたという話である。

床下は基本的には劣化調査が中心となり、床下の束などに金物を付けてもあまり意味をなさない。

床下では浴室を中心に、湿気や劣化の有無を調べる。そして木材の含水率や床下の湿度も調べる。

通常、住宅の地下数m下は水を含む層である。したがって、湿度は木造住宅の床下から24時間絶え間なく上がってくる（土中水の湿気）ので、なんらかの対策が必要になる。特に床下の換気、湿気対策の検討は行わなければならない。

シロアリや腐朽菌などによる生物劣化は、木造住宅の床下から発生することが多い。

浴室周囲を中心に、床下の調査が必要になる。

・蟻害、腐朽
・各部材の含水率
・床高や床下の湿度

▼基礎、筋かいを調べる

床下の劣化調査とともに、構造上の問題も丹念に調べていく。布基礎の平面配置の調査もできれば行ってもらいたい。基礎の連続性があるか、床下内の基礎にクラックがないかなどを調べていく。

土台の種類や形状寸法も計測する。束、大引、根太の寸法、ピッチなども調査したい。

耐震性能の調査においては、床下から筋かいを見ることができる。寸法、位置、接合方法もできるだけ調べておきたい。

・基礎伏図の作成
・アンカーボルトと土台の継手
・筋かいの有無
・土台、束、大引、根太などの材寸法

床下の調査

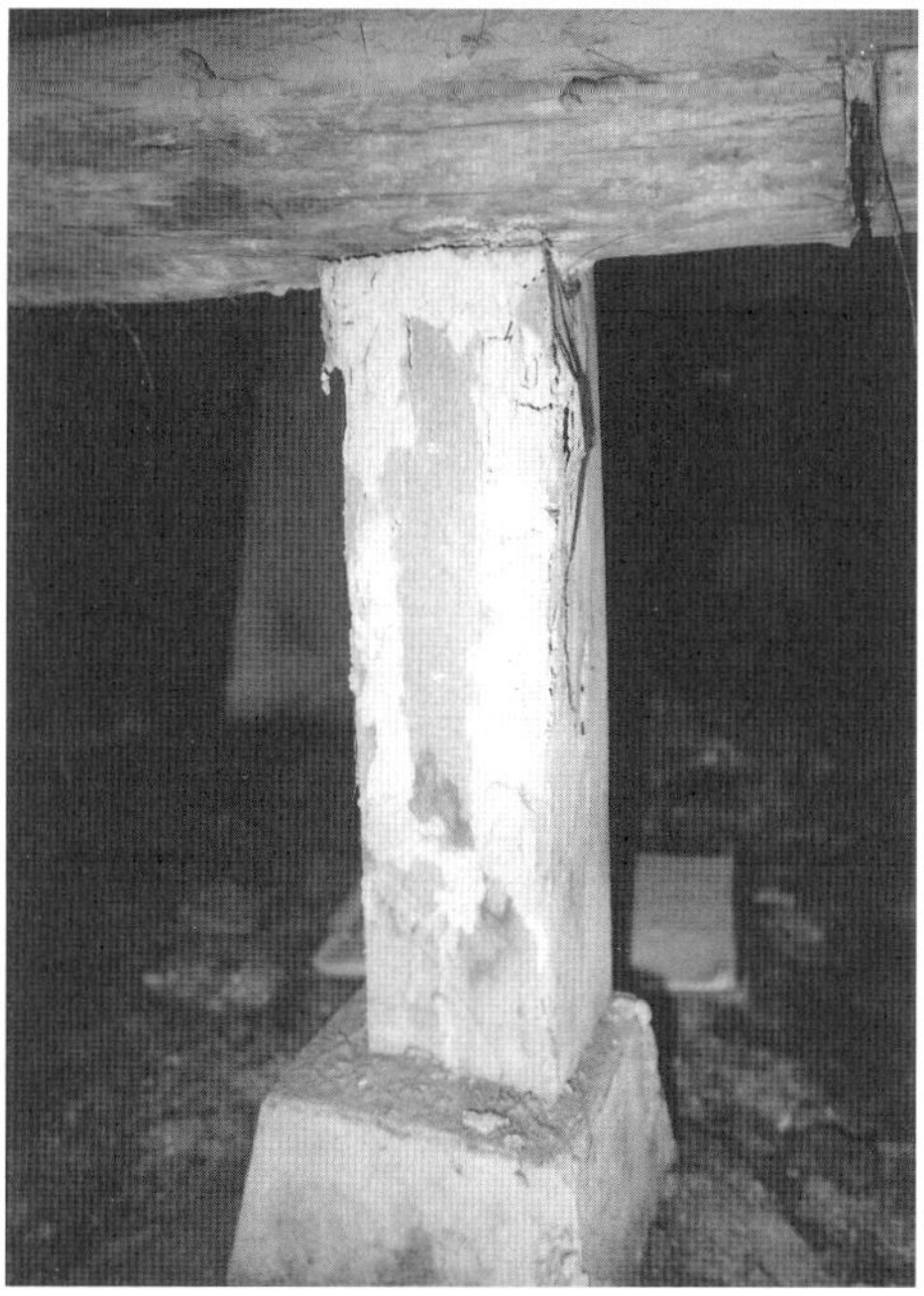

● シロアリ被害

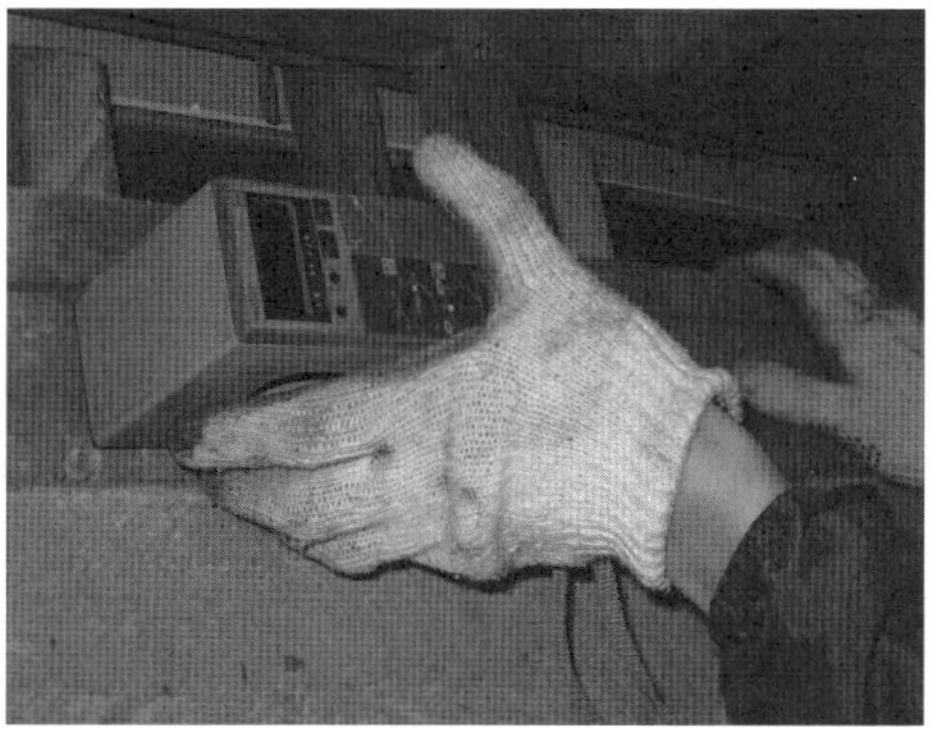

● 木材の含水率の測定

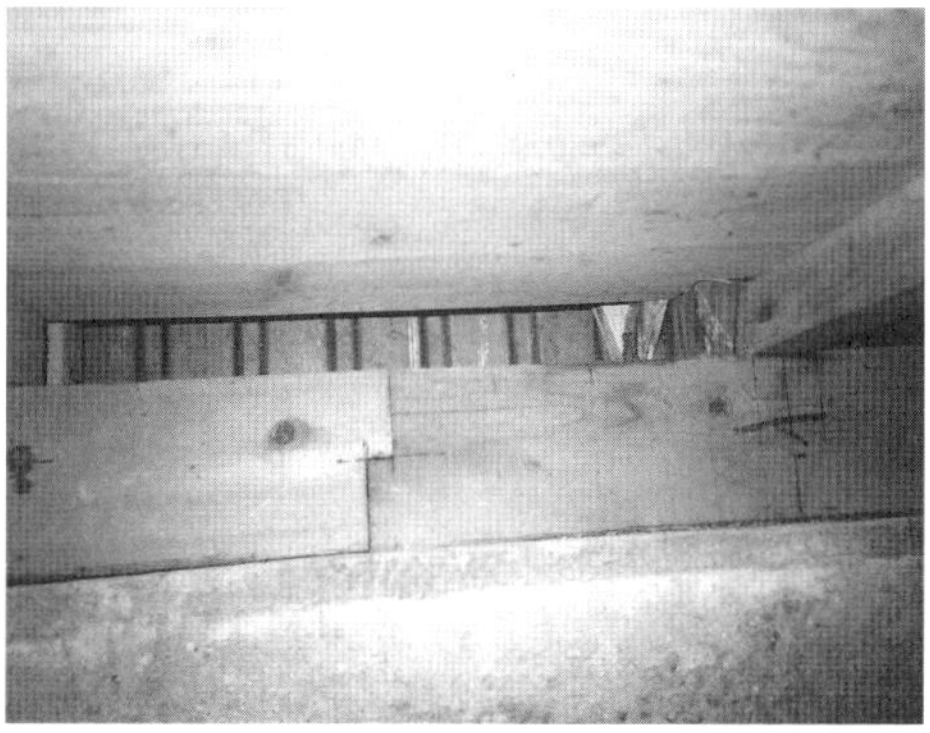

● 床下を見る

● 腐朽による被害

● 湿度の計測

● アンカーボルトにナットがない

074

壁・筋かいの調査

▶既存建物の壁にも流行がある

▶既存建物の筋かいの調査。筋かいの厚み、接合法に注意する

▼既存建物の壁

壁には無開口壁と開口部のある壁がある。無開口部の壁であっても壁の強さが異なる。既存建物の壁は、昭和40年頃までは東京周辺でも小舞壁が行われていた。この小舞壁の場合は壁の厚さもあるが、上下横架材に土壁が塗り込まれているかの確認が必要である。

昭和50年代までは、ラスボード下地の塗り壁が多く見られた。最近多く使用されているクロスは、40年代後半頃から使われ始めたと思われる。後年、クロスが出始めの頃は合板下地が多かったが、徐々にプラスターボードへと移行している。化粧合板もよく使用されていたが、接合釘が細く、また糊づけの場合も多く耐力の期待はもてない。プラスターボード下地の壁の強さは1.2 kN／mであるが、ラスボード下地の塗り壁は倍率表には見受けられないが、プラスターボード程度の強度はあると思われる。

筋かいのある壁の場合は、できれば厚さと筋かい端部の接合を調べたい。構造用合板などの面材の場合には、合板の厚さ、釘の施工性に注意しなければならない。壁を調べる場合には、これらのことを配慮しながら調べていく。

開口部のある雑壁も、開口部の大きさで強度は変わる。特に同じ開口部であっても、北側は小さい開口の連続、南側は掃き出しが多く開口部も大きい。もちろん仕上げによっても強度は変わることは言うまでもない。

▼既存建物の筋かいの調査

筋かいにも薄筋かい（引張り）、圧縮筋かいがある。筋かいが30㎜以上の場合は圧縮筋かいと認められるが、実際には厚さは15～45㎜までいろいろである。圧縮筋かいの座屈の検討をするには、中間を間柱で固定した場合で（N75－2本）、約30㎜以上が圧縮筋かいと算定できる。

筋かいの調査は重要である。

無開口壁

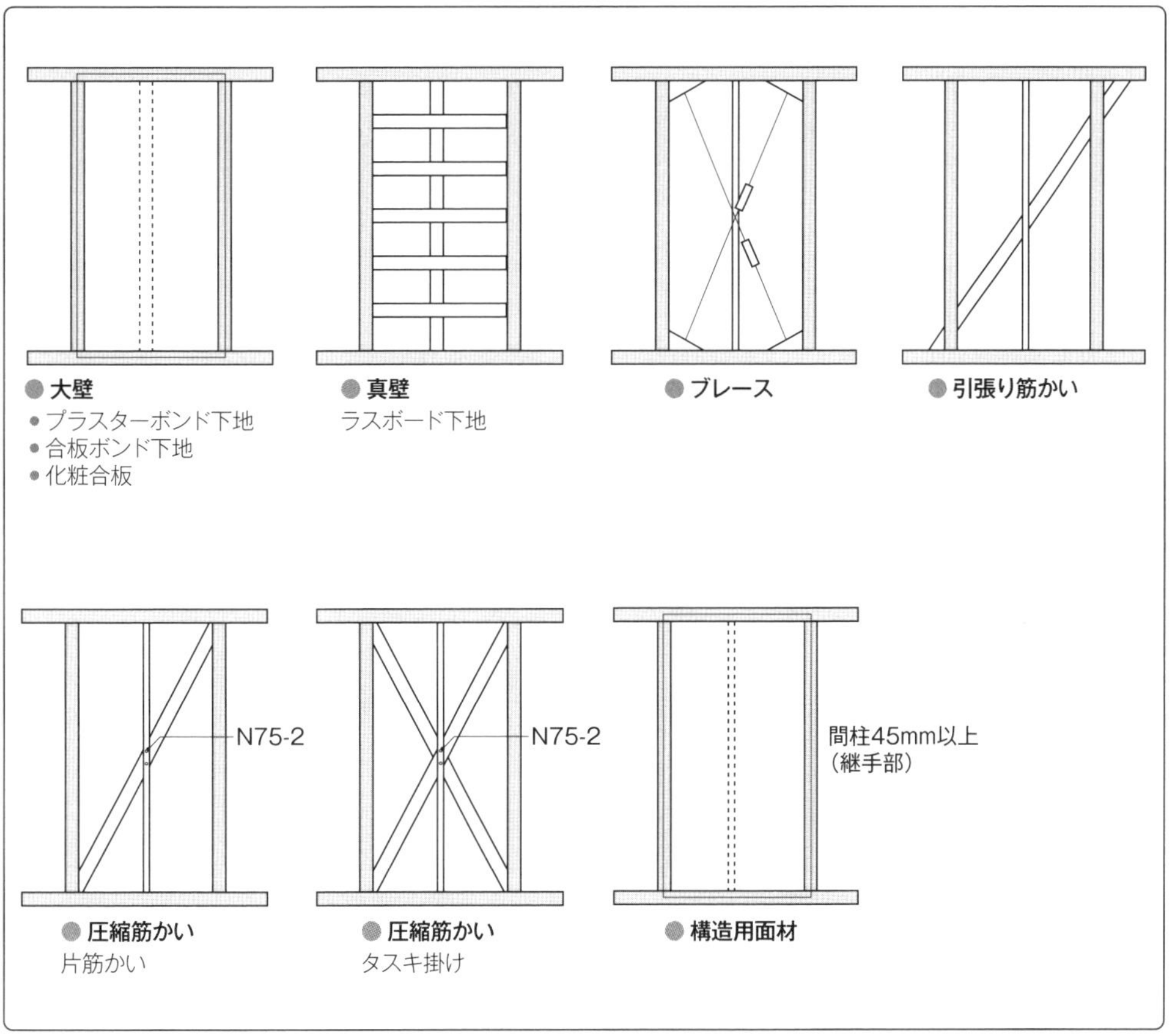

開口部のある壁

開口部の大きさにより壁の強度は異なる。

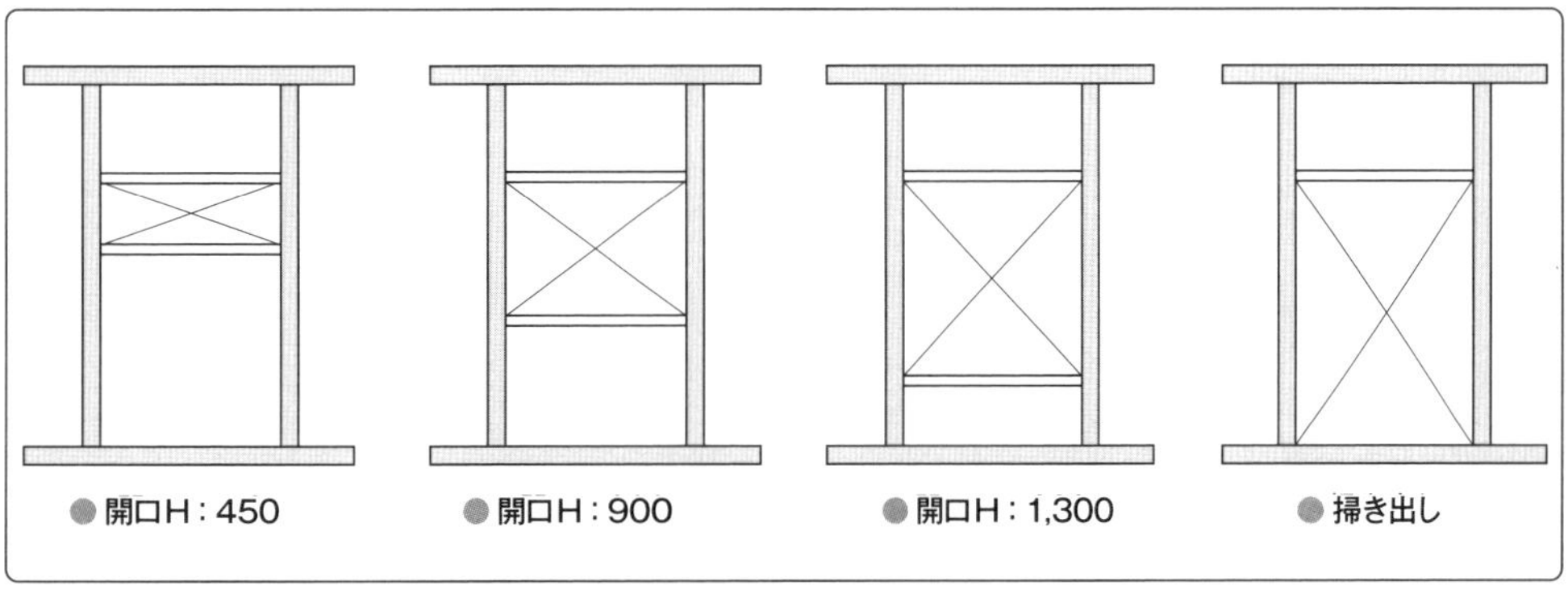

075

2階床を調べる

▶２階床剛性を調べる
▶接合部は木造の弱点である
▶金物の取り付け方に注意する

▼2階床剛性

床剛性を調べる時、主に2階床と屋根面が水平構面になるが、屋根は傾斜がきつくなると水平の剛性は小さくなる。その時には、火打ち梁、野地板の張り方の工夫が必要になる。２階の床においては、剛性を高めるうえでの条件がある。

・横架材間の接合の強度
・横架材と根太の接合方法において、天端に隙間が生じないよう心がける。
・構造用面材を根太、横架材に直下にN50釘をピッチ150㎜以内に打ち込む。
・構造用面材の継手にも必ず受け材を入れ釘打ちをする。

これらのことに注意しながら、２階の床板を取り付ける。

▼接合部

木材の接合部を1階天井裏から見る。
・梁や胴差しの接合が抜けないように羽子板金物などにより接合する。
・木材の加工だけではどうしても強度が弱いことから、木材の接合部は金物を利用して接合する。
・根太と梁天端を揃え、構造用面材において接合する。

▼金物

木造住宅に金物の使用が多くなって来たのは１９９５年の阪神淡路大震災以後が顕著である。

１９８１年以前は2階床組みの中で見られるのは、羽子板金物程度である。その他は釘やカスガイが使われてきている。横架材の接合には継手・仕口があるが、引張りの力が働いた時にはカスガイ程度では引張りに対応できず抜けてしまうので、金物を使用して補強する。

また、既存建物の場合には、特にグリーン材が多いことから、梁材の乾燥に伴いねじれることもあるので、８寸梁以上の場合には羽子板金物を２本留めるようにしたい。

2階床を見る

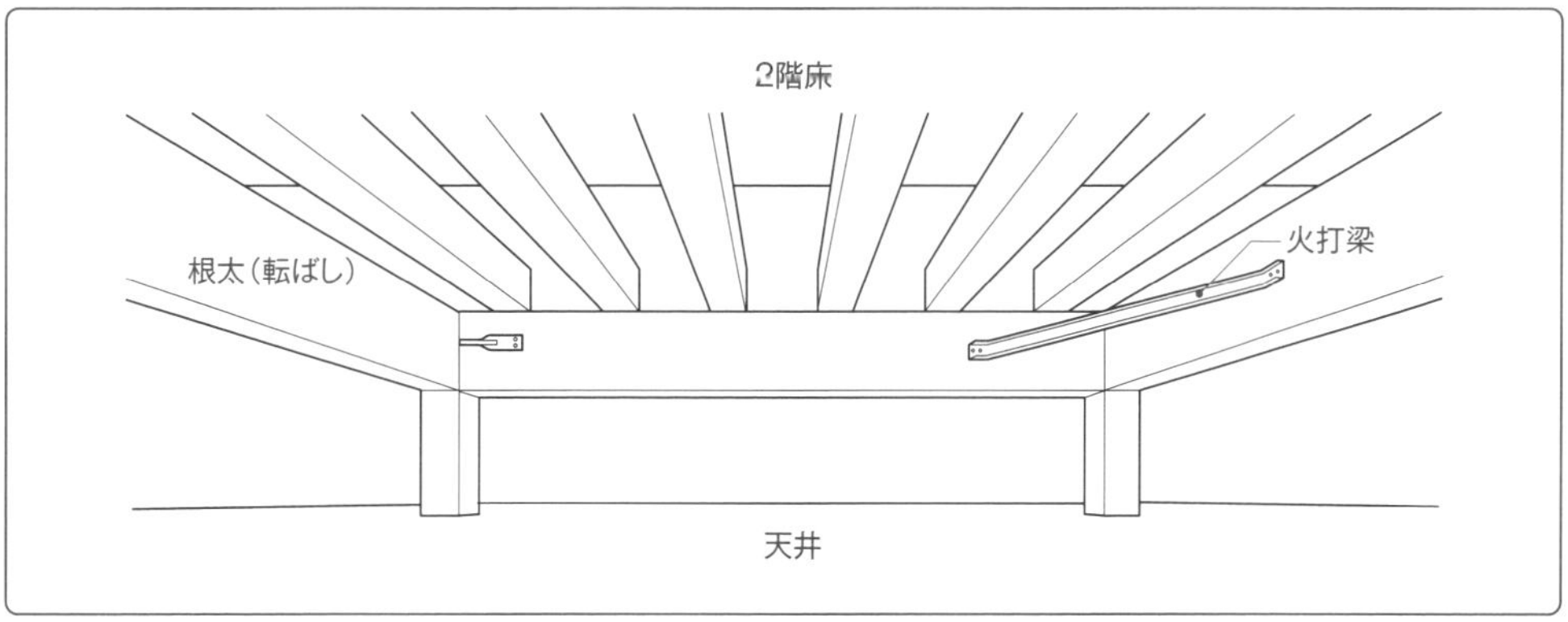

● 2階床組

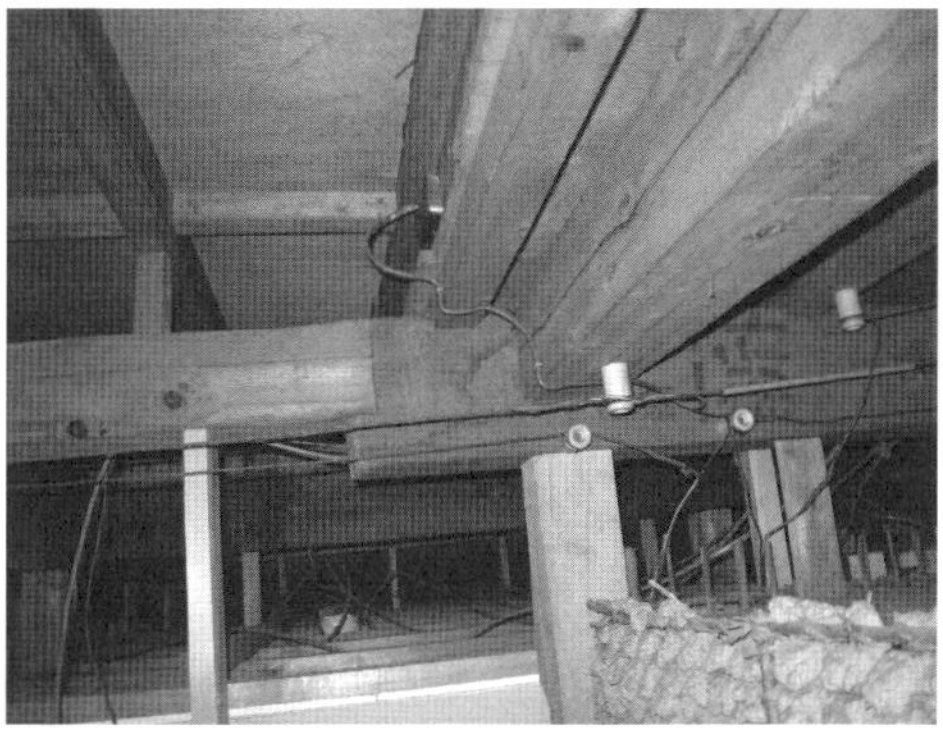

● 横架材の継手

● 危ない梁の仕口
こんなことも時にはあるので注意

● 横架材と根太と床板

● 危ない羽子板の取り付け
これで羽子板金物を取りつけたつもりなのだろうか

076

小屋裏の調査

▶小屋裏の水平耐力を見る
▶雨漏りの調査
▶接合部分をチェックする

▼小屋裏の水平耐力

和小屋の切妻屋根の場合、地震動があった時に、桁行方向に小屋組もろとも倒れてしまう被害を震災地ではよく見かける。

左ページの写真のように小屋筋かいもない場合には耐震性も弱いといえる。したがって、小屋組においては、水平部材として火打ち梁を各所に入れ、小屋裏部分の束には小屋筋かいを入れ、水平耐力の向上を図るべきである。

▼雨漏り

雨漏りはあってはならないことであるが、建築の設計、施工に従事してきた者で、雨漏りの経験をしたことがない者はまずいないと思う。あってはならないことであるが、そのくらい事故例は多く、(財)住宅保証機構の事故例を見ても約60%は雨漏りの問題のようである。

雨漏りをなくすためにも構造上のシンプルさ、強さは必要である。複雑な形状は、力も複雑に伝わることになる。また野地板、外壁内の結露にも注意が必要である。

▼接合部

木材には接合部がつきものである。木材の継手においても、継手部分が外れることのないように、木材の加工だけに頼らず、金物などによる補強を心がけたい。

また、仕口部分の大入れ蟻掛け部分は、震災地で外れているのをよく見かける。したがって、羽子板金物（またはそれに類する金物などによる補強）による接合が必要である。

丸太梁については接合端部の接合が大変心もとない。丸太梁の継手は、原則ボルト2本締めとする。状況により異なることもあるが、注意が必要である。

また、風の強い地区では軒先の吹上にも注意が必要である。垂木の金物接合は行いたい。

小屋組

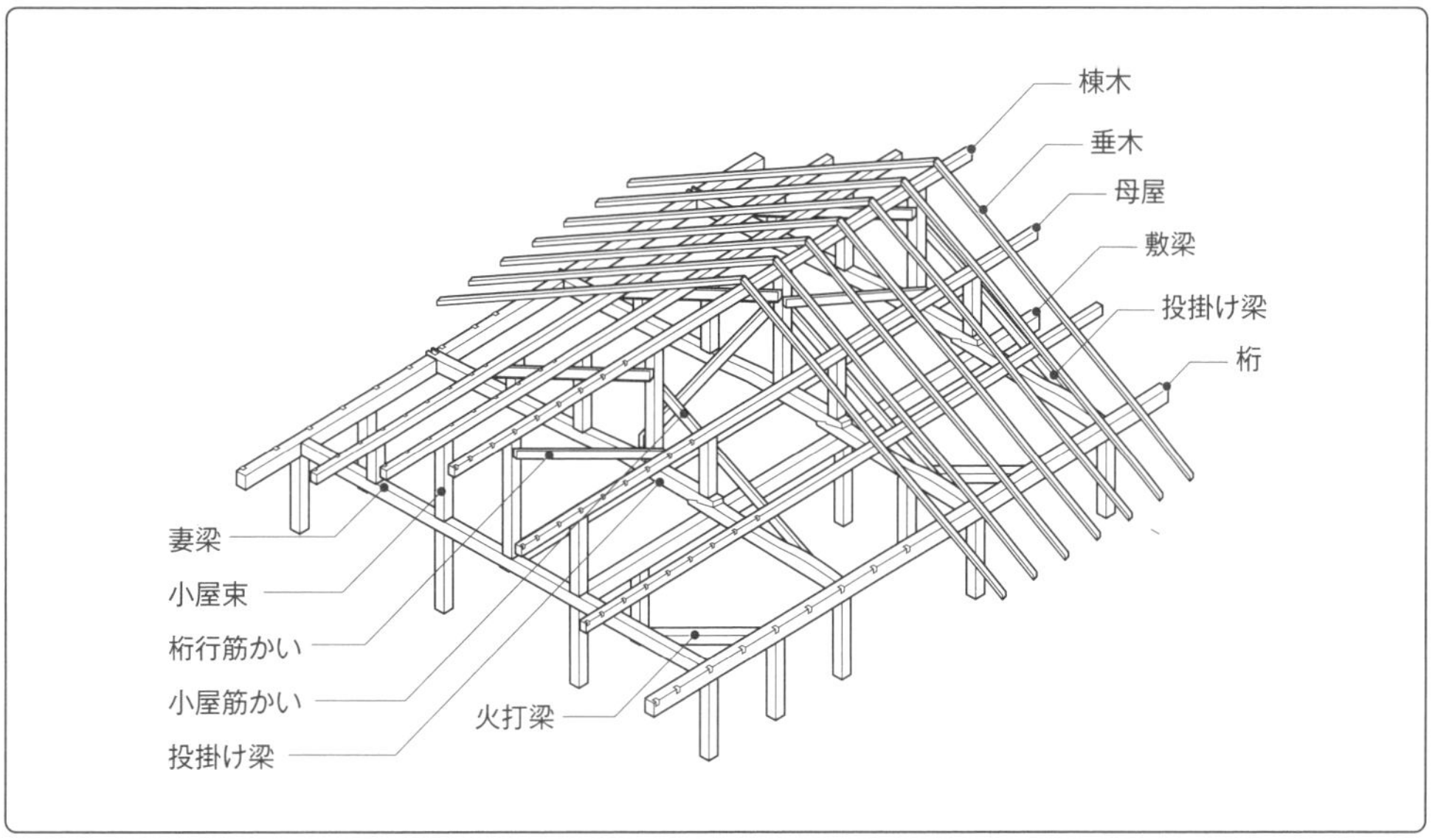

● 和小屋

● 小屋裏の筋かいがない

● 丸太梁の接合

● 雨漏り

● 桁の継手部のズレ

077

劣化を調べる

▶床下での劣化を調べる
▶外壁からの雨漏りによる劣化が最も多い
▶結露による劣化にも注意する

▼床下での劣化

床下の調査の主目的は劣化調査にある。劣化被害が起こりやすいのも床下である。また湿度も高く湿気の滞留も生じ、腐朽菌による土台などの腐れや、1階床板の劣化に伴う繰り返し荷重により、使用頻度の激しい部位では床板合板の剥離が生じ、1階の床を歩くたびに床板が沈むなどの劣化も多くある。

床下においてシロアリの蟻道などもよく見受けられる。木造住宅の耐久性の向上のためには床下における劣化対策が不可欠な要素である。特に湿気のある地域においては、まず床下の湿気、換気対策が望まれる。

▼外壁からの雨漏りによる劣化

雨漏りというと屋根からを想定しがちだが、実際には外壁からの雨漏りによる被害が大変多い。平成20年度の(財)住宅保障機構における全事故件数の中で外壁からの雨漏りが63%と圧倒的に多く、屋根からの雨漏りが15%である。外壁の開口部周辺、外壁のクラック、バルコニーや下屋、庇などの取り合いからの雨漏りが最も多い。

雨漏りは木造住宅の耐久性を損なうだけでなく、蟻害や腐朽による構造部分の強度の劣化、耐震性能にも大きな影響を与えることから、注意が必要である。

▼結露による被害

結露被害も住宅内の各所に見られる。

屋根では、屋根材の結露により野地板などの劣化を生じる。外壁面も壁内結露により壁内の腐朽を生じることから、断熱を高め、通気性の検討が必要である。

室内においても結露は多く、窓の結露を経験した方は多いと思う。何よりも換気対策が重要であるが、湿度対策が欠かせない。

特に床下からの土中水の湿気は、建物の気密化と比例して多くなってきている。

劣化による被害

● 床下の蟻道

● 床下の腐朽

● 外壁からの雨漏りによる劣化

● 軒天部分の劣化

● 外壁の雨漏りにより劣化した床下

● 外壁内部の結露による被害

078

接合部の調査

▶柱脚部の接合の現地調査は困難
▶筋かいの接合は釘が主体
▶横架材の継手が弱い

▼柱脚部の接合

木造住宅では、約4m程度の木材を継ぎ建築するのが軸組構法である。木材は軽く加工もしやすいのが最大の長所と言えるが、この接合部は木造住宅にとって欠点にもなる。柱脚部・接合部を調査で見ることはなかなかできない。例えば、アンカーボルトは基礎の中に潜っているため見つけにくく、土台と柱の接合部も通常外側から接合するものであり、目で見ることは難しい。ただ、目視は難しいが、建築基準法や現場での施工慣習から推測することはできる。

左ページの表は既存建物の柱脚接合を調べたものだが、木造住宅工事仕様書（住宅金融支援機構）ではカスガイ留め、他は釘接合が既存の木造住宅の接合の一般的な施工のようである。またアンカーボルトの固定位置も戈土工の職人の慣習に従うしかなく、土台の継手、耐力壁の位置を意識することなどは無理な話である。しかしそれだけでなく、アンカーボルトの根入れ250㎜もなかなか守られていないようである。

▼筋かい端部の接合

筋かいは、神戸の震災頃まで釘による接合が多かった。金物が使用されている場合には外部からの確認も可能であるが、釘打ちの場合には、釘の長さ、本数の確認は難しい。

もっとも、筋かい端部の場合には仕口の加工状態も重要になる。突き付け施工の場合であれば、通常釘は3本程度である。当然引き抜きには弱く、基準強度の1／2～1／3の強度である。

▼横架材の継手

木造住宅の胴差し、桁などの横架材においては、梁との継手が必要になる。しかしこの梁の継手部（最近は鎌継ぎか蟻継ぎ）は軸組の弱点と言えるが、既存の建物を見る限り、せいぜいカスガイで補強している程度である。これでは継手の強度不足は否めない。

1
2
3
4
5
6
7
8

接合部

● 接合部（1F柱脚・柱頭）の接合状況

年代	柱脚部（件数）	柱頭部（件数）	合計
1950年以前	●短ホゾ差しのみ 6 ●短ホゾ差し カスガイ1本留め 2	●短ホゾ差しのみ 8	8
1951年～1959年	●短ホゾ差しのみ 10 ●短ホゾ差し カスガイ1本留め 1	●短ホゾ差しのみ 11	11
1960年～1981年	●短ホゾ差しのみ 38 ●短ホゾ差し カスガイ1本留め 5	●短ホゾ差しのみ 42 ●短ホゾ差し 一部カスガイ1本留め 1	43
1982年～1994年	●短ホゾ差しのみ 5 ●山形プレート（4-N75） 1 ●短ホゾ差し 一部釘打ち1本留め 1	●短ホゾ差しのみ 6 ●短ホゾ差し 一部カスガイ1本留め 1	7
1995年以降	●山形プレート（4-N75） 1 ●T型金物 1 ●短ホゾ差し カスガイ1本留め 1	●山形プレート（4-N75） 1 ●T型金物 1 ●短ホゾ差し カスガイ1本留め 1	3
築年数不明	●短ホゾ差しのみ 2 ●独立柱 1	●短ホゾ差しのみ 2 ●長ホゾ差しコメ栓 1	3
合計	75	75	75

資料：既存建物耐震補強研究会

● アンカーボルトではない

● 丸太の継手

● 柱脚の接合はホゾ差し

● 横架材の継手

● 筋かい端部の突き付け釘接合

079

配置バランス

▶耐力壁の配置を調べる
▶上下階の壁と柱の一致率を調べる

▼耐力壁の配置

既存の木造建物を調査する時に、最も注意しなければならないのが、耐力壁と配置バランスである。

まず既存の平面図を確認するが、図面がない場合は描かなければならない。

そのあと、耐力壁の強さを壁倍率表（または壁の強さ倍率）に基づいて決める耐力壁の配置を行うが、指針に基づく場合は壁倍率表、一般診断法の場合は壁の強さ倍率表によるが、混同はできない。

まず耐力壁線の構成がなされているかの確認をする。そして開口部の配置、2階の壁配置にも注意をする。また戸袋がある場合は、戸袋内の仕上げも必ずチェックをする必要がある。正確な情報を基に偏心率の計算もしなければならない。

▼上下階の壁と柱の配置

平面的な耐力壁の配置の検討の後、地震動が発生した時に、スムーズに上下階の力の伝達が行われるかの検討をする。これが上下階の耐力壁の配置の調査を行う第1の目的である。もちろん接合部、水平構面の剛性にも配慮は必要である。

付け加えるならば、木造住宅は1階に居間を取り、各個室を2階にする場合が多く、どうしても1階の部屋が広く、2階の個室が小さくなる。それは2階の方が壁が多く配置されていることにもなる。

しかし、1階に壁がなく梁の上に2階が乗っているような場合に、高壁率の耐力壁を2階に設けても、構造上の強度は認められない。ある意味で基礎のない場所に耐力壁を造っていることに相似する。

しかし、2階の場合には水平剛性を高めることである程度は補完することができる。したがって、耐力壁の平面的配置と上下階の力の伝達の検討は建物の一体性を作るうえで重要である。

1
2
3
4
5
6
7
8

耐力壁の配置

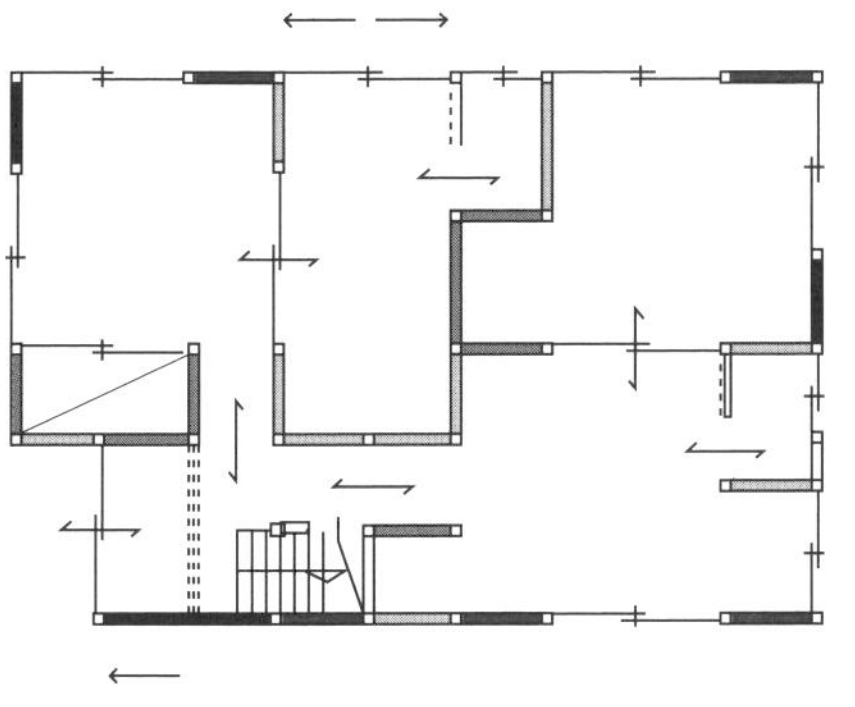

1階平面図

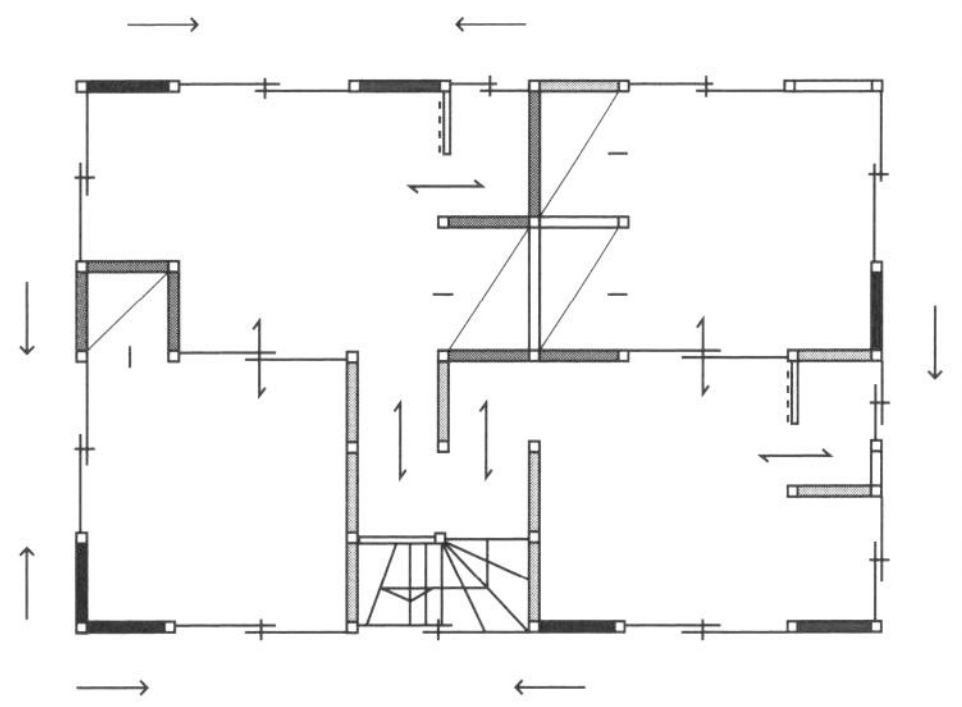

2階平面図

- 図面がある場合も必ず平面図の確認をする
- 柱の位置、筋かいの確認
- 開口部は、窓と掃き出しの区別をする
- 耐力壁の壁倍率の根拠を明確にする
  (壁倍率または壁の強さ倍率)
- 基礎の有無、接合部を常に配慮する

壁倍率

2.5　外壁（モルタル）+筋かい+内壁

2.0　外壁（モルタル）+筋かい

1.5　外壁（モルタル）+内壁

1.0　内壁+内壁

0.5　内壁

外周壁の上下階の壁と柱の関係

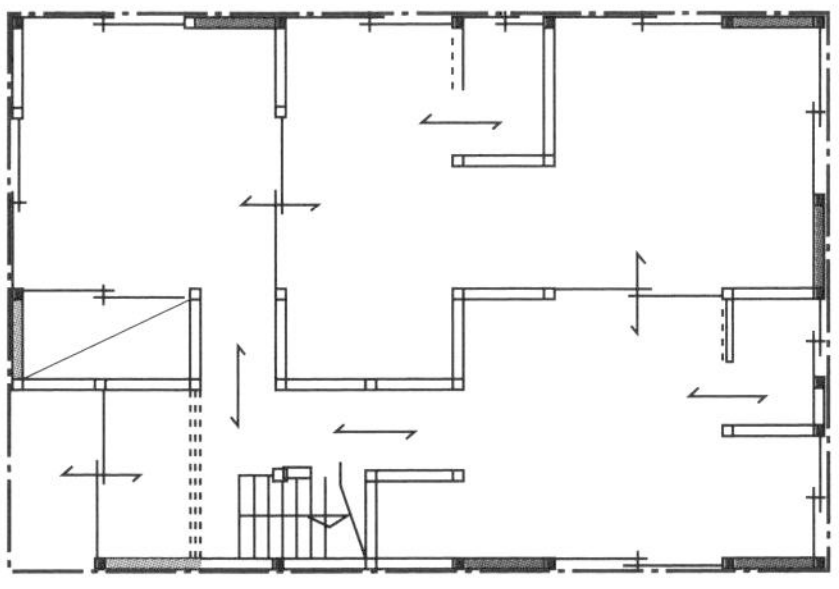

1階平面図

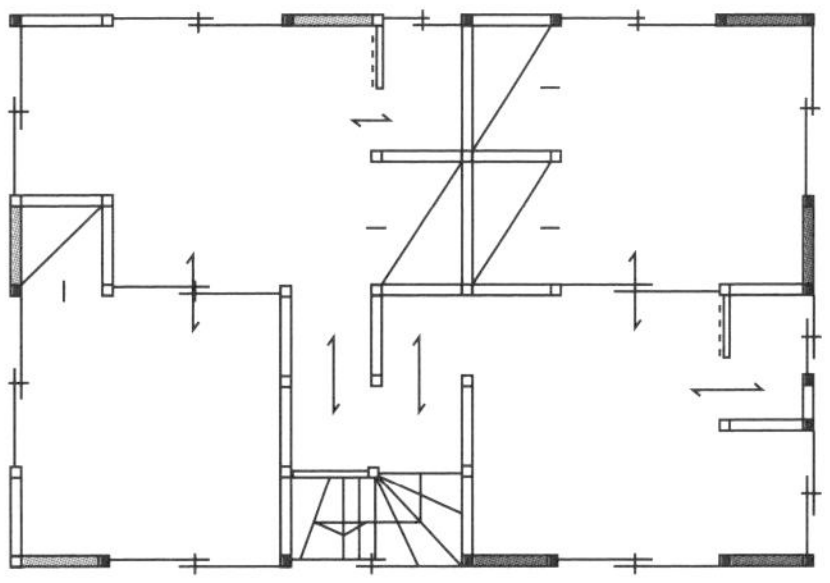

2階平面図

上下階の柱と壁一致

- 直下壁（上下階の壁の一致）
- 準直下壁（上下階の壁の一致距離が
  1m内または千鳥状の壁）

壁・柱の直下位置

1,2階壁の一致を示す

1,2階壁の準一致を示す

1,2階柱の一致を示す

2階位置を示す

080

壁の強さ倍率を見る

▶壁の強さ倍率の役割と現場での実体
▶壁の強さ倍率表の利用方法

▼壁の強さ倍率の役割

壁の強さ倍率の表は、我々が耐震診断するにあたり、水平耐力の算定をする時に基準耐力となるべき壁の耐力強度の指標である。根拠はほぼ実験に基づき定められている。

しかし、それは施工基準があることを意味しており、壁の強さ倍率表と異なる施工状況では数値が異なる。例を何点か挙げれば次のようになる。

・土壁の強さ倍率の場合、小舞壁は上下の横架材に設置し、そのうえで土壁が塗りこまれている強さであること
・木摺りとラス下が混同されている。ラス下には水平耐力はない。
・圧縮筋かいの場合、釘接合の仕口の施工、釘の接合方法が不明であるが、既存建物においては突き付けのうえ、N90またはN75の3本程度の接合の場合が多く、筋かいの中間固定が行われている現場は少ない。
・構造用面材の場合、既存の釘接合の施工性に疑問を感じる。したがって、「壁の強さ倍率」は指標であり、その施工性は診断者が判断することになる。

▼壁の強さ倍率表の利用方法

耐震診断時の現場調査は難しい。一般診断法では、それを目視で行わなければならない。したがって「壁の強さ倍率」表を使い分けするしかない。

一般診断法においては、簡易診断であることから「壁の強さ倍率」表により行うが、補強工事を行うにあたっての精密診断では、その施工性の判断を行わなければならない。そのための根拠が破壊試験である。既存建物の施工性と強度の関係を判断しなければならない施工状況によっては「壁の強さ倍率」表の低減が考えられる。そしてその根拠は明確にしておきたい。釘の打ち方もその1つである。

現地調査こそ技術者の腕の見せ所ではないだろうか。

耐力壁の強度の検討

● 小舞壁

● ラス下と木摺りの違い
これはラス下

● 筋かいの接合

● 面内せん断実験（筋かい）

試験体1　N50-5mmめり込み／LL45SR-S増し打ち／釘ピッチ各@150mm／針葉樹構造用合板2級　9mm

● 面内せん断実験（構造用合板）

● 構造用合板の端部の挙動

081

既存筋かいの壁倍率

▶筋かいに生じる圧縮力
▶既存筋かいの耐力

▼筋かいに生じる圧縮力

筋かいに生じる引張り力、圧縮力は、計算上は変わらないが、筋かいの部材によって壁倍率が異なってくる。

また、筋かいの壁幅が広くなるほど筋かいに生じる圧縮力、引張り力は大きくなるので注意が必要である。通常の2倍、金物は壁幅910㎜を基準としている。

最近は圧縮筋かいを利用するケースが多いが、圧縮筋かいの場合には、910㎜の壁幅の場合で中間にある間柱に筋かいを固定しなければならない（座屈防止）。

▼既存筋かいの耐力

筋かい材もその接合方法もいろいろである。今まで調査してきた事例により筋かい強度を試算し、壁倍率を求めてみた。

左ページの表にはその一部を算出した。筋かい材の寸法や接合法が異なれば壁倍率が異なる。

また、上部の表にあるように、壁幅は910㎜を基準としている。したがって、壁幅が広くなれば、耐力は大きくなる。

また、圧縮筋かいを釘接合するには、筋かいを大入れとして柱と横架材に取り付けるが、突き付けによって取り付けられている場合も多くあり、釘の斜め打ち（日本建築学会では5／6に低減）が行われ、筋かいが割裂していることもある。したがって、釘の斜め打ちは極力避けなければならない。

実際には左ページの表にあるように筋かいの大きさも取り付け方法もバラバラである。

また、壁幅も910㎜を基準に考えられており、筋かい端部の接合強度となっているが、実状では壁幅もいろいろである。現状では2倍認定の金物しかないが、1千820㎜の壁幅には強度が不足して使えないことになる。そのような場合には、より強度の高い金物が必要になる。

既存筋かいの壁倍率

種類 ＼ 許容応力		接合法	(910mm) 引張耐力	壁率	(910mm) 圧縮座屈耐力	壁率	平均壁倍率
15×90 壁率 1.0 (390kg)	⓪	N65-8本	432Kg	1.11	146 Kg	0.37	0.7
	①	N75-8本	528 Kg	1.35	146 Kg	0.37	0.86≒0.9
	②	N75-6本	396 Kg	1.0	146 Kg	0.37	0.685≒0.7
	③	N75-4本	264 Kg	0.7	146 Kg	0.37	0.535≒0.5
21×90	④	N75-4本	264 Kg	0.67	261 Kg	0.67	0.67≒0.7
24×90	⑤	N75-4本	264 Kg	0.67	390 Kg	1.0	0.84≒0.8
30×90 三ツ割 壁率 1.5 (585kg)	⑥	N75-3本	198 Kg	0.51	747 Kg	1.9	1.205≒1.2
	⑦	N75-4本 (JASS)	264 Kg	0.67	747 Kg	1.9	1.29≒1.3
	⑧	N90-5本 (公庫仕様)	395 Kg	1.0	747 Kg	1.9	1.45≒1.5
	⑨	N75-5本 (公庫仕様)	330 Kg	0.85	747 Kg	1.9	1.375≒1.4
	⑩	ひら金-350kg N75-3本 (公庫仕様)	548 Kg	1.4	747 Kg	1.9	1.65≒1.7
36×95	⑪	N90-3本	237 Kg	0.61	1034 Kg	2.7	1.66≒1.7
45×90 二ツ割 壁率 2.0 (768kg)	⑫	かすがい-2本	250 Kg	0.64	1253 Kg	3.2	1.9
	⑬	N75-3本	198 Kg	0.51	1253 Kg	3.2	1.9
	⑭	N90-2本	158 Kg	0.405	1253 Kg	3.2	1.8
	⑮	N90-3本	237 Kg	0.61	1253 Kg	3.2	1.9
	⑯	N90-5本	395 Kg	1.0	1253 Kg	3.2	2.1

木材の許容応力度　sfc=130kg（米栂）

- 釘のせん断力　「接合部の設計」より、壁幅0.91m
- 釘接合の斜め打ちなどの低減はしていない。

※「公庫」は金融公庫のこと。現在の住宅金融支援機構である
資料：既存建物耐震補強研究会

TOPIC 5

小屋裏の調査

小屋裏の調査では思いがけない場面に出会う時がある。鳥の巣はたびたび見かける。ネズミの糞もよく落ちている。ハクビシンが入り込んでいることもあった。スズメバチの巣を発見し、あわてて小屋裏から出てきた経験もある。

中に入れない小屋裏も多いが、瓦屋根などでは屋根勾配もあり、屋根裏に入りじっくり調査できる場合もある。苦しい姿勢で入り込むことから、最近では調査後に筋肉痛になることがある。また、夏はたまらない。小屋裏内は 50 度を超えることもあり、汗が吹き出してくる。ダイエットには良いかもしれないが、埃も多くそれどころではない。できればもっと埃がなければと思うが、しかしこの埃が時を感じさせもする。

伝統的構法の小屋裏に入り、写真のような丸太を利用した小屋組に感心してしまうこともしばしばある。

大正末期の伝統的構法の小屋裏

第7章

実際の診断方法

082

地盤の診断

▶事前調査から現地での地盤調査の進め方
▶ハンドオーガーボーリングによる地盤調査

▼事前調査と現地調査

事前調査は建築図面がある場合は図面のチェックも行うが、ないことが多い。ない場合は年代と地盤の調査だけになる。事前調査は資料による調査が中心となる。まず住所から地名を見る。調査地およびその周辺の地名を調べる。地図は1万分の1程度が手ごろである。周辺の川などを見ていくと、おおよその地形が浮かび上がってくる。

次に地質図、地形図、古地図、柱状図、土地条件図、地盤図などにより調べる。もちろん全部そろうことは少ないが、集められる資料は調べることにしている。そのうえで現地での調査方法、内容を検討していく。

調査は通常3人で行う。まずはハンドオーガー（時にはコーンペネトロメーターを使うこともある）の原位置を指示し、ハンドオーガーを始める。筆者は周辺の住宅の基礎、外壁、塀、道路、地形などを見て歩く。もう1人は基礎の根切り、敷地と建物の距離、高低差がある場合は高低差を調査する。その後建物の外観調査、基礎の換気口位置、クラックのチェックなどを行い、雨水の排水状況などを調べる。地形、基礎のクラックなどから不同沈下の推定はできるが、室内の建具やレベルの調査を行う。1階のレベルは不同沈下を調べるためである。2階のレベル調査は床の不陸、床、梁などのたわみを調べる。

▼ハンドオーガーボーリング

ハンドオーガーの長所は地質の確認、地下水位などがわかることである。また深さ30㎝ごとの回転数（360度を1回転）を記録していく、もちろんハンドオーガーには算定式がないので、過去の平板載荷試験、標準慣入試験、SWS試験などの許容支持力と照合を行う。SWS試験でいう自沈層なども確認できる。もちろん手動でやることから人によるバラツキはあるが、おおよその許容支持力は推定できる。

ハンドオーガーによる地盤調査

● 土質の確認

● ハンドオーガーで掘る

● 地下水位の確認

● 掘削深さと土質の調査

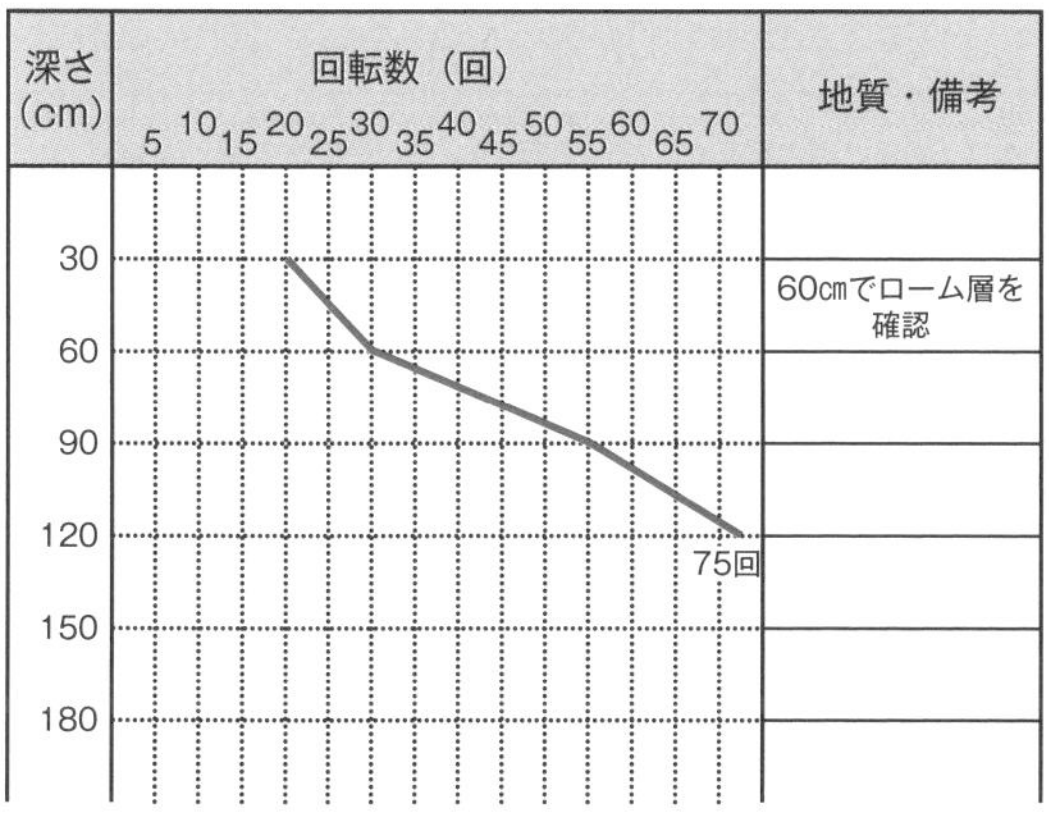

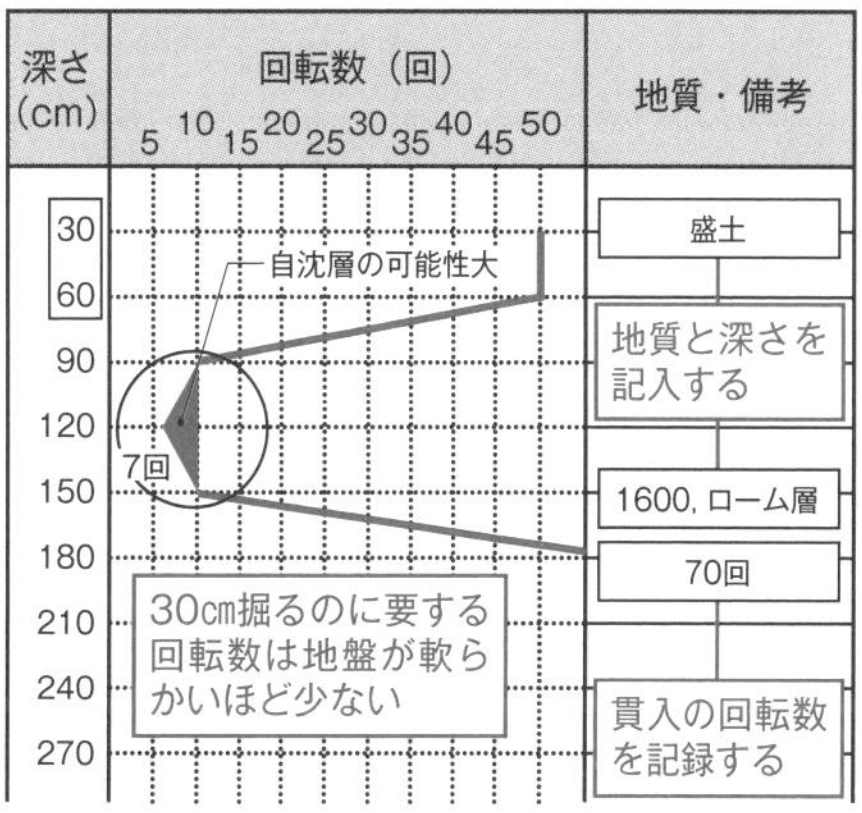

資料：既存建物耐震補強研究会

083

基礎の診断

▶基礎の形式と形状を調べる
▶基礎の劣化を調べる

▼基礎の形式と形状

まず基礎の形状を調べるが、増築している場合は、既存部分だけでなく増築部分の基礎の形状も掘って調べる。時期が違えば法律が変わっていることもあり、施工する業者が異なっている場合もある。1期目の工事と増築工事を分けて、布基礎の配置、基礎の形式、換気口、クラックなどを調べる。

建築基準法は昭和25年に施行された。それまでの基礎は石の上に直接柱が乗っている。土台がない場合は基礎に緊結はできない。伝統的構法における基礎に対する認識はまったく違っていた。そのようなことも影響しているのか、既存基礎のベースは一応ではなく、また基礎の連続性も欠けるなど、問題は多くあるため、基礎の調査は必要になる。また、浴室廻りをブロック積みしている場合も多くあり、劣化対策にはなるが、上部構造を考えた時には、構造上の問題がある。

▼基礎の劣化

既存の木造建物の基礎は手練りコンクリートによるものも多く、十分な強度が期待できないことがある。コンクリートの定義はFC＝1.2kN／㎤以上だが、手練りコンクリートはFC＝1.5kN／㎠程度、もしくはこれに満たないこともある。アンカーボルトは数が少なく、配置にも問題があり、座金は小さくて薄いため劣化しているものが多い。

また、コンクリート基礎のクラックも見られる。コンクリートのクラック（クラックの幅も）は基礎図に記入しておくと地盤との関係が把握しやすい。クラックは基礎の弱い部分（換気口による断面欠損）に生じやすいが、それ以外にも、地盤が緩い、異質地盤、不同沈下などによる場合も多くある。

木材の劣化の問題であるが、防水が行われていない浴室の場合、土台の腐朽により、基礎にアクなどがにじみ出ている場合もある。

既存基礎の調査

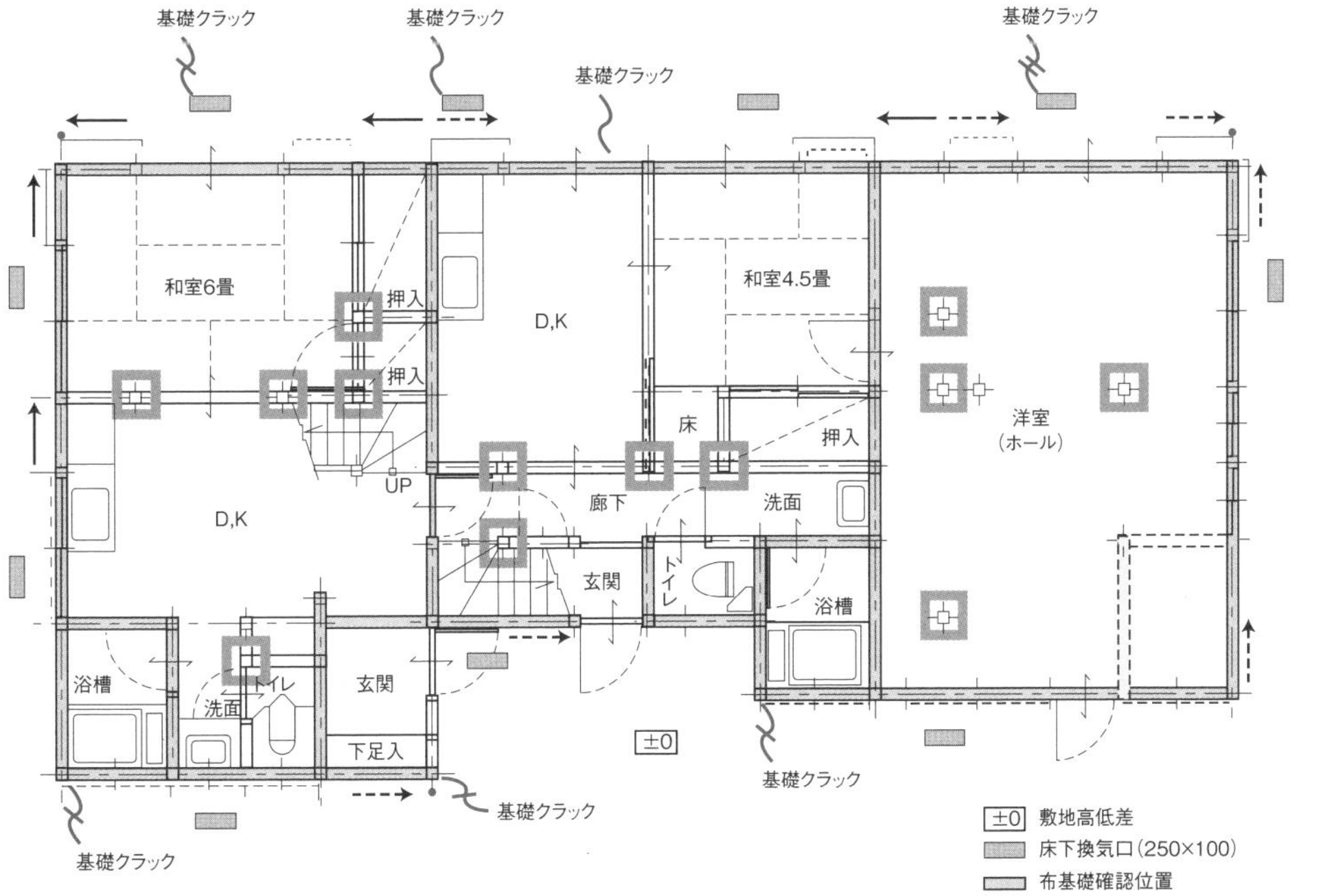

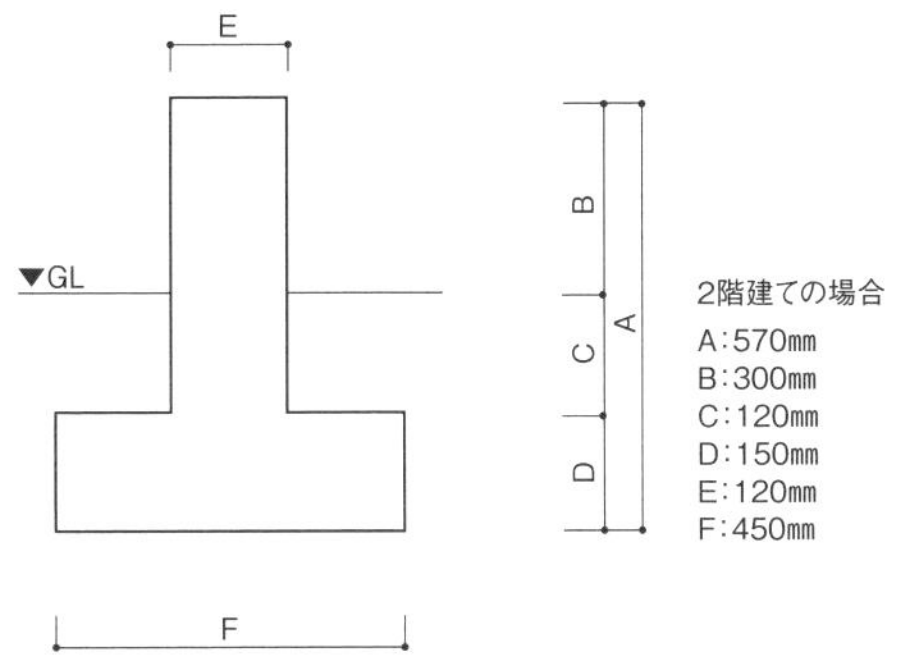

● 基礎の形式を調べる

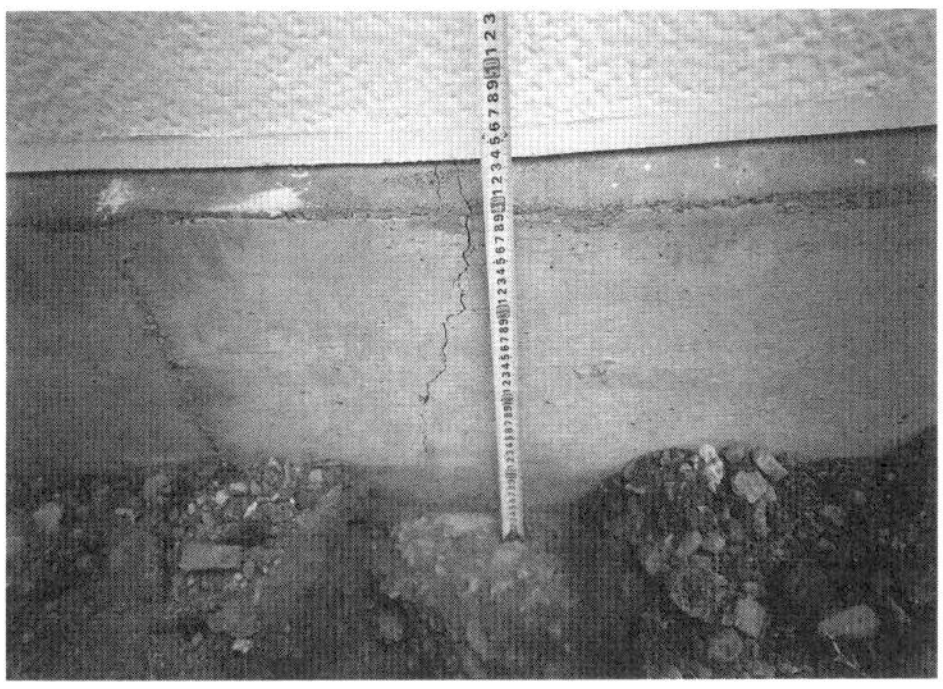

● 基礎のクラック

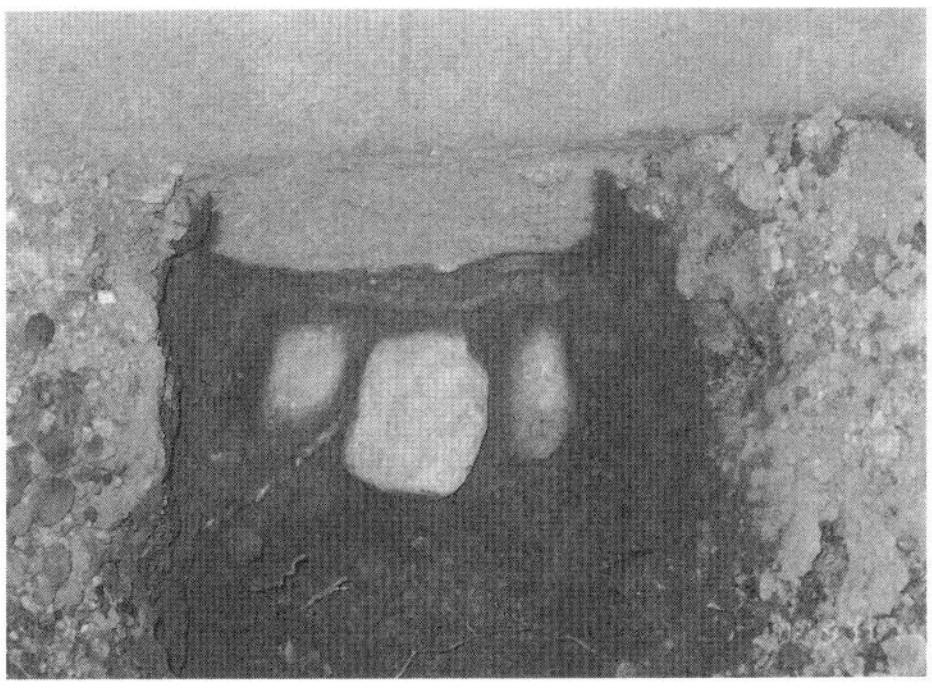

● 根切りした基礎

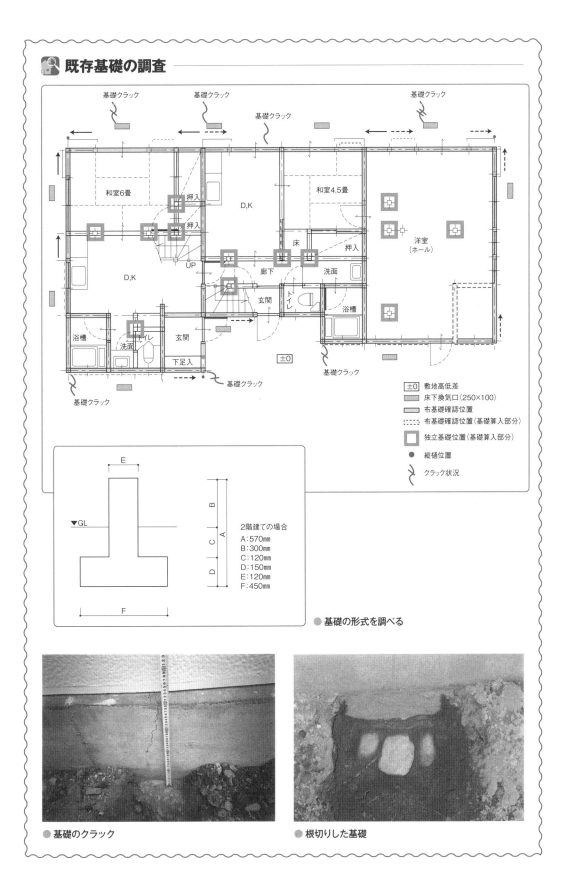

084

壁の配置と耐力壁線

▶耐力壁の配置を調査する
▶耐力壁の性能と耐力壁線

▼耐力壁の配置

耐力壁とは、筋かいや構造用面材などにより構成された一定の水平耐力をもつ壁のことである。

耐力壁の役割は、建物に地震力や風圧力などの水平力が加わった時に、加わった水平力に対抗し、建物を守る役割がある。そのため耐力壁の量が水平力を上回ることを確認しなければならない。また耐力壁の性能を保つためにはバランスよい配置が望まれる。

耐力壁の配置を考える時には、外周壁の配置を確認し、そのうえで8mほどの距離ごとに間仕切り壁を設け、水平力の力の流れを確保するとともに、上下階の力の流れも確保しなければならないが、力の伝達をスムーズにするためには2階の床の剛性も重要になる。2階の床に剛性があれば、力の流れを効率的に分配できる。

▼耐力壁の性能

既存の耐力壁の調査はなかなか厄介なものである。筋かいの調査を行うには、床下、1階天井、小屋裏などから調べなければならない。

筋かい探知機による調査方法もあるが、筋かいの厚さまで調べようとするには高価な機械が必要になる。しかし、それでも筋かいの端部の接合までは調べられない。

構造用面材の場合にはより難しくなる。構造用面材の位置はわかったとしても、耐力壁としての性能を調べようとすると、釘の種類や釘のピッチを調べなければならない。もっと難しいことには、合板の継手の位置とその受け材の状態も気になる所である。そのうえ、釘は機械釘で施工されているため、合板へのめり込み状況も把握しなければならない。

また、木造軸組構法の場合、外周壁を基準として、8m以内に一定の強度をもった間仕切壁が必要である（耐力壁線）。

耐力壁の配置

2.5　外壁（モルタル）＋筋かい＋内壁
2.0　筋かい＋内壁
1.5　外壁（モルタル）＋内壁または筋かい
1.0　外壁（モルタル）または内壁＋内壁
0.5　内壁
1.5 確認した筋かい（30×90）
確認した図面には示されていたが存在しなかった筋かい
未確認筋かい

＊接合部状況によるが、壁倍率最大2.5とする

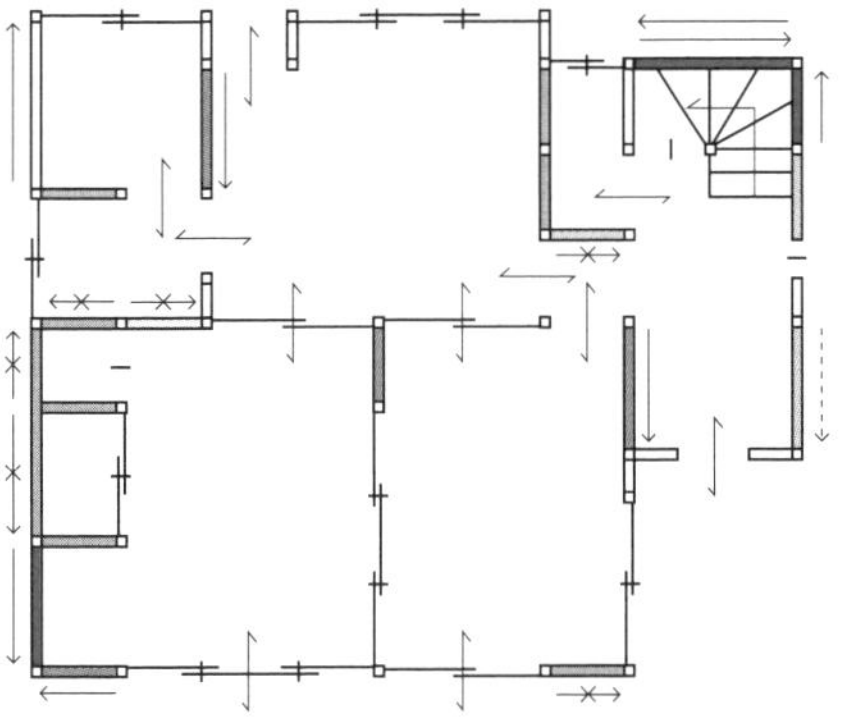

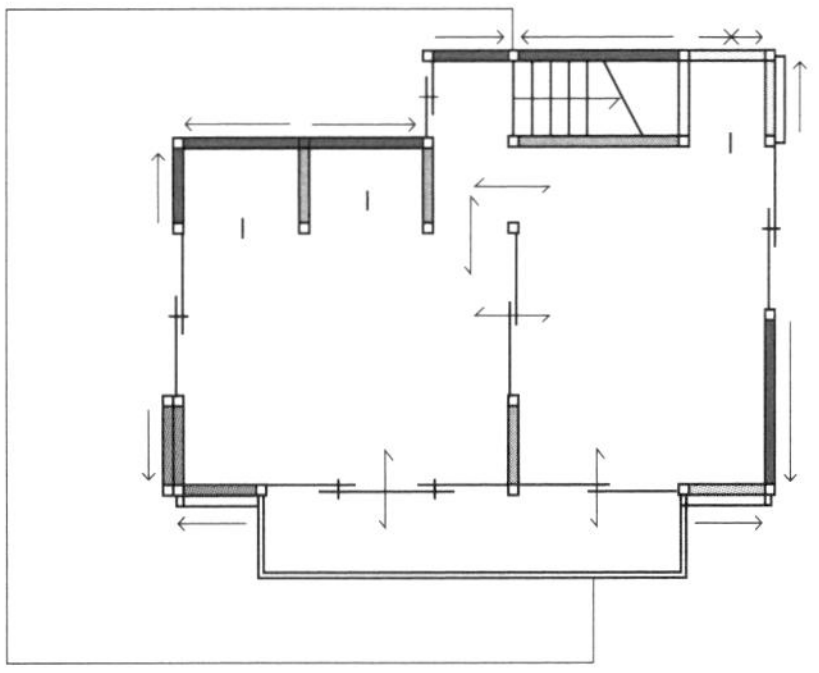

上下階の壁・柱の一致

1,2階外壁の直下を示す
1,2階柱の直下を示す
2階位置を示す
準直下壁

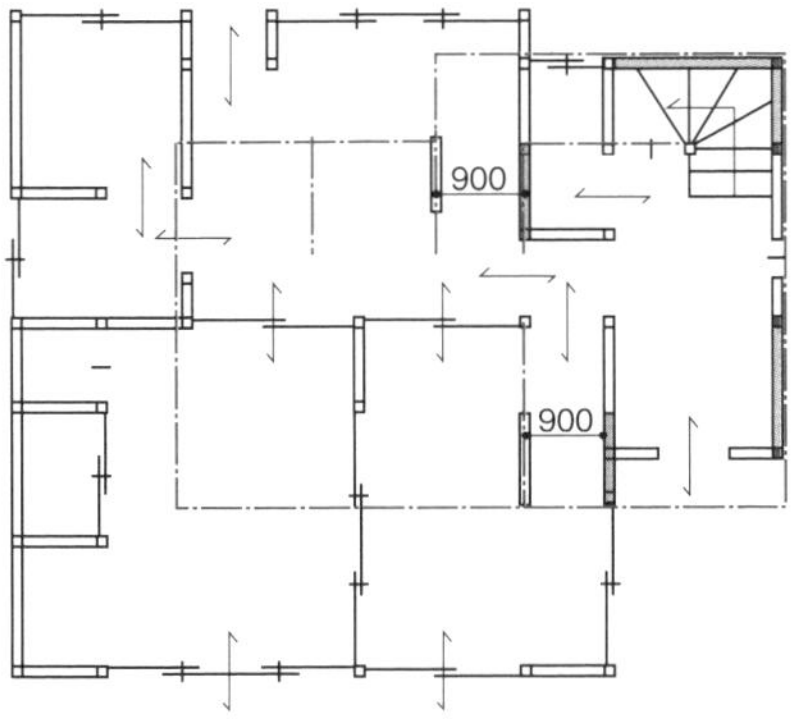

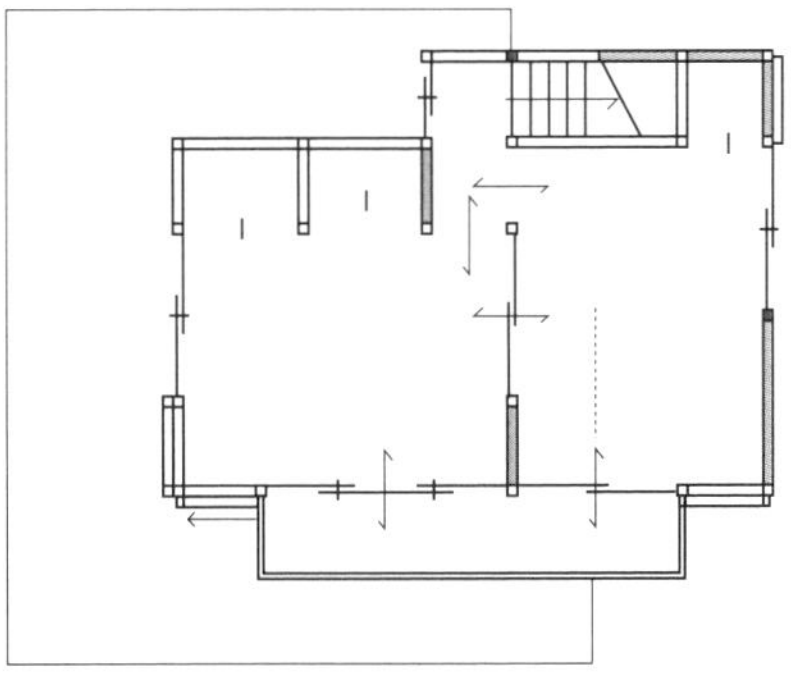

085

既存建物の壁剛性

▶耐力壁の3つの種類
▶筋かいと構造用面材

▼耐力壁の種類

耐力壁の種類を大きく分けると3種類ある。まず軸組構法でよく利用される筋かい（ブレース）、面内せん断型としては構造用面材による壁も最近は多い。モルタル、土壁、内装に多く利用される石膏ボード、ラスボード下地の塗り壁などである。また、伝統的構法で代表されるような、柱、梁などによるラーメン架構、貫などのように木材のめり込み剛性を利用した曲げ抵抗型、壁面を格子状に組む方法もある。

最近の軸組構法では、乾式工法の構造用面材の場合には釘などの接合具の強度に依存していることから、釘などの接合状態に注意が必要である。

またモルタルの場合には、クラックの多い場合には1.6 kN／mの耐力は期待できず、またモルタルの下地などの場合、ラス下と木摺りの混同も見られるが、ラス下地の場合は壁剛性は期待できない。

▼筋かいと構造用面材

筋かいと構造用面材は軸組構法で利用する耐力壁の代表的な例である。筋かいは今までにもよく使われてきた工法である。

平成12年建設省告示第1460号で圧縮筋かい端部は金物による方法が示されているが、それまでは釘による接合であった。耐震診断で調査する建物はほとんど釘接合方法である。旧公庫仕様では端部は大入れN75－5本打ちであるが、実際の現場では突き付け釘斜め打ちの例が多い。しかしこの場合は筋かい端部に割れを生じたり、釘の本数も3本ほどの場合が多い。釘の斜め打ちは強度も5／6に低減しなければならないので注意が必要であるが、それ以上に筋かい端部の割れが気になる。

構造用面材は、建材メーカーによりいろいろな種類がある。施工方法、壁の倍率は、面材の仕様規定に基づき行う必要がある。

耐力壁の種類

- 圧縮、引張り抵抗（筋かい、ブレース）
- 面内せん断抵抗乾式工法（構造用面材、湿式工法、モルタル、土壁）
- 曲げ抵抗（ラーメン架構、伝統的構法、通し貫、格子の組子）

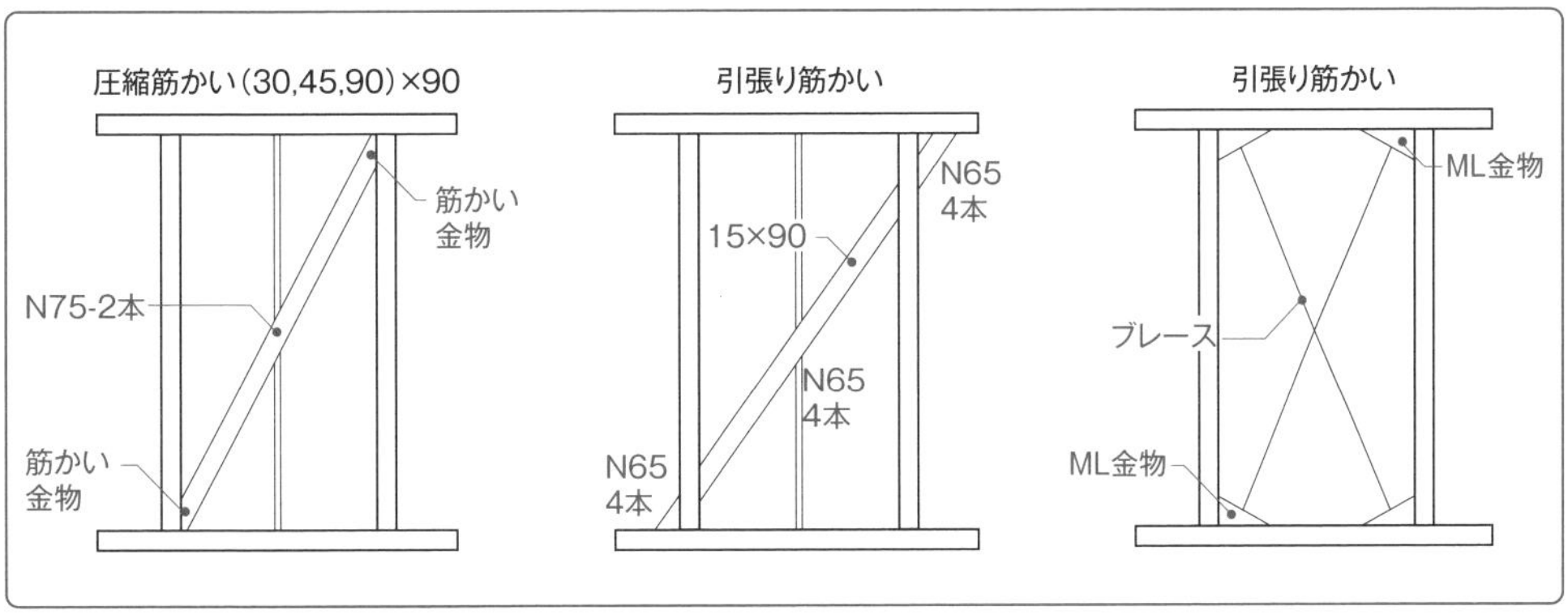

● 圧縮、引張り抵抗型（筋かい、ブレース）

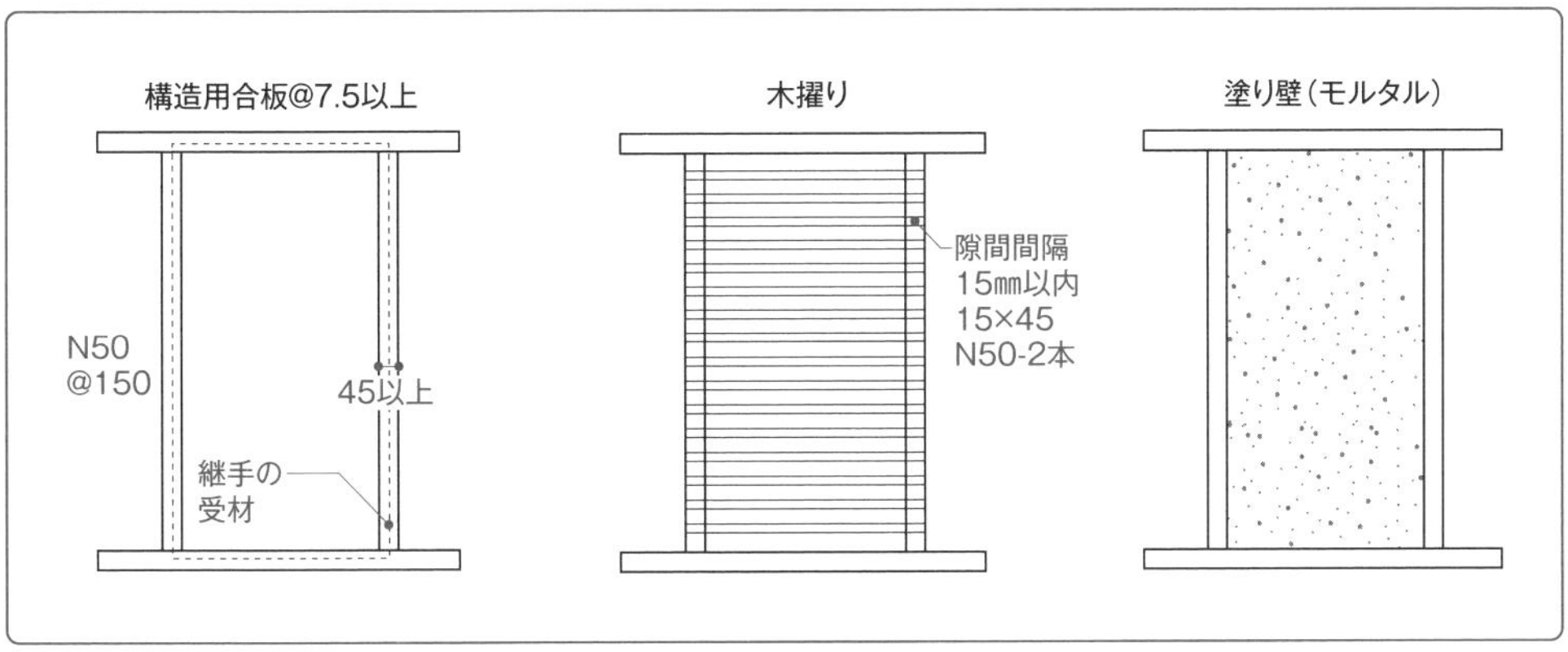

● 面内せん断抵抗型

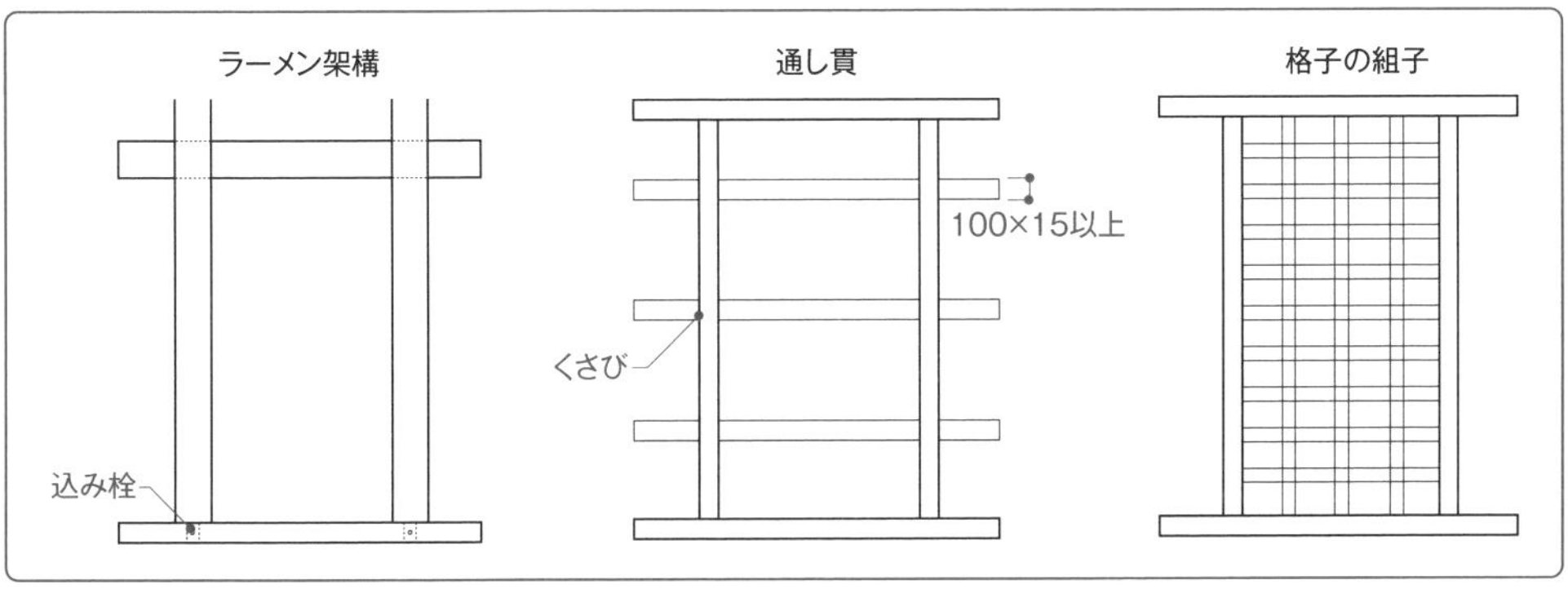

● 曲げ抵抗型

086 床下での診断

▶劣化状況を調べる
▶基礎調査の進め方
▶土台と柱と耐力壁との関係

▼劣化状況

床下において最も注意しなければならないのが土台劣化である。劣化の原因は水分にあり、湿度が高いと劣化の可能性も高まる。したがって、床下の調査には、湿度計と含水率計が欠かせない。湿度は時間とともに変化するため、外気と比較して測る必要がある。

木材の含水率は25％を超えると黄色信号、35％を超えれば赤信号と考えるべきである。また構造材には耐朽性・耐蟻性の高い芯もち材が使われるが、さらに樹種によっても耐朽性・耐蟻性の高いものがある。既存建物の構造にどのような樹種が使用されているかも重要なポイントになる。

床下では湿度計や含水率計などを使いながら調査を行い、かつ蟻害、蟻道および腐朽を目視で調べる。劣化している部分は当然取り替えを考えなければならない。

▼基礎の調査

床下の調査においては、基礎も調査しなければならない。既存建物は基礎が破壊されていることがあるためである。まずは、基礎伏図を作成する。基礎の形式（布基礎かベタ基礎か）、基礎の連続性、鉄筋探査機を用いて鉄筋の有無、アンカーボルトの本数と位置、ナットの有無を基礎伏図に落とし込む。地盤沈下が発生していないか、クラックの有無なども目視確認する。できれば基礎コンクリートの圧縮強度も調べたい。

▼土台と柱と耐力壁

基礎と土台はアンカーボルトで緊結するが、木造2階建ての場合、土台と基礎はピッチ3m以内ごとに、かつ、土台継手の上端側と耐力壁部分をアンカーボルトで緊結しなければならない。必要なアンカーボルトがすべて正しく取り付けられているか確認する。

床下の劣化状況を調べる

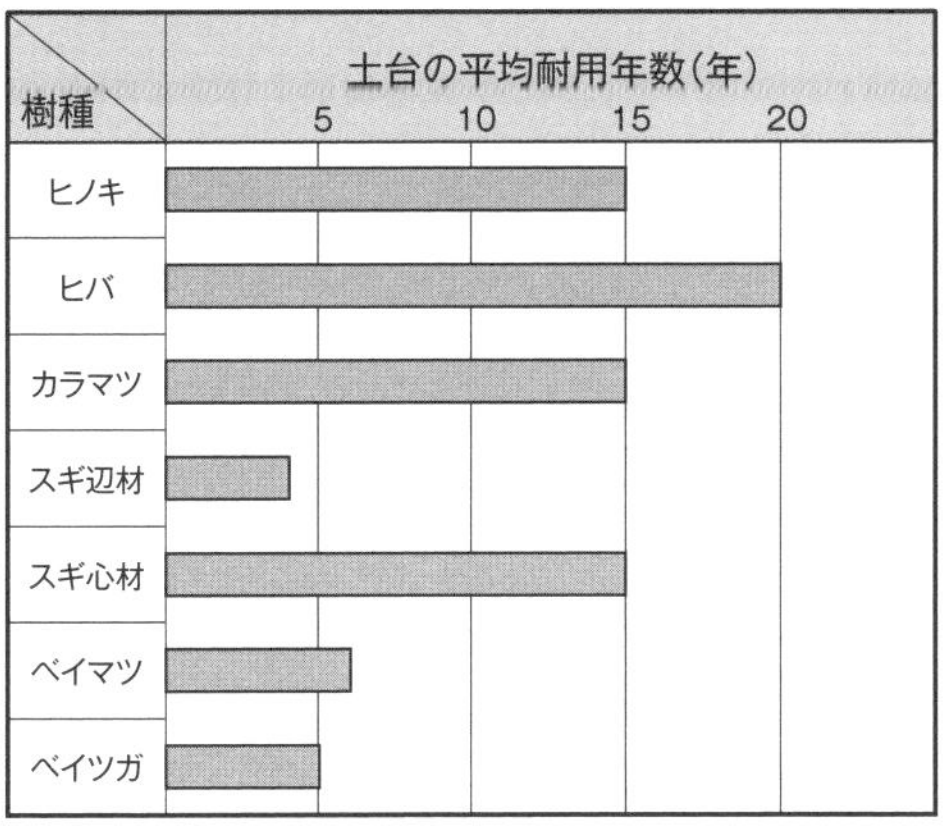

出典：『木材の耐朽性』（十代田三郎／資料社）

● 床下における地盤沈下

● 浴室周辺の劣化　蟻道

● 床下から筋かいを見る。基礎の破壊

● 土台の劣化

● 外壁からの濡水による劣化

087

レベルを調べる

▶不同沈下を調べる（1階でレベル測定）
▶2階床の不陸を調べる（2階でレベル測定）

▼不同沈下を調べる

耐震診断の内容ではないが、筆者は調査項目にレベル調査を入れている。敷地が傾斜地にある場合、または低地で地下水位が高く近隣の環境から地盤沈下をしていることが疑われる場合は1階の不同沈下の確認のため行っている。

左ページの図の調査では全体で約40mmの不同沈下があった。Y0～Y1の間は16／1000で建具の開閉はできなかった。変形角を生じるような不同沈下で、全体では5／1000であるが、部分的には16／1000になっている。敷地の調査はハンドオーガーで行ったが、左ページの図のようにローム層の傾斜がわかる。

擁壁も2mの高さの上にブロック3段積み（600mm）になっていた。また擁壁にはベースも認められなかった。しかしベースがある場合には擁壁は強くなるが、ベース上に埋土部が生じ、異質地盤から不同沈下の例が多い。その他に自然堤防と後背湿地の境界の不同沈下、盛土造成地、田んぼの埋め立てなど不同沈下の原因は多く含んでいる。

▼2階床の不陸

2階の不陸もいろいろな理由が考えられる。まず2階と1階の間仕切りの不一致、また2階の柱の下に1階に柱がない場合は、長年の間にどうしても梁がたわむ。そのため、2階の床が下がってしまうケースは多い。

またその逆に、2階の部屋の中に1階の間仕切りがある場合には、1階の間仕切りの上にある床部分は下がらず、2階の梁部分がたわんでしまった場合は、部屋の中である場所の床がむくんでしまったように感じる。

レベルを測定した後に床の沈みがある場合には、その部分の2階床組みの調査を行う。そして梁の断面の算定、施工性、横架材の接合部、根太のピッチ等を調べ、問題点を探っていく。

2階レベルの測定

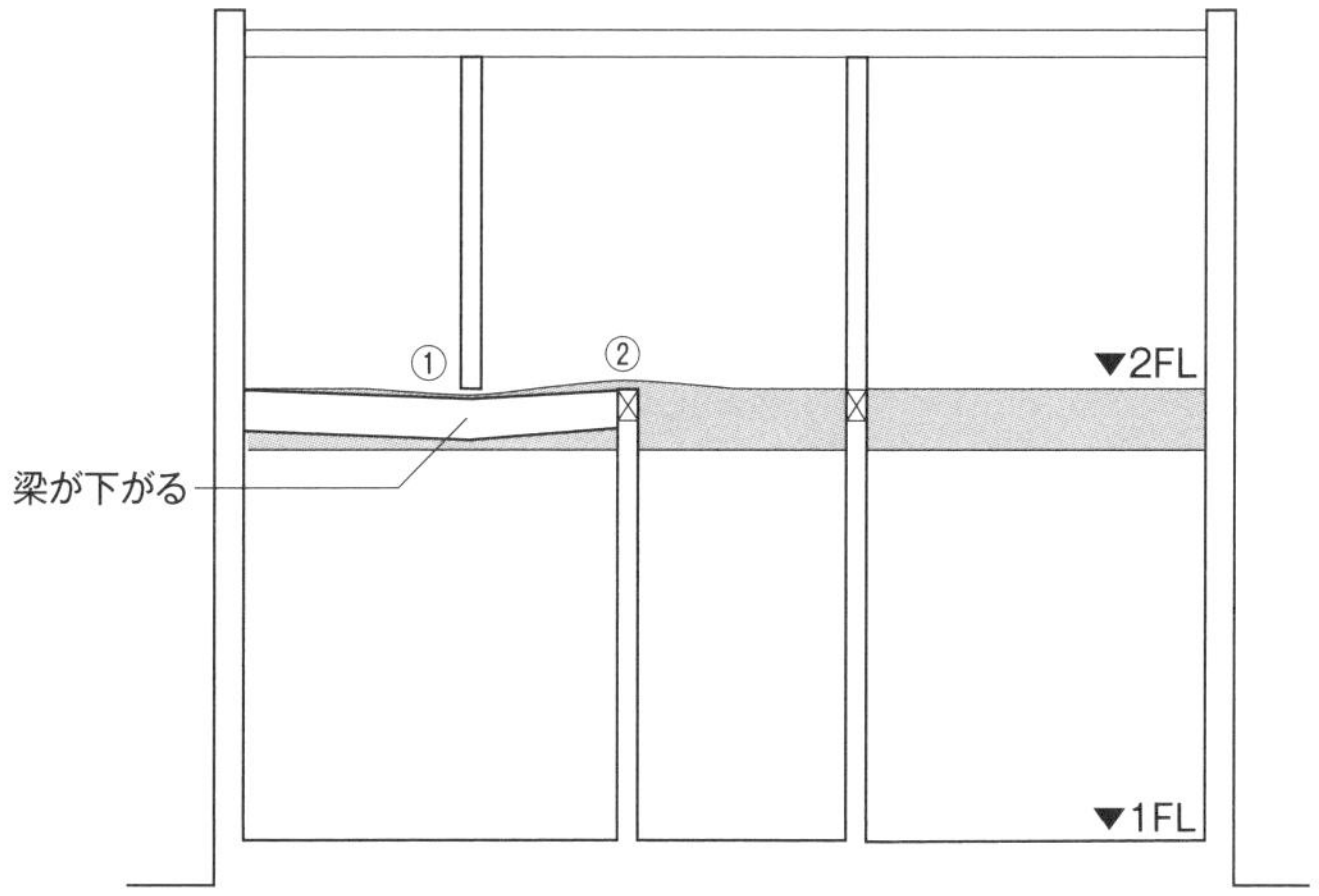

①2階の柱が梁の上に載り、梁がたわむ

②1階に間仕切りによる柱があるから下がらないため床がむくんだ印象がする

1階のレベルの測定

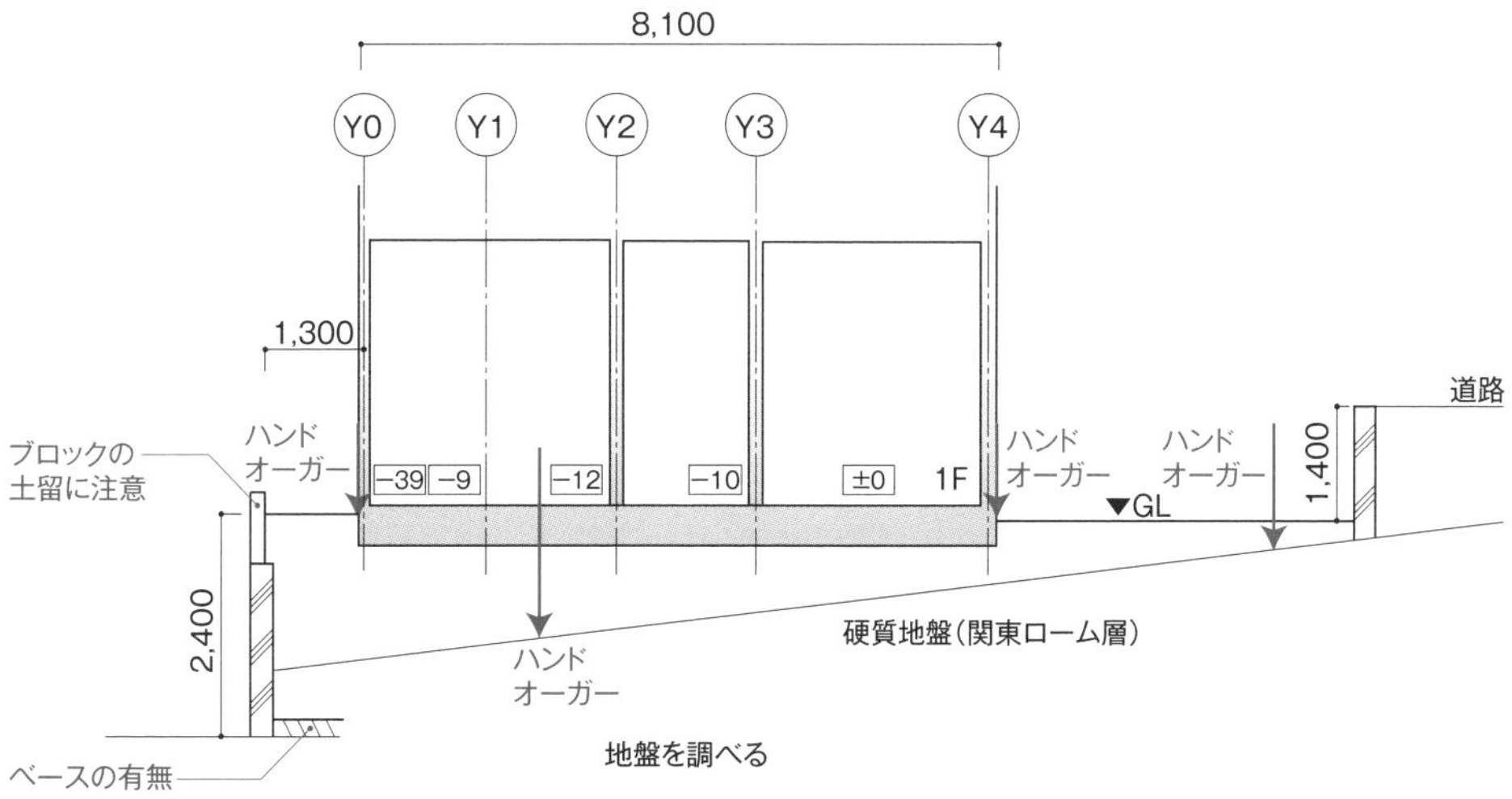

088

荷重による問題点

▶よく聞く問題点
▶固定荷重
▶積載荷重

▼よく聞く問題点

木造住宅の耐震診断時によく相談されるのが、1階の床のたわみや、建具の開閉がうまくいかないという建付けの悪さである。建具はひどい場合、少しも動かない状態になっていることもある。

耐震診断を依頼してくる実際の居住者は、いつ起きるか分からない地震に対する不安もあるが、日常的な不便さも問題になっているようだ。

床のたわみや建付けの悪さの原因は、梁の断面の不足または上階の過剰な荷重による、梁のたわみであることが多い。まれに建物の不同沈下や、鉛直方向の問題として柱の座屈、柱の土台へのめり込みなどが原因となっている。その他、1階の床は湿気によって根太間で沈むケースもある。この場合は床下の湿気対策を検討しなければならない。

▼固定荷重

木造建物の鉛直方向は、固定荷重と積載荷重の問題になるが、固定荷重は、屋根の重さ、外壁、内壁、床などの固定荷重の検討が必要になる。屋根の場合は特に重量変化が大きいことから注意しなければならない。また床面積の算定も重要になり、ロフト、吹き抜けなどの扱いにも配慮しなければならない(部位別による重さの詳細は左のページを参照)。

▼積載荷重

積載荷重とは、室内の床に置く家具などの荷重であるが、住宅の場合、床の計算をする時は1.8kN／㎡、基礎の計算をする時は1.3kN／㎡、地震力の時は0.6kN／㎡ということになる。ただし布基礎の場合には1階床の固定荷重、積載荷重は含まないが、ベタ基礎の場合には1階床の荷重は含まれる。また、積載荷重は建物の用途によっても異なることから注意が必要である。

固定荷重（令84条）

建築物の部分	種別			単位面積当たり荷重（単位N/㎡）		備考
屋根	瓦ぶき	ふき土がない場合		屋根面につき	640	下地および垂木を含み、母屋を含まない
		ふき土がある場合			980	下地および垂木を含み、母屋を含まない
	石綿スレートぶき	母屋に直接ふく場合			250	母屋を含まない
		その他の場合			340	下地および垂木を含み、母屋を含まない
	波形鉄板ぶき	母屋に直接ふく場合			50	母屋を含まない
	薄鉄板ぶき				200	下地および垂木を含み、母屋を含まない
	ガラス屋根				290	鉄製枠を含み、母屋を含まない
	厚形スレートぶき				440	下地および垂木を含み、母屋を含まない
木造の母屋	母屋の支点間の距離が2m以下の場合			屋根面につき	50	
	母屋の支点間の距離が4m以下の場合				100	
天井	さお縁			天井面につき	100	つり木、受木およびその他の下地を含む
	繊維板張、打ち上げ板張、合板張または金属板張				150	
	木毛セメント板張				200	
	格縁				290	
	漆喰塗				390	
	モルタル張				590	
床	木造の床	板張		床面につき	150	根太を含む
		畳張			340	床板および根太を含む
		床ばり	張り間が4m以下の場合		100	
			張り間が6m以下の場合		170	
			張り間が8m以下の場合		250	
	コンクリート造の床の仕上げ	板張			200	根太および大引を含む
		フロアリングブロック張			150	仕上げ厚さ1cmごとに、そのcmの数値を乗ずるものとする
		モルタル塗、人造石塗およびタイル張			200	
		アスファルト防水層			150	厚さ1cmごとに、そのcmの数値を乗ずるものとする
壁	木造の建築物の壁の軸組			壁面につき	150	柱、間柱および筋かいを含む
	木造の建築物の壁の仕上げ	下見板張、羽目板張または繊維板張			100	下地を含み、軸組を含まない
		木ずり漆喰壁			340	
		鉄鋼モルタル塗			640	
	木造の建築物の小舞壁				830	軸組を含む
	コンクリート造の壁の仕上げ	漆喰塗			170	仕上げ厚さ1cmごとに、そのcmの数値を乗ずるものとする
		モルタル塗および人造石塗			200	
		タイル張			200	

積載荷重（令85条）

室の種類 ＼ 構造計算の対象			(い) 床の構造計算をする場合（単位N/㎡）	(ろ) 大ばり、柱または基礎の構造計算をする場合（単位N/㎡）	(は) 地震力を計算する場合（単位N/㎡）
(1)	住宅の居室、住宅以外の建築物における寝室または病室		1,800	1,300	600
(2)	事務室		2,900	1,800	800
(3)	教室		2,300	2,100	1,100
(4)	百貨店または店舗の売場		2,900	2,400	1,300
(5)	劇場、映画館、演芸場、観覧場、公会堂、集会場、その他これらに類する用途に供する建築物の客席または集会室	固定席の場合	2,900	2,600	1,600
		その他の場合	3,500	3,200	2,100
(6)	自動車車庫および自動車通路		5,400	3,900	2,000
(7)	廊下、玄関または階段	(3)から(5)までに掲げる室に連絡するものにあっては、(5)の「その他の場合」の数値による。			
(8)	屋上広場またはバルコニー	(1)の数値による。ただし、学校または百貨店の用途に供する建築物にあっては、(4)の数値による。			

089

2階床の診断

▶ 2 階床の調査の重要性と筋かいの調査
▶ 2 階床伏図

▼2階床の調査

2階床の調査は大変重要である。耐震性能の調査の中心的な部位と言える。調査内容は、大きく分けると3点になる。

・**1階の壁量**
外壁下地、筋かい、中間仕切りの壁下地の施工性、プラスターボードおよび小舞壁が横架材までの壁であるか、筋かい。

・**2階の水平剛性**
2階の根太組、合板の受け材、接合法または火打ち梁の位置。

・**2階床伏図**
2階の床伏図は鉛直荷重の問題になるが、2階の不陸などの原因になる。梁の断面や接合を調査する。

これらを中心に調査するが、他にも雨漏り、継手、仕口などの接合、釘、金物の使われ方などを調べる。

▼2階床伏図

2階床伏図の場合は、小屋伏図と違って、2階床下が狭くて中に入り込むことは困難であり、全体の調査は難しい。

そのため、1階と2階の間仕切りの不一致、レベル調査、開口部の建て付けを調べ、床の不陸を生じている部位に絞り、1階の天井（通常は押入れの天袋）および2階の床を開け調べる。時には1階の天井に点検口を取り付けながら調査することもある。

床が下がっていたりする場合は何か理由があるはずであり、2階床伏図を書くというよりも、次のような問題点を調査するために行う。

・梁などの断面不足によるたわみ。
・梁の仕口端部、大入部分の接合状況。
・継手部の位置と接合法。
・2階の部屋内に1階間仕切りがある場合、他の部位に沈下が生じれば、床がむくんだ状態になる。
・不同沈下。

2階床を見る

- 2階梁伏・小屋伏図（確保した部位に限る）
- 「×」は2階柱位置を示す

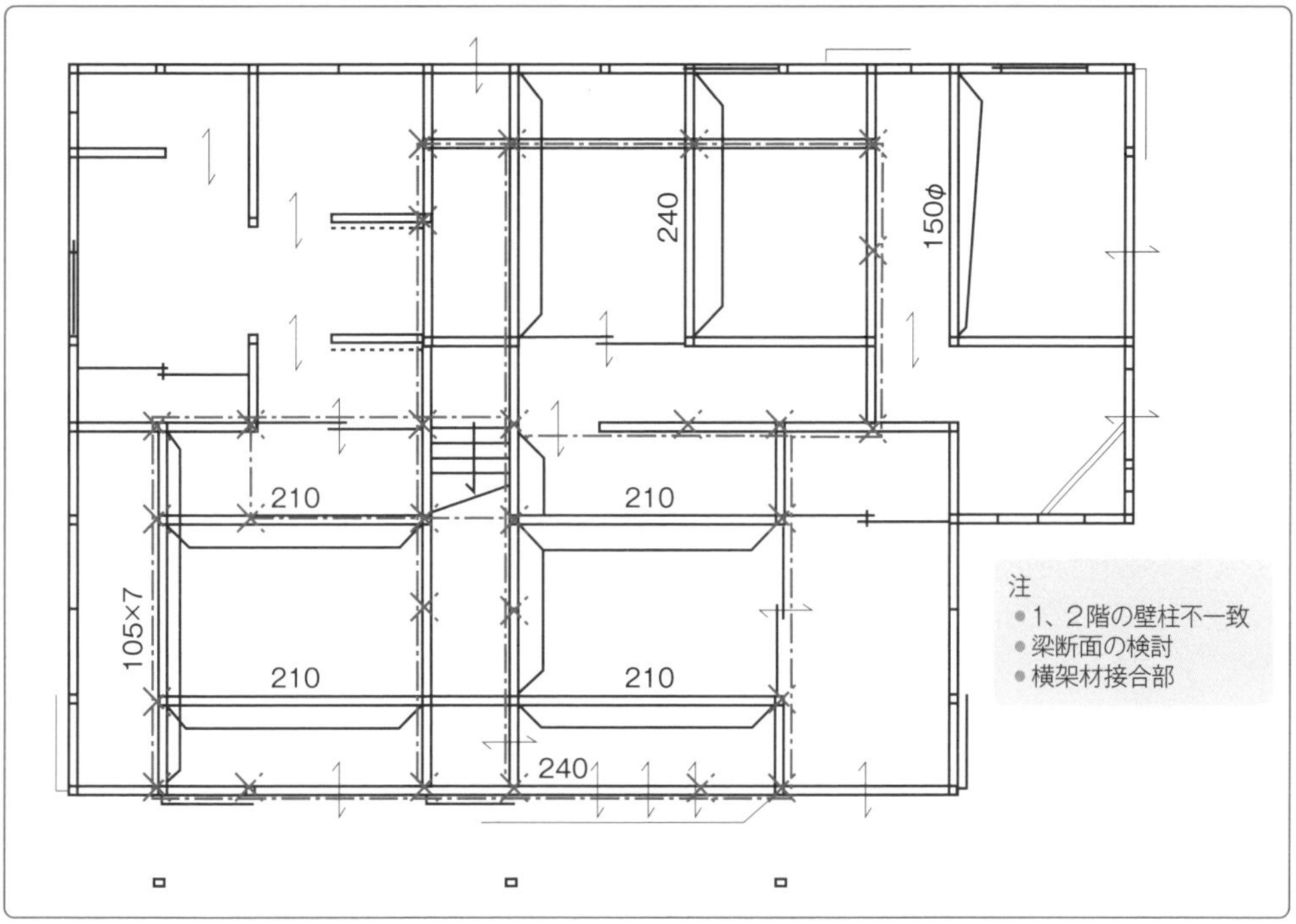

● 2階床伏図

● 梁の途中に継手がある

● 梁の端部の接合
大入れ部分は外れて羽子板金物で維持している

090

小屋裏の診断

▶小屋組における注意点
▶小屋伏図

▼小屋組

小屋組においては、継手部の強度がどうしても小さくなることから、継手部の補強や継手部に応力がかからないようにする。また同一スパン内に継手を設けないなど、木造軸組の欠点とも言うべき継手部のあり方に注意をしなければならない。継手部には金物を使って補強をする。あるいはボルトなどによる補強を行い、継手部の補強に努めなければならない。

仕口部も同じようなことが言える。地震力に抵抗するために、仕口部を羽子板金物等により補強を心がけなければならない。特に切妻屋根などの場合は、桁行方向への地震力に弱いことから、小屋筋かいを入れるなどして小屋組の水平耐力確保にも心がける必要がある。

また屋根材などからの劣化による雨漏りにも注意して調査を行わなければならない。

▼小屋伏図

屋根の勾配がある場合には小屋の中に入ることができることから、正確に小屋伏図を書くことができる。しかし屋根勾配がない木造住宅では小屋の調査が行いづらくなる。そのような場合には小屋裏の状況を見るために点検口を設けることもある。

まず雨漏りがあるかないか、時には結露などが生じている場合もあることから注意が必要である。

小屋組内の換気などにも注意が必要になる。耐震性能からは、まず2階の筋かいの確認、屋根の形状、勾配、野地板の種類、火打ち梁、小屋筋かい、軸材の断面や接合などの有無を調べる。できれば、それらを図面化することが望ましい。

その他、小屋垂木にも金物による接合の有無を調べ、機会があれば補強することが望ましい。また、リフォーム時には劣化への配慮が望まれる。

小屋組を見る

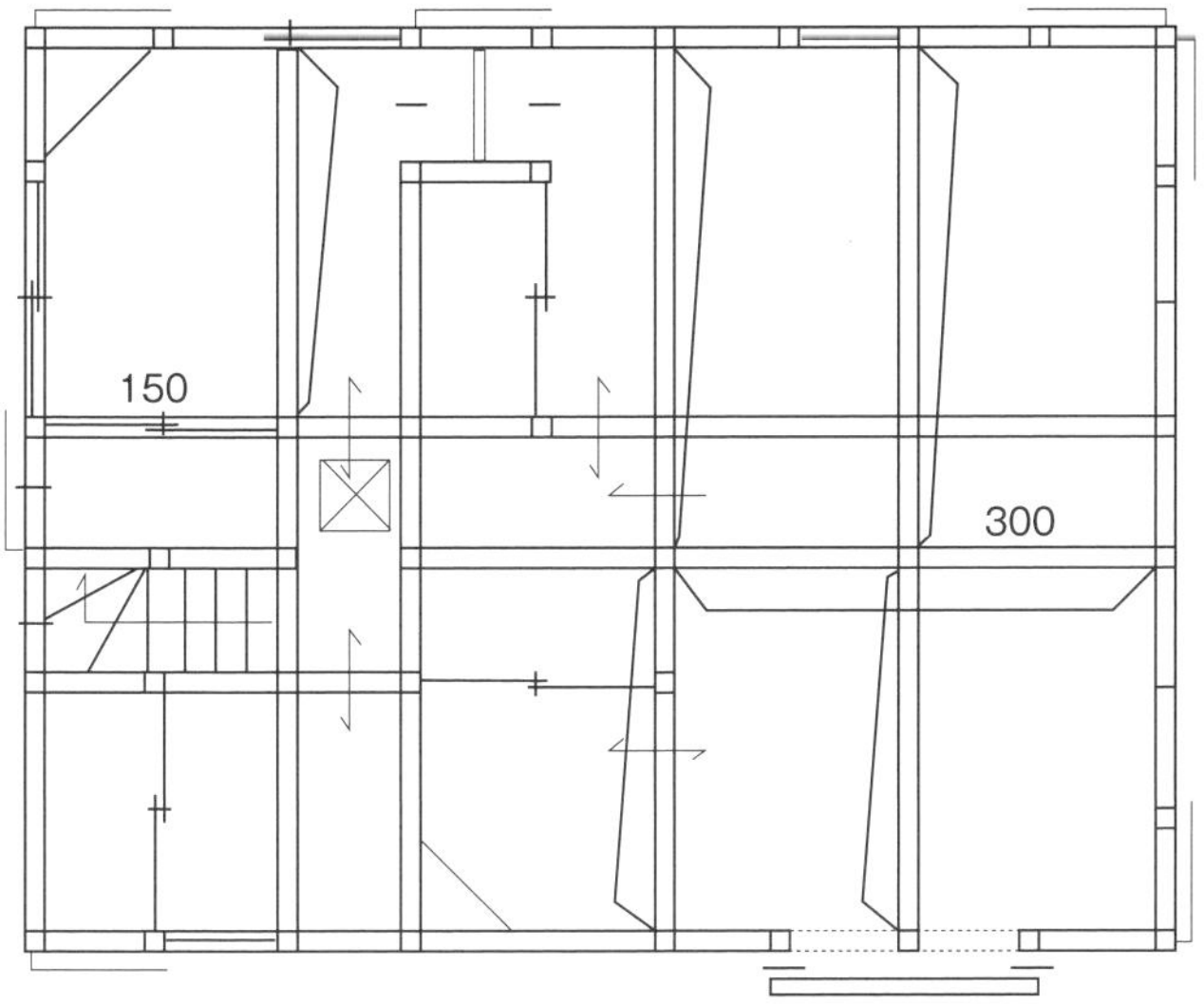

注
- 小屋筋かいがない
- 丸太梁の継手のボルト締め
- 横架材仕口部の羽子板
- 垂木留め
- 継手部に火打梁

丸太梁の継手
丸太梁の継手の接合

母屋のと継手同一スパン内（継手の位置が揃っている）
小屋筋かいがない

継手部に火打ち金物
継手部に金物補強

横架材の仕口
羽子板金物がない

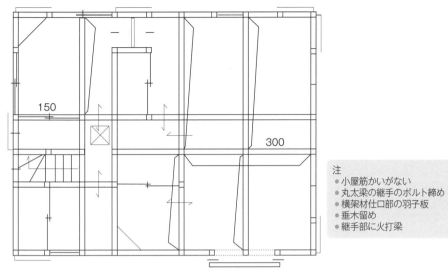

091

水平剛性

▶床板の種類と釘による接合法
▶根太組みの接合法と床剛性

▼床板の種類と接合

軸組構法では和室床に荒床という板材が使われてきている。釘は多種であるがN38～45程度またはFN50の釘なども見かける。しかし昭和40年頃から寄木フロアなどの1800×300×㋐12～15の形状のフローリングが使われるようになってきているが、この床板の場合にはフローリングの板の継ぎ目が本ざね加工されており、釘が見えないように木工用ボンド類の接着剤を塗布し、本ざね部から細釘でフローリングを留めるような施工が行われている。

このような場合にはほとんど水平剛性は認められず、根太組み、火打ち梁の剛性に頼るしかない。また合板（1800×900）を使いN50の釘、継手に受け材を入れN50－@150に施工した床も見られるが、釘のめり込みなどに注意する。合板の厚みを24㎜以上の厚い板を使い釘をN75の釘を使う工法も最近では多く見られるようになっている。剛床にするには、厚い板、大きい板、釘のピッチなどが考えられる。もちろん下地も重要である。

▼根太組みの接合法

軸組構法では根太と火打ち梁と荒床という施工方法が多かった。和室の場合には根太は横架材と天端を揃え荒床を張る。洋室では渡りあごの上に寄木フロアを張り、床組みには火打ち梁を使用する施工パターンが主流であった。最近の傾向を見ると、プラス面では構造用面材の使用が多くなってきたことであるが、マイナス面では根太を横架材の上にのせる剛性の期待できない2階床組をよく見かける。

また火打ち梁を付ける場所である。継手や仕口という弱い部分に取り付けるのは危険であるので、取り付けるべきではない。水平剛性は建物の歪みを防止する効果、建物に力の流れを作る重要な役割がある。調査の時には天井裏などから水平剛性を確認する。

水平剛性を見る

● 横架材と根太の天端が同一

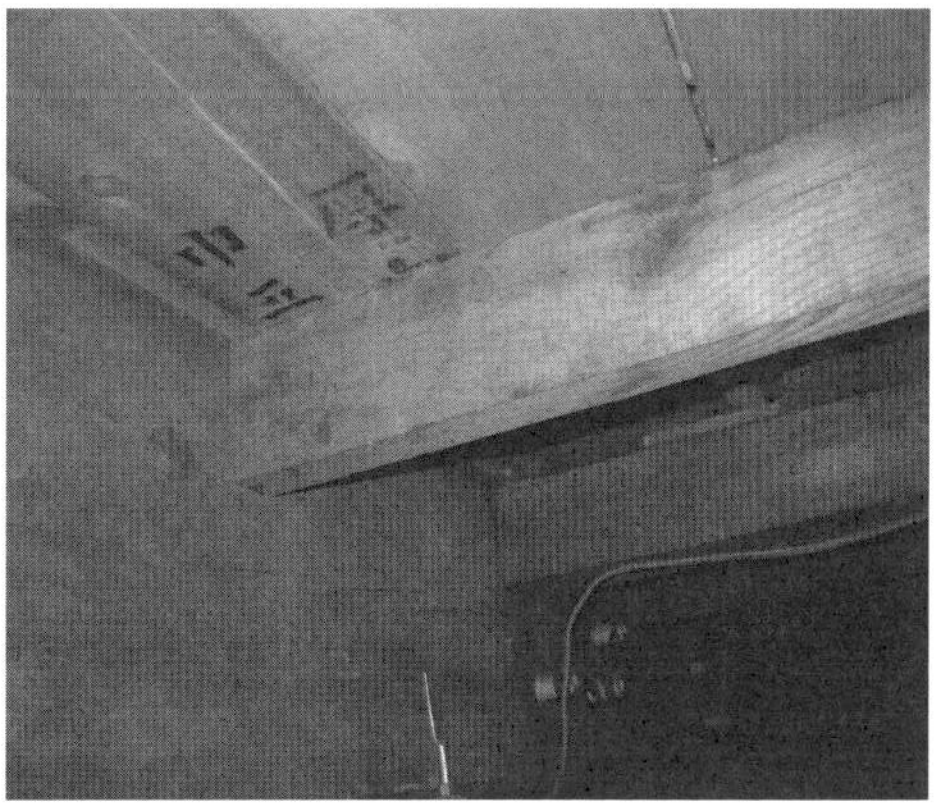

● 荒床が横架材に直下に接合

● 渡りあご　フローリング床に多い

● 継手不良が耐力壁内にある。床は転ばし根太

● 転ばし床　根太を斜め釘打ちしているため割れが発生

● 危ない横架材の施工

092

接合部

▶アンカーボルトを見る
▶２階床、小屋裏の接合部を見る

▼床下の接合部

床下にではどのような接合部が見えるだろうか。構造的に最も問題と思われるのが基礎と土台である。したがって、ここでは基礎と土台について見ることにする。基礎と土台を留めているのがアンカーボルトである。アンカーボルトは2階建ての場合、3m以内に埋め込み長さ250㎜と定められている。しかし既存の木造住宅の基礎はコンクリートは手練り、アンカーボルトは田植え式で埋め込まれてきた。そして築40～50年の建物のコンクリートの強度は一般的にはFC＝1.5kN／㎠程度以下と考えた方がよい。

また250㎜埋め込みのあるアンカーボルトが使われていることはあまり期待できない。座金も小さくナットが緩んでいる。また、ナットがないことや、アンカーボルトの埋め込みが100㎜のものも珍しくない。それでもアンカーボルトの引き抜き強度は15～20kN程度の強度はあるようである（FC＝1.5kN／㎥程度の圧縮強度がある場合）が、地震力ではもっと動的な力が加わることから、耐力壁の引き抜きがかかる部分ではあまり期待できないと考えた方がよい。したがって、まず床下ではアンカーボルトに注意を払いたい。

▼2階床、小屋裏の接合部

2階の床、小屋裏は天井からのぞくのが最も見やすい。ここからは筋かいも見える。また梁の断面と継手、仕口などの接合状態もわかる。そして水平剛性としては、火打ち梁、根太組みの状態を見ることができる。特に根太や垂木の接合方法、床板、野地板の種類と接合法などから水平剛性の想定もできる。ここで特に注意したいのが筋かいの有無、接合法（金物であれば見ることができる）である。

そして、横架材の材寸法、継手（加工方法に注意）、仕口（ここでは羽子板金物に注意）などを確認していく。

接合部を見る

床下で見る接合部

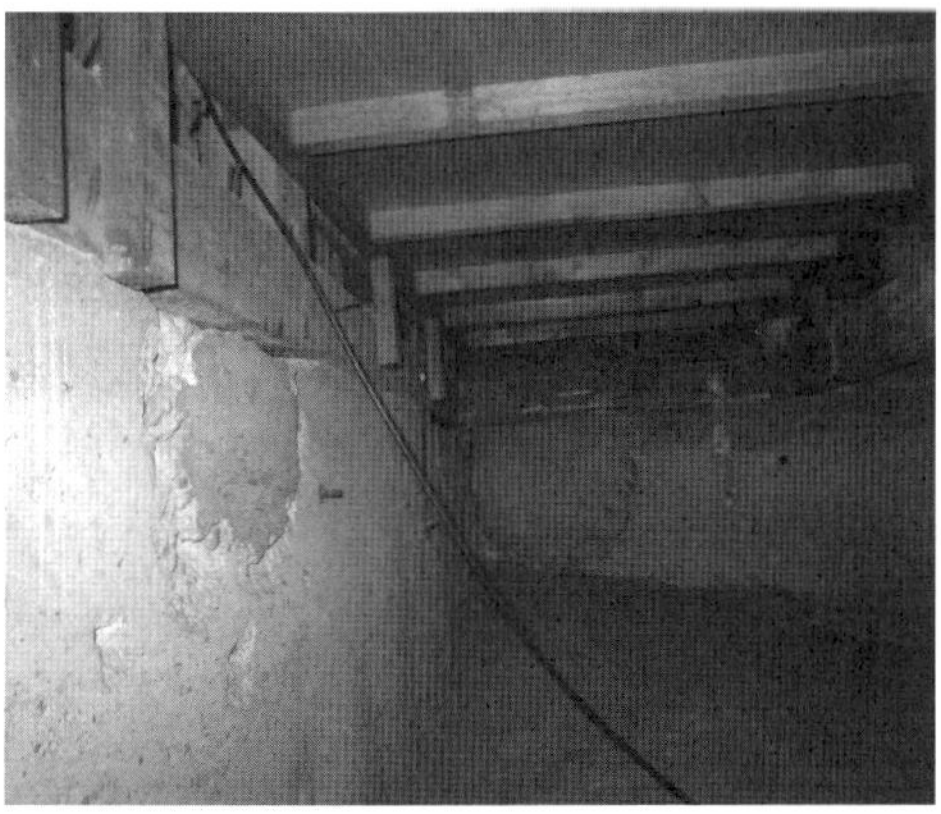

● アンカーボルトがないか、根太掛けの施工が異質である

● 土台の下に基礎、アンカーボルトもなく土台継手が開いている

1階天井から見る接合部

● 梁の端部の納り

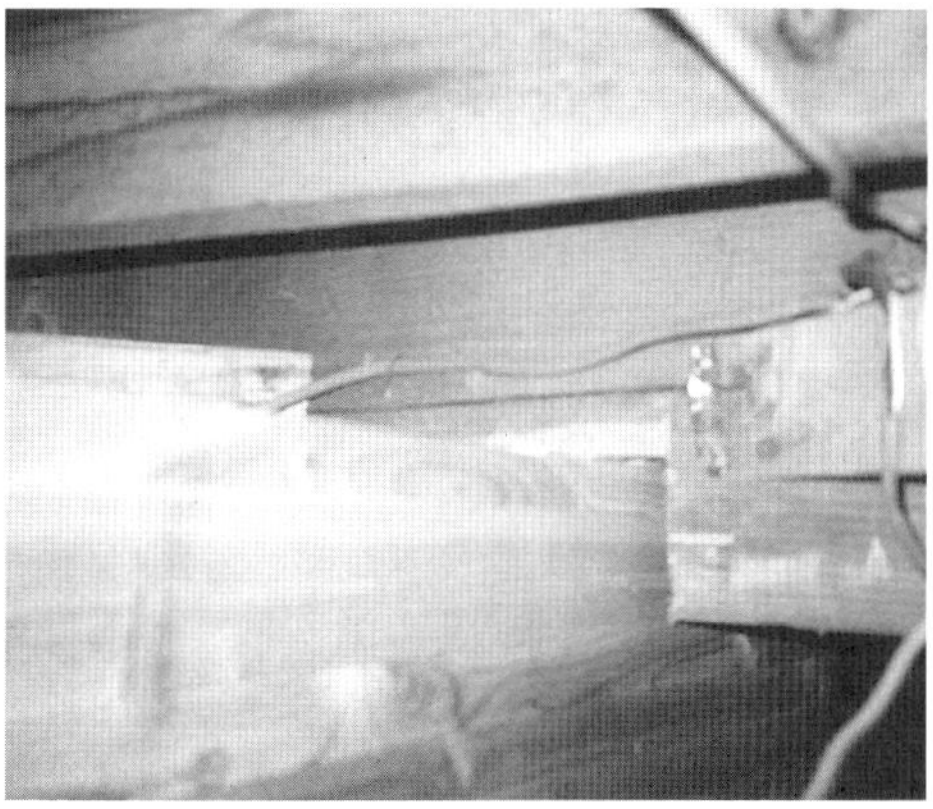

● 梁の中央部を断面欠損している

小屋裏で見る接合部

● 継手施工不良。またそこに火打ち梁がある

重ね梁

● 危ない上打梁の取り付け方

093

上下階の力の伝達

▶1、2階の耐力壁の配置を考える
▶梁の上に載っている耐力壁にどの程度の期待がもてるか？
▶水平剛性の考え方

▼1階、2階の耐力壁の位置

地方の農家に行くと、1階は広く4方向下屋となっている中で、2階が4方向でセットバックして載っているという木造住宅をよく見かける。この場合の問題点をいくつか挙げると、2階と1階壁の不一致、水平剛性の不足、2階が梁の上に載っている状態になっていることなどである。

震災地でよく見かけるのは、立派な家だが、1階南側に開口部が大きく連続している家である。そのため1階の開口部に被害を生じ、屋根の立派な瓦屋根が振られて落ちてしまっている光景である。しかし、その程度ならばまだ良い方で、1階の柱が曲げ破壊し、残留変形を大きく残してしまっている建物も見かける。上下階の力の伝達がスムーズにいかないために1階の柱に地震力が集中してしまったためである。

▼梁の上に載っている耐力壁

4方向下屋の建物の場合に、1、2階の間仕切りの位置を同じくすることは難しく、2階の外壁面の壁が梁の上に載ってしまうことになる。屋根の重さも外壁の重さも2階床梁の上に載ることになる。

また、筋かいを入れた耐力壁が造られていても、梁では力が加わっても抵抗できないためあまり効果も発揮しないことになる。梁の曲げの力を抑える工夫が必要になる。

▼水平剛性

1階と2階の壁が一致していない場合には力の流れを水平剛性に依存するしかない。しかし水平構面の強度にも限界がある。既存の木造軸組構法の床剛性程度（床倍率約1.0程度）では水平方向の1m程度しか流れない。床剛性が高く剛床の場合で2m程度流れると言われている。

また同一壁面上の場合には、千鳥状の壁、すなわち柱を挟んで左右の壁に力の流れを作ることができる。

上下階の力の伝達を見る

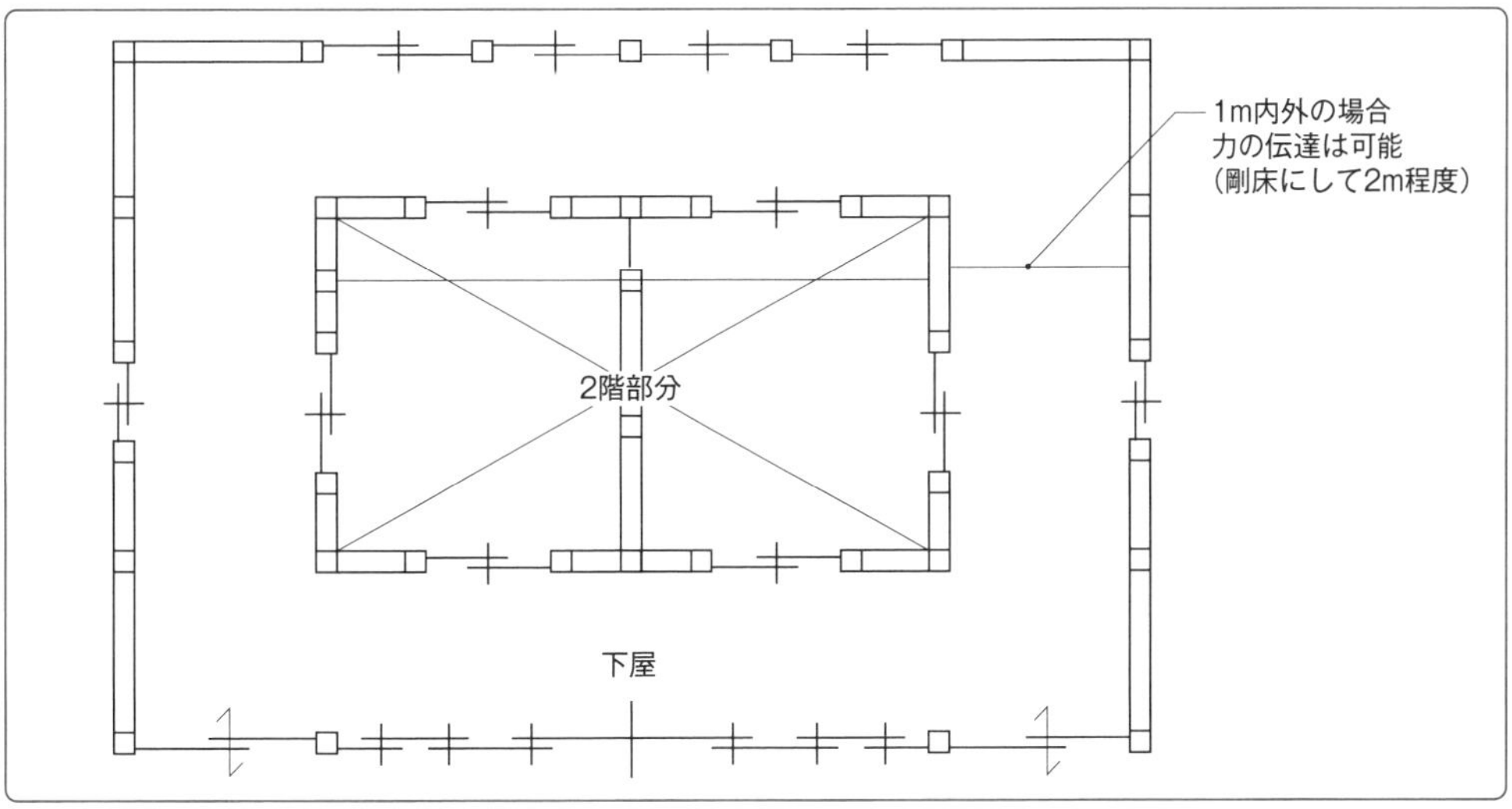

4方向下屋の建物

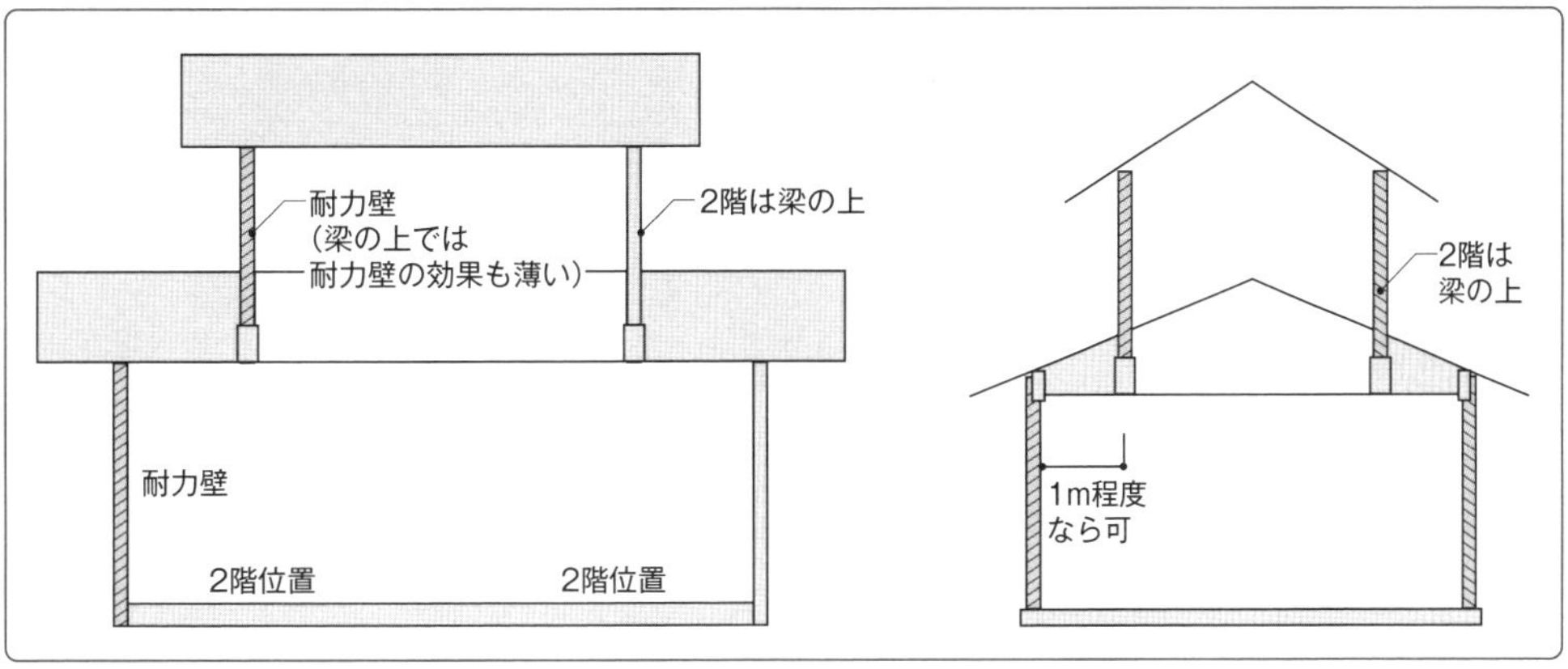

総2階の建物

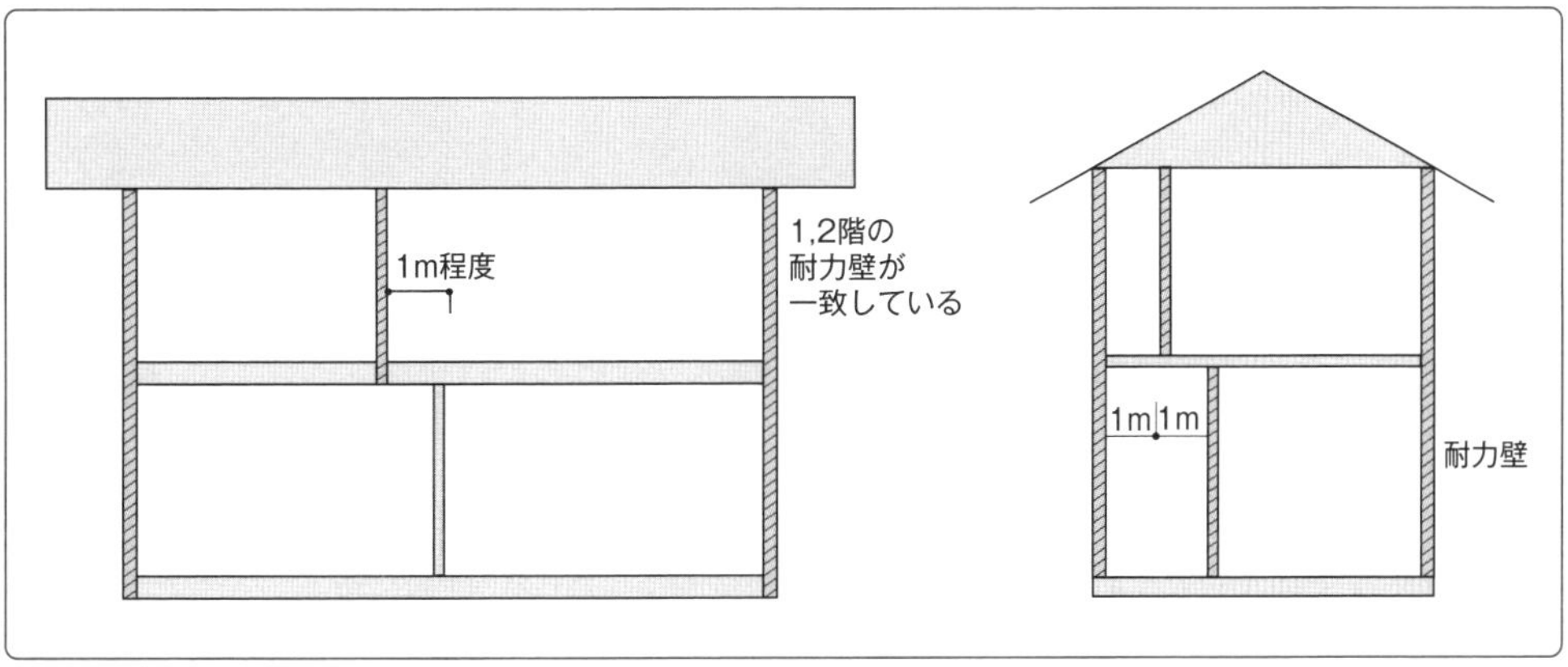

094

劣化診断

▶床下の劣化（腐朽、蟻害）は水分対策
▶雨漏りによる劣化が多い
▶結露による劣化の原因は水分である
▶土中水による劣化に注意する

▼床下の劣化（腐朽、蟻害）

床下は最も劣化の生じやすい部位である。特に浴室からの漏水により土台周辺が腐朽菌やシロアリに被害を受けることは多い。また外部地盤が高くなり土台などの木部が地盤と接触するようなケースは劣化が早い。まず劣化原因となる水分対策が重要である。

▼雨漏りによる劣化

雨漏りのないように木造住宅は造らなければならないが、雨漏りの被害例は多く、(財)住宅保障機構の事故例を見ても件数では圧倒的である。

雨漏りは屋根よりも壁に多く、外壁クラック、庇、バルコニーなどの鉄部との接点の部位、開口部廻り、下屋部分など、原因は多種にわたる。したがって、雨漏りのない家造りというのが耐久性向上の命題とも言える。

▼結露による劣化

結露も木造住宅のあらゆる場所に発生しており、原因は水分である。屋根の結露、外壁内部の結露、アルミサッシ部分での結露、内壁の入隅部でも結露を生じる。まず水分をなくし、換気、通風をよくすることが必要に思われる。特に生活の中で発生する水分、厨房や浴室での結露が多く、窓の開放あるいは機械換気などによる方法も考えられる。

結露により腐朽菌やカビなどの発生も起こるが、生活の工夫により改善できる内容でもある。

▼土中水による劣化

水分供給原因には雨漏り、生活排水、結露などがある。しかし最も忘れられがちなのが土中水からの湿気である。地盤面下数mには水があることが多く、湿度はいつも土中から上がってくる。

日本は湿度が高いので、伝統的構法の建物では床下の換気が十分に取られていたが、布基礎として上部の建物の気密化も進んでいる。したがって、水分は建物内にこもることになる。

劣化を見る

蟻道と蟻害（浴室周辺にて）

● 床下での劣化

● 外周壁の土台の腐朽

胴差部分の蟻害

● 雨漏りによる劣化（胴差し部分）
蟻害も見える

● 浴室外壁

腐朽と蟻害

● 浴室の壁の結露

● 結露　2階外周壁内

095

木材の含水率と湿度

▶含水率が高くなると木材の劣化が生じる
▶床下の湿度から木材を守る
▶樹種と耐久性

▼含水率と木材の劣化

木造住宅の耐久性の向上を図るうえでは、いかに水から守るかということになる。しかし床下数mは水である。したがって、湿度は木造住宅の床下に入り込んできている。必然的に木造住宅の各部に湿気がまわり、木材の含水率を高める原因になる。

左ページのグラフは住宅の各部位の湿度を測ったもので、木材の劣化、腐朽菌の発生と木材の含水率の関係を示している。

▼床下の湿度

木造住宅の耐久性の向上のためには、湿気からいかに木材を守るかということが問われる。まず床下に上がってくる湿気を防がなければならないが、床下に材が残されていると湿気が滞留しやすい。本来は換気を良くし、通気を取りやすくすることで、木材の含水率を下げる環境をつくらなければならない。建物の気密性が上がれば上がるほど、また基礎の強度を上げるため基礎を連続させると床下の通気は悪くなるという矛盾を生じる。最近では土台下にパッキンを入れ（ネコ土台）、土台と基礎の間に空間を作り、地中から基礎を伝わってくる湿気が木材にふれない工法が多くなってきている。これは木材を劣化から守るうえでは効果的と思われる。

▼樹種と耐久性

木材は樹種によっては耐久性、耐蟻性が高い種類もあるが、気をつけなければならないのが耐久性が高いのは木材の芯材部であり、耐久性・耐蟻性が高い樹種であっても辺材部は耐久性・耐蟻性は高くないという点である。

そのため、木造住宅の土台には桧などの耐久性の高い芯持材（赤味部分）が必要になる。桧であれば良いわけではない。木造住宅の耐久性を高める気運は最近起こりつつあるが、湿気対策、通気性、樹種の選択が重要になる。

木朽の含水率と湿度を考える

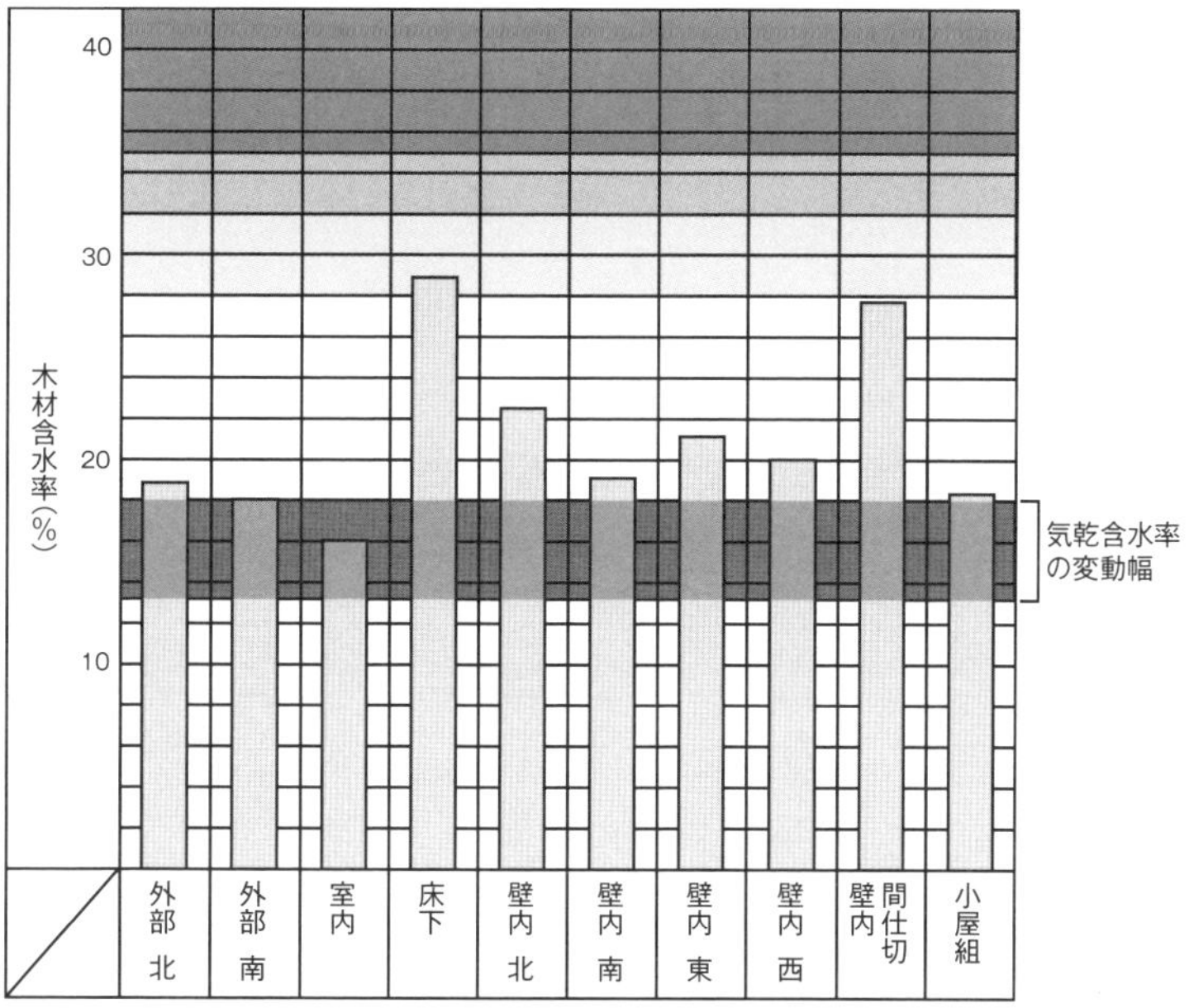

⑤木造住宅各部分の部材の木材含水率(調査期間1976年8~9月、関東)

出典:『木造住宅設計・施工のQ&A』(日本住宅・木材技術センター / 丸善)

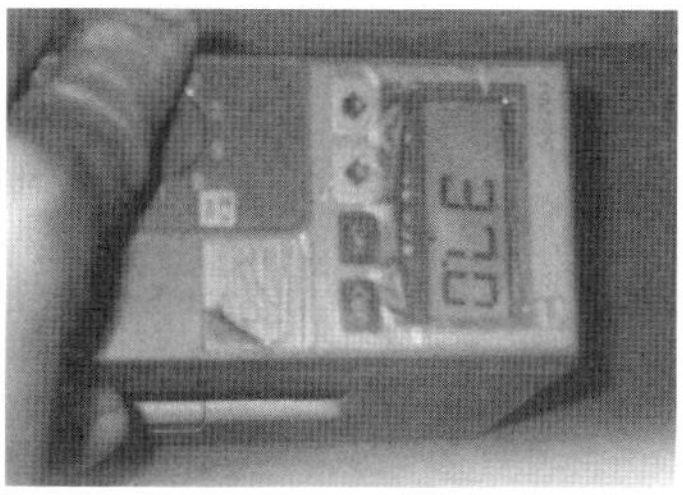

● 土台の含水率測定

● 床下の残材

● 主な樹種の耐蟻性の区分

耐蟻性	主な樹種名(芯材)
大	ヒバ、コウヤマキ、イヌマキ、イスノキ、タブノキ、カヤ、ベニヒ、タイワンスギ、ローズウッド、シタン、チーク
中	ヒノキ、スガ、ツガ、ベイヒ、クリ、クスノキ、カツラ、ケヤキ、トチノキ、アカガシ、レッドメランチ、ブラックウォールナット、シルバービーチ
小	熱帯産材を除くすべての辺材、モミ、エゾマツ、トドマツ、カラマツ、アカマツ、クロマツ、ラジアータマツ、ベイツガ、ベイスギ、ベイマツ、セン、ブナ、ホワイトウッド

● 主な樹種の芯材における耐朽性の区分

耐朽性	主な樹種名
極大	イピール、ギアム、チーク、ビチス、パラウ、コキクサイ
大	ヒノキ、サワラ、ヒバ、ネズコ、イチイ、カヤ、コウヤマキ、ケヤキ、クリ、ホウノキ、ベイヒ、ベイヒバ、ベイスギ、センペルセコイヤ、マホガニー
中	スギ、カラマツ、アスナロ、カツラ、クヌギ、ミグナラ、シラカシ、タブノキ、ベイマツ、ホワイトオーク、ライトレッドメランチ、イエローメランチ、カプール
小	アカマツ、クロマツ、モミ、ブナ、コナラ、アベマキ、ヤチダモ、アカガシ、ストローブマツ、ベイツガ、ヒッコリー、レッドラワン、アピトン
極小	ハリモミ、エゾマツ、トドマツ、イイギリ、クスノキ、シラカンバ、セン、シオジ、スプルース、ベイモミ、ラジアータマツ、アガチス、セルチス、ラミン、ホワイトウッド(林野庁にて実験中)

注:辺材は耐朽性、耐蟻性に乏しい

出典:『建築材料用教材』(日本建築学会)

096

開口部と開口率

▶開口率と開口部の幅などにより耐震性を考える
▶開口部と耐震性能

▼開口率と開口部の幅

木造住宅は、住居としての機能、人の住む環境、そして地震力から守る強度を要求される。しかし開口部が大きいほど建物の強度は低下する。そのため一定の強度を保持するためには、壁と開口部の関係の検討が必要になってくる。これが開口率の考え方であるが、同じ開口であっても大きな開口部、また中間に柱がある開口部によっても強度は異なり、欄間のある開口部、開口部の上に壁のある（垂れ壁）開口部によっても事情は異なってくる。例えば、左ページの上の平面図では、平面上は北側の開口率82％に対して南側の開口率は73％である。よって北側の方が長さでいうと9％分ほど開口率が長いことになる。しかし壁面による開口率を見ると、北側は5・76㎡／27㎡＝21・3％で南側は15・86㎡／27㎡＝58・7％となり、外壁面で見ると北側の方が2倍以上の壁面をもっていることになる。

したがって、平面的な開口率としては南面より北面の方が大きいが、外壁面で見た場合には南側の方が壁面が小さく、耐震性状能も小さいと言える。これが震災地においても、南側に残留変形などの被害が大きくなっている理由の1つである。

▼開口部の高さ

開口率の考え方は前述した理由により2通りの考え方がある。したがって、調査に行き平面図を作成する時には、掃き出しと窓の区別が必要である。さらに、開口部の上下に欄間があるかないか程度までを調べると、より正確な判断ができる。

これは図面でなく写真でもよい。あとで診断書の作成段階に確認できればよい。しかし仕上表は必ず転記する必要がある。モルタルなどの面材効果のある壁か、羽目板張りかなど、カラー鉄板などのように効果が認められない壁の判断が必要になるからである。

木造住宅の開口部のあり方

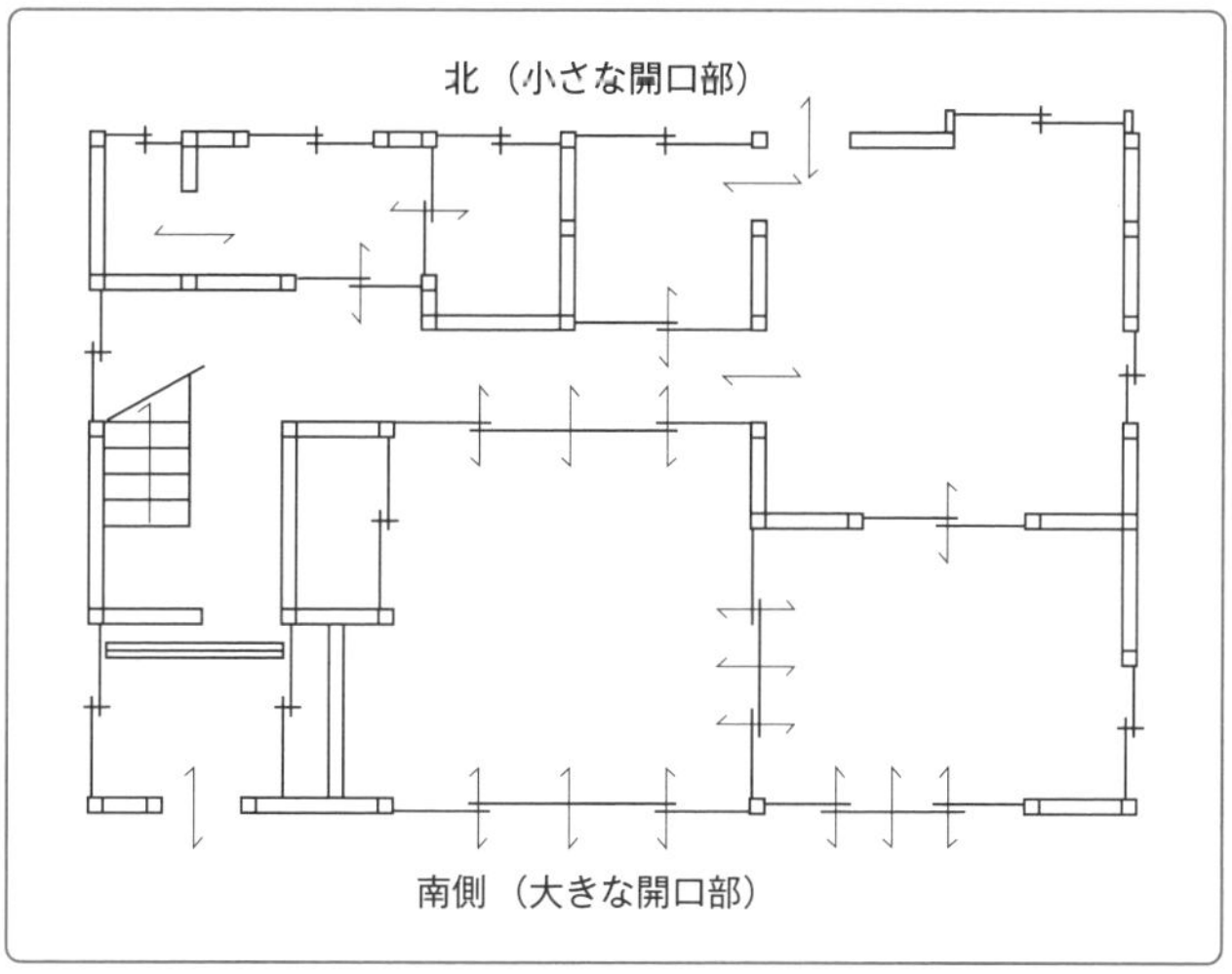

● 1階平面図

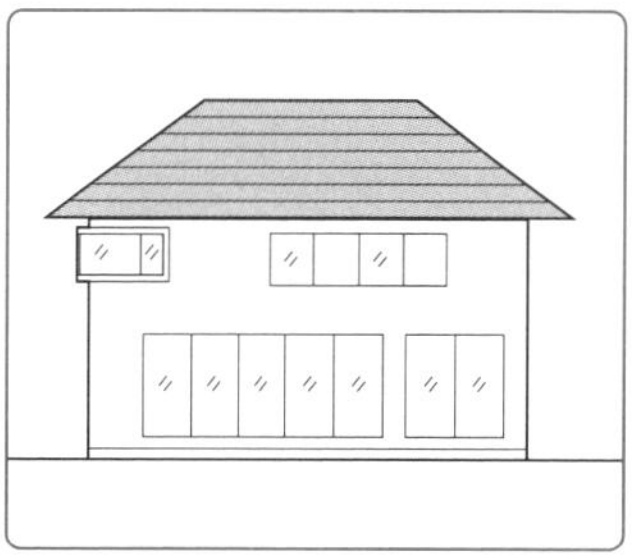

● **大きな開口部**
一開口4m以内にできるだけ考えたい

● **地震後残留変形してしまった建物**

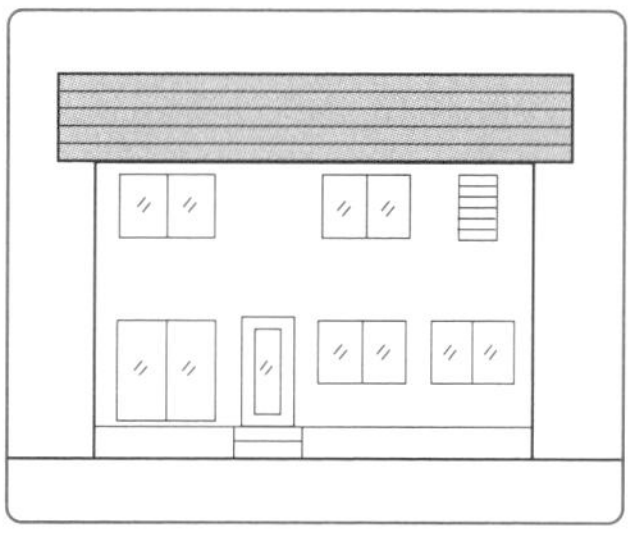

● **開口部の多い家**
4分の1は壁がほしい

● **狭小開口の建物**
4m以内の均合は必要耐力を1.13倍にする

● **伝統的構法の垂れ壁**

TOPIC 6

家具の固定

調査に行くお宅で気になるのが家具の固定方法である。よく見かけるのがI型のバーを家具と天井の間に入れて天井と家具を突っ張るような家具の転倒補強である。結論から言うと効果はあまり期待できない。

地震の時、木造住宅は2階床部分が1階の1.4倍ほど揺れが大きい。したがって、I型のバーを入れても家具を押さえることはできない。まずは倒れやすい家具や物を2階から1階に移すことをお勧めする。奥行き40cm、高さ1m（100cm）の家具が倒れるような場合は震度6以上の揺れが起こったことになる。震災地に行くと被害はたいしたことがないように見えても、家の中での家具の被害はひどい。料理店などでは、家具の転倒被害以外にも食器などの破損被害は深刻である。

板などで箱を作り洋服ダンスの上の空間を埋め、足元はパッキングして重心を後ろにずらすような対策が効果的である。または、家具をL型の金具で壁などに固定する方法が良いと思われる。耐震補強に合わせて、このような家具の固定も必ず行ってもらいたい。

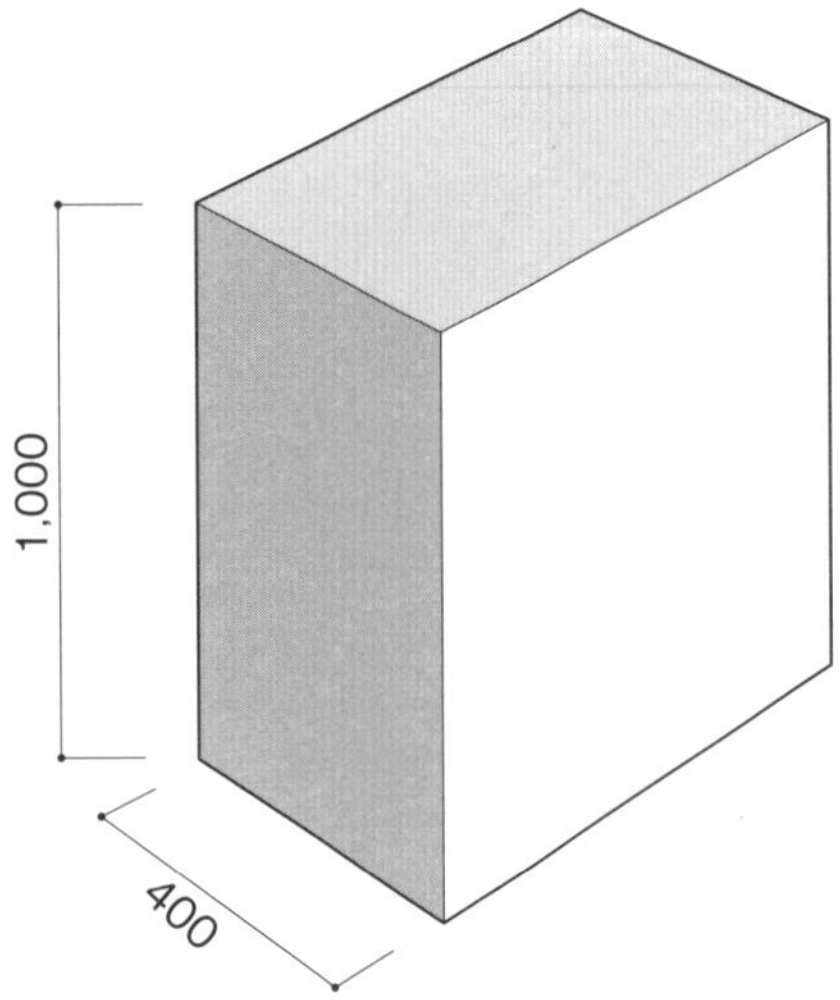

●家具が倒れる目安

震度5　80ガル～250ガル

$\frac{\text{奥行}}{\text{高さ}}$　$\frac{8\text{cm}}{100\text{cm}}$ ～ $\frac{25\text{cm}}{100\text{cm}}$

震度6　250ガル～400ガル

$\frac{\text{奥行}}{\text{高さ}}$　$\frac{25\text{cm}}{100\text{cm}}$ ～ $\frac{40\text{cm}}{100\text{cm}}$

震度7　400ガル以上

$\frac{\text{奥行}}{\text{高さ}}$　$\frac{40\text{cm}}{100\text{cm}}$ 以上の家具も倒れる

第8章

補強と修繕の考え方

097

施主への説明方法

▶説明する前にまず施主から質問を受ける
▶技術的な立場で説明し、意見を述べる

施主への説明にノウハウはないと思う。強いて言うならば、施主の質問をきちんと聞き、相手の立場になって説明することではないかと考える。

▼施主への主な質問事項

・心配な理由
・住所（地名）
・築年数
・図面の有無

以上のような質問をする。それは、施主の疑問、不満に答えられるような調査をしなければならないからである。

築年数では、その当時に適用された建築基準法を確認することができる。さらに、地域による差もあるが、年代による施工慣習を判断していく。住所などからは周辺の地盤についての資料を調べ、施主とは違った立場、主に技術的な面から、必要な調査内容、方法を検討する。調査当日はそれらの内容を持って調査の進め方の説明を行うとともに、質問などを聞き、施主との意思の疎通を図る。

調査するにあたって注意しなければならないことは、調査する建物に愛着があるからこそ修繕や補強を考えているということを忘れないことである。ゆえに、建物に対する批判的な言及は避けなければならない。身内が建築に関わっていることもある。もし父親が建築関係者であり当該建物の施工者であったとしたらどうであろうか。まず施主の気持ちを察しなければならない。

また、必要以上に不安を与えないように配慮する。しかし、できるだけ正確に説明することが必要である。問題点だけを言うのではなく、事実に沿って説明していく。

家に愛着を持つ施主であるならば、調査においても手間をかけることをいとわずに、より愛着を抱いてもらえるよう、誠意をもって望むことが、何よりも施主との信頼関係を築くうえで必要なことである。

施主への説明方法

施主との意思疎通を図ることが最も重要に思われる。

意思疎通を図るには、話を聞き、質問に答える。わからないことは後日調べますといっう真摯な姿勢が必要である。筆者は、調査対象の木造住宅に興味をもって調査に当たることにしている。常に新しい発見があるからであるが、結果、調査対象の建物に愛着がもてるようになる。

施主からの情報

- 不安な内容
- 住所
- 築年数
- 図面
- 工事中の写真
- 建具の開閉
- 雨漏り
- 増改築などの経歴
- 水被害
- 風による被害

調査内容

A.地盤

地盤、地図、地形図、地質図、地盤図、近隣のボーリング、ハンドオーガーボーリング、敷地内および周辺の高低差、擁壁の有無、土質、水位

B.不同沈下

基礎のクラック、建具の建てつけ、レベル調査、地形

C.基礎

掘って調べる、床下から伏図の作成、劣化状況（クラック等)、鉄筋の有無、コンクリート圧縮強度

D.劣化

雨漏り、結露、蟻害、腐朽箇所、含水率測定、温湿度計

E.保有耐力、接合部

床下、1階・2階の天井裏、1階・2階床より

平面図の作成、伏図

F.各室の仕上表

床、壁下地なども調べる、内外の仕上表

※施主に了解を取った後にできるだけ写真を撮る。これは調査書を作成する際に細部にわたっての仕上げ、開口状況などを確認するためである。また、劣化部やその他問題点を記録として残しておくためのものでもある。

098 補強計画

▶耐震補強は構造リフォームの一貫
▶修繕計画を作成し耐震補強を行う
▶劣化対策は耐震補強より優先する

▼耐震補強は構造のリフォーム

既存木造住宅の耐震補強を行うにあたり、補強計画の検討をしていかなければならない。耐震補強とは構造のリフォームである。筆者は劣化対策、鉛直荷重の補強、耐震補強を総称して「構造リフォーム」と称している。

耐震補強とはそのうちの水平耐力の不足を補う補強工事のことである。したがって、耐震補強とは特別な工事を行うのではなく、旧基準の建物のため、あるいは構造計画の検討不足から生じた水平耐力の不足を補う工事である。

▼修繕計画と耐震補強

耐震補強工事というと特別な工事に思われがちであるが、前述したように、構造上の耐力不足、特に、水平耐力の不足を補う工事が耐震補強工事なのである。つまり構造のリフォームのことである。

したがって、他のリフォーム（間取り、インテリア、設備など）の修繕計画の一環と考えるべきであり、修繕計画の中で同時に行うことができれば、耐震補強工事を行うために壁を壊し補強を行い補修するということではなくなる。

補強計画を作成し、修繕工事の時にあわせて補強工事を行えば、重複する工事はなくなる。何ごともまず計画を優先するべきである。

▼劣化対策を優先する

耐震補強工事では壁の補強に走りがちだが、何よりも劣化対策を優先すべきである。腐った構造材の上に補強して耐震性が向上するはずがない。耐震補強は耐久性の向上も目指すべきである。あと何年もつかわからない住宅に耐震補強を考えても意味がない。

劣化部位は外見からある程度想定できる。まず雨漏りや結露の著しかった部位を確認する。浴室の土台周辺、そして外壁の足廻りである。この足廻りに焦点を絞って劣化対策を検討すれば、自ずから計画はできてくる。

補強計画

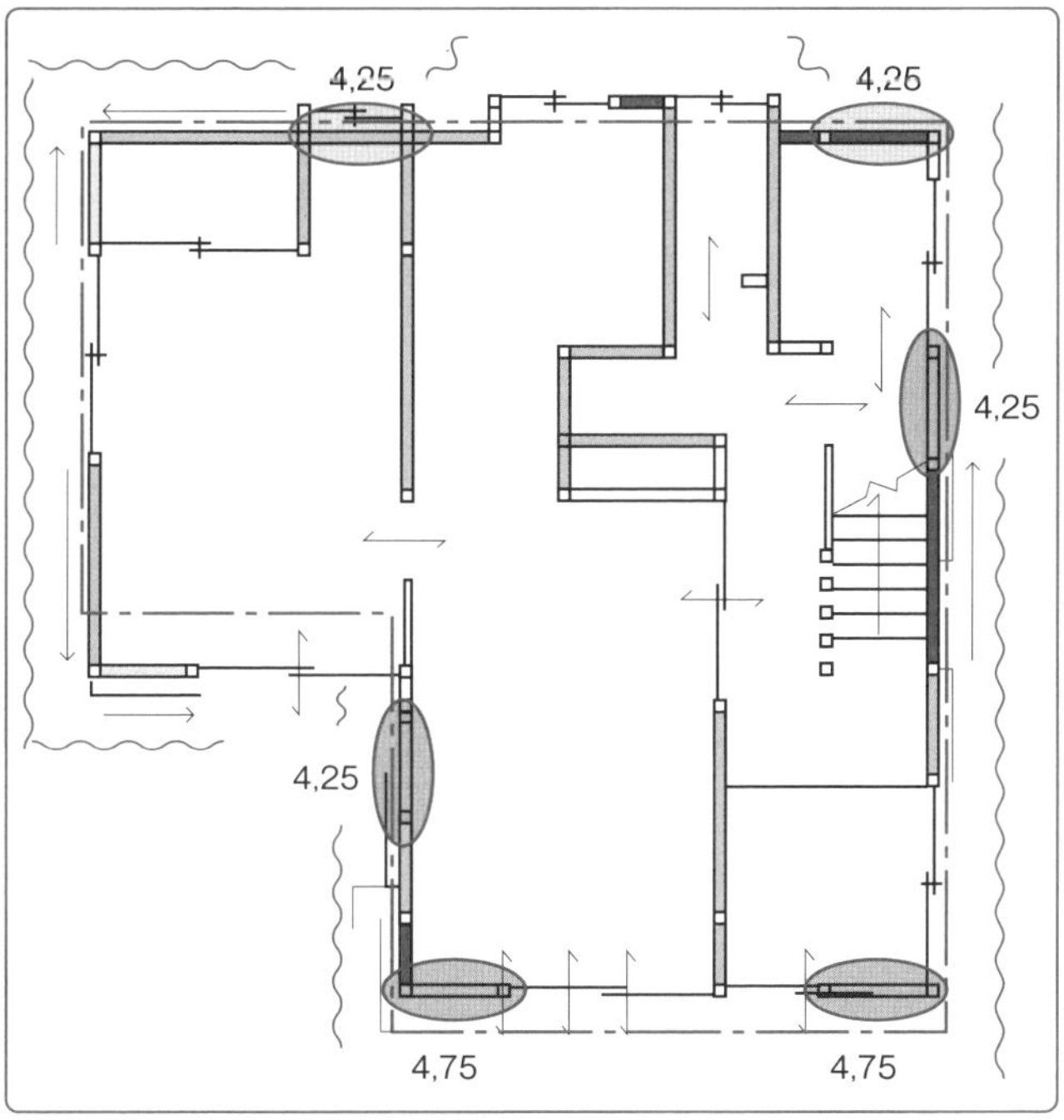

● 1階平面図

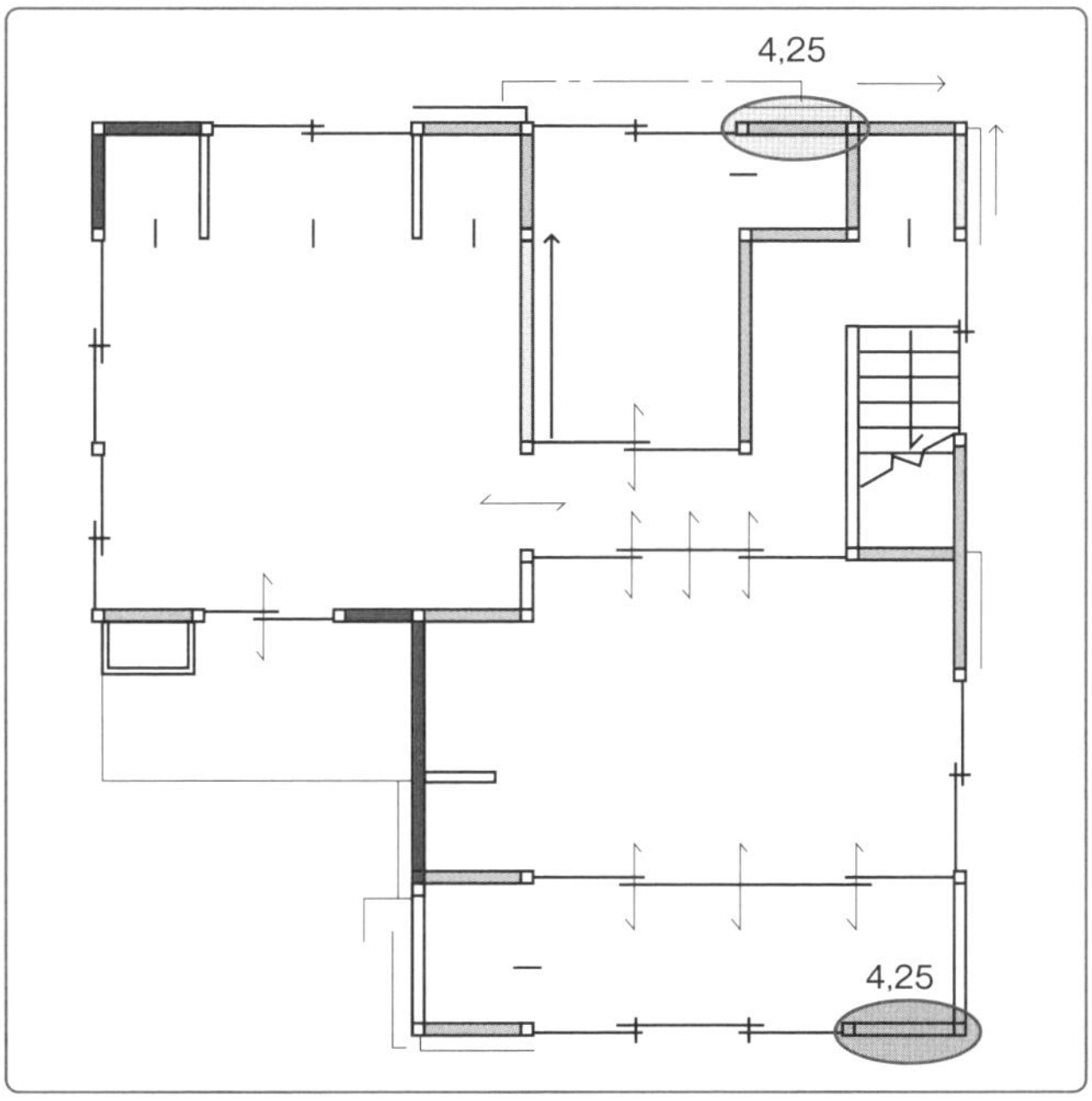

● 2階平面図

補強計画

耐力壁の新設（構造用合板、ML金物、ブレース）

耐力壁の補強（構造用合板、ML金物、ブレース）

足元補強

● **上部構造の評点**

（一般診断法）

	補強前		補強後	
2階	X方向	0.39	X方向	0.99
	Y方向	0.48	Y方向	0.69
1階	X方向	0.10	X方向	0.86
	Y方向	0.54	Y方向	0.97

（令46条〈指針〉）

	補強前		補強後	
2階	X方向	0.53	X方向	1.35
	Y方向	0.68	Y方向	0.68
1階	X方向	0.18	X方向	1.06
	Y方向	0.94	Y方向	1.19

（偏心率）

	X	Y
補強前	0.728	0.196
補強後	0.090	0.016

099

劣化対策

▶劣化の原因となる水分の供給原因を探る
▶腐朽とシロアリ被害とその対策

▼湿度と劣化

木造住宅を建てる時は地形を調べなければならない。丘陵地では不同沈下を、低地では湿度対策が必要である。筆者は調査を行う時に必ず地盤調査を行っている。そして地下水位を調べ、地盤だけではなく湿度の調査を行っている。

建物内においては湿度を40～60％程度にしたい。湿度が高すぎても、低すぎても問題なのである。したがって建物内外で湿度を調べ、木材の含水率も調べる。まず環境を知ることが必要である。特に布基礎に囲まれた最近の基礎では湿度の滞留が生じやすく、湿度対策が望まれる。

床下では防湿コンクリートが効果的である。既存建物の場合は防湿フィルムを敷くだけでも効果は上がる。まず床下における土中水からの湿度の抑制が劣化対策の第一歩であると考える（→KeyWord 077）。

▼腐朽とシロアリ被害

昭和30年代以前は、東京の道路は未舗装が多かったが、徐々に道路舗装が進められ、その結果、道路面が上がり、宅地が道路より低くなってしまった。したがって宅地内地盤を上げざるを得なくなる。建物基礎の立ち上がりがなくなり、土台と地盤が接触するようなことも生じてしまう。左ページの写真のように、腐朽やシロアリの被害を受けてしまったと思われる現場を見かける。中段の写真が腐朽蟻害を受けている状態である。筆者は耐震補強工事の第一歩として足元補強を勧めている（→KeyWord107）。

木材は水分に弱い。そのため、最も水分を受けやすい浴室周辺、外壁の柱脚、土台周辺を中心に外周壁を剥離する工事方法を採用する。劣化が進んでいるケースもよくある。そのような腐った土台・柱を取り替えている様子などを左ページの写真に示す。

劣化対策

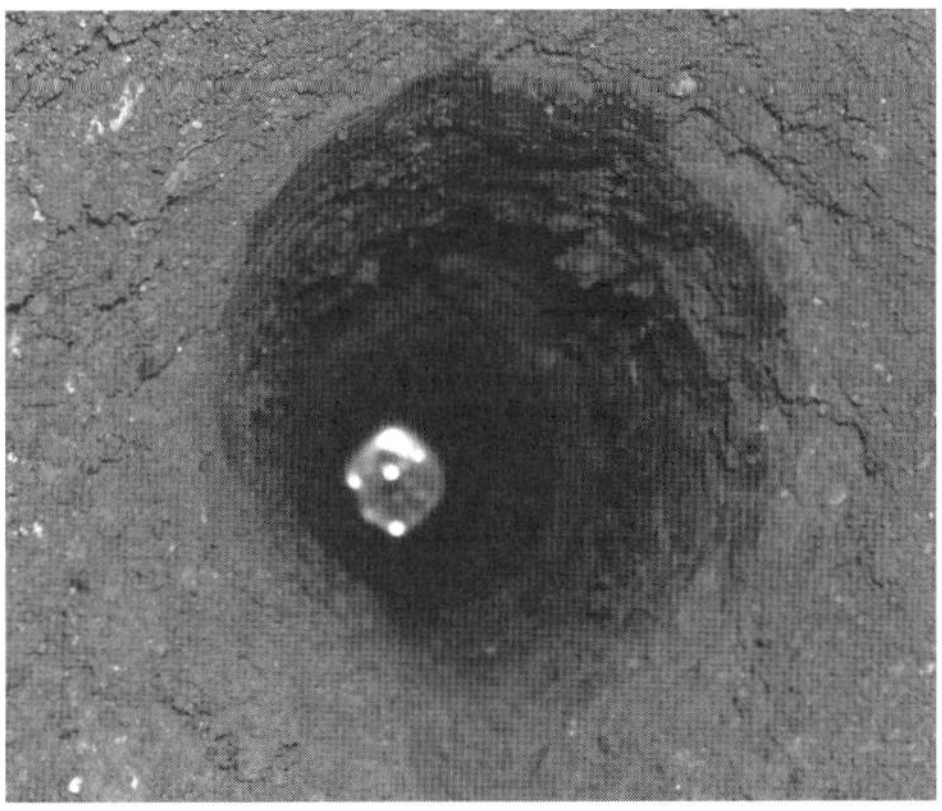

● 地下水位を測る

● 防湿フィルムの敷き込み

● 柱脚・土台周辺の腐朽・蟻害による被害

● 土台の腐朽

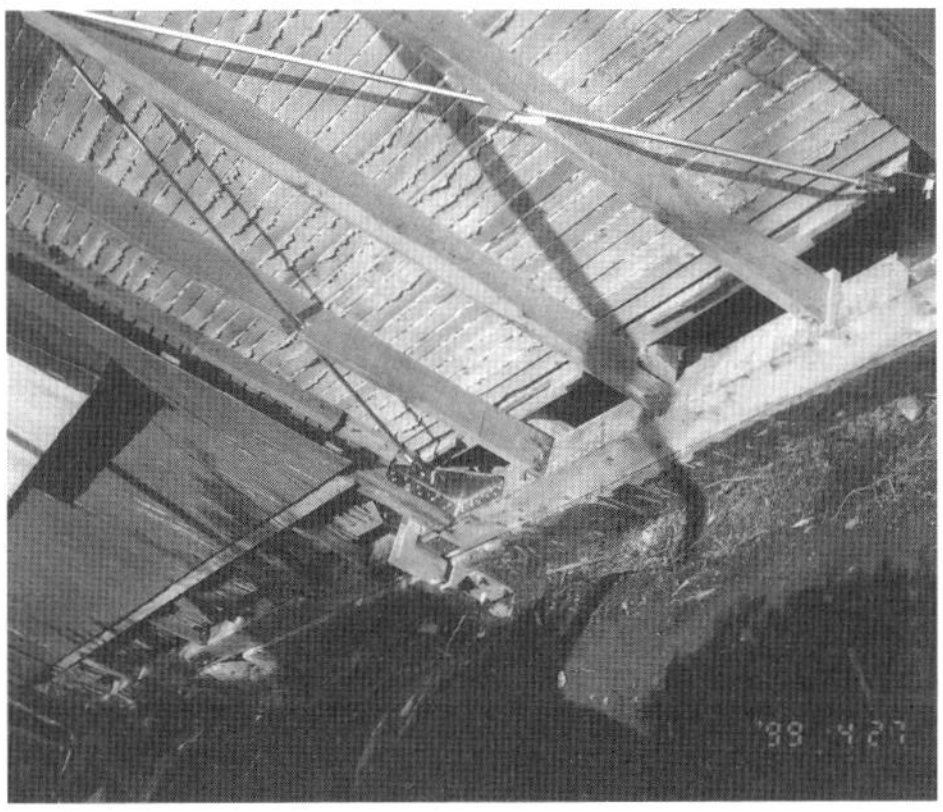

● 劣化部の取り替えと耐力壁の補強

● 浴室・玄関の界壁部の土台の腐朽

100

地盤改良

▶不同沈下の原因を調査する
▶地盤調査はハンドオーガーで行う
▶既存建物内の地盤改良

▼不同沈下の調査

不同沈下の建物は想像以上に多い。低地では河川敷で自然堤防と後背湿地の異質地盤、または近隣の工事による。基礎が弱くバランスの悪い建物などで不同沈下を生じていることもある。

また丘陵地においては、関東ローム層などの地山が傾斜しており、造成により宅地を平らにしたため、盛土層に厚さの差が生じ、新しく盛土した低地側の厚い盛土層が沈下して不同沈下を生じてしまうなど、実は大変多い事例である。また、コンクリート擁壁の場合は、ベースの締め固めも緩く埋め戻し部分の締め固め不足により沈下して建物の不同沈下につながった例も多い。

▼地盤調査

筆者は調査時にはハンドオーガーボーリングを使って地盤調査を行っている。ハンドオーガーボーリングには算定式はないが、今までの経験から10回転未満（1回転360度で行っている）の場合、SWS試験でいう自沈層に値することはわかってきている。

またコンクリート擁壁のある場合はベースの有無なども確認できる。低地では地下水位が測れるとともに、土質も確認でき、溜まり水によって、砂質系、粘土質系などの判断もできる。

▼地盤改良

既存建物の地盤改良は、場所により条件上の制約が多く、柱状改良などは施工が不可能である。表層改良を行っても、通常は手作業になることから、地盤改良の内容には制限がある。例えば、表層改良を行うにも既存建物内においては部分的になってしまい、また、1m程度までが限度である。

したがって、その効果を判断するためにハンドオーガーボーリングを行いつつ進める。また、時には鋼管パイプの打ち込みを行い（長さはハンドオーガーにより決める）、地盤改良とあわせ基礎の補強を行うこともある。

地盤調査と地盤改良の進め方

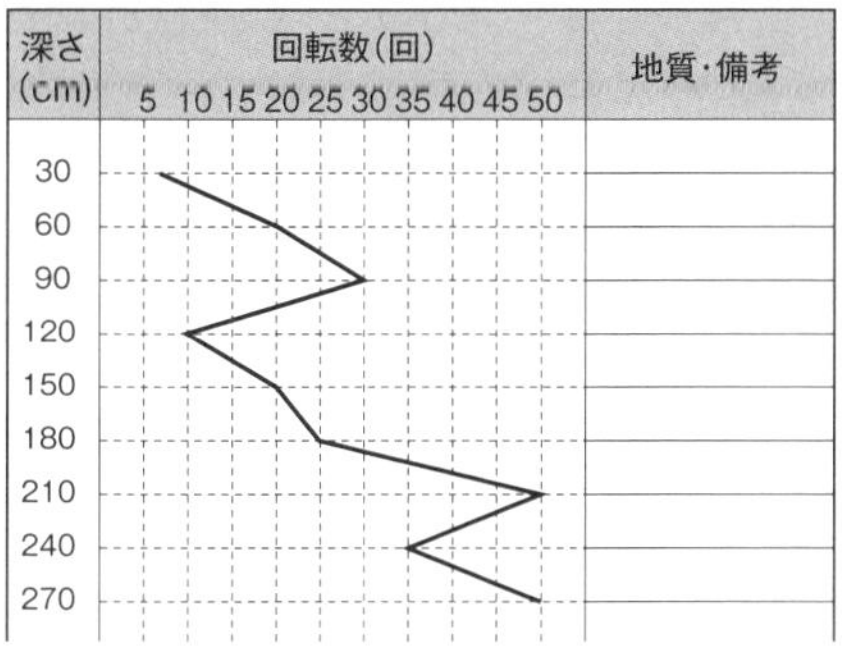

● ハンドオーガーボーリング

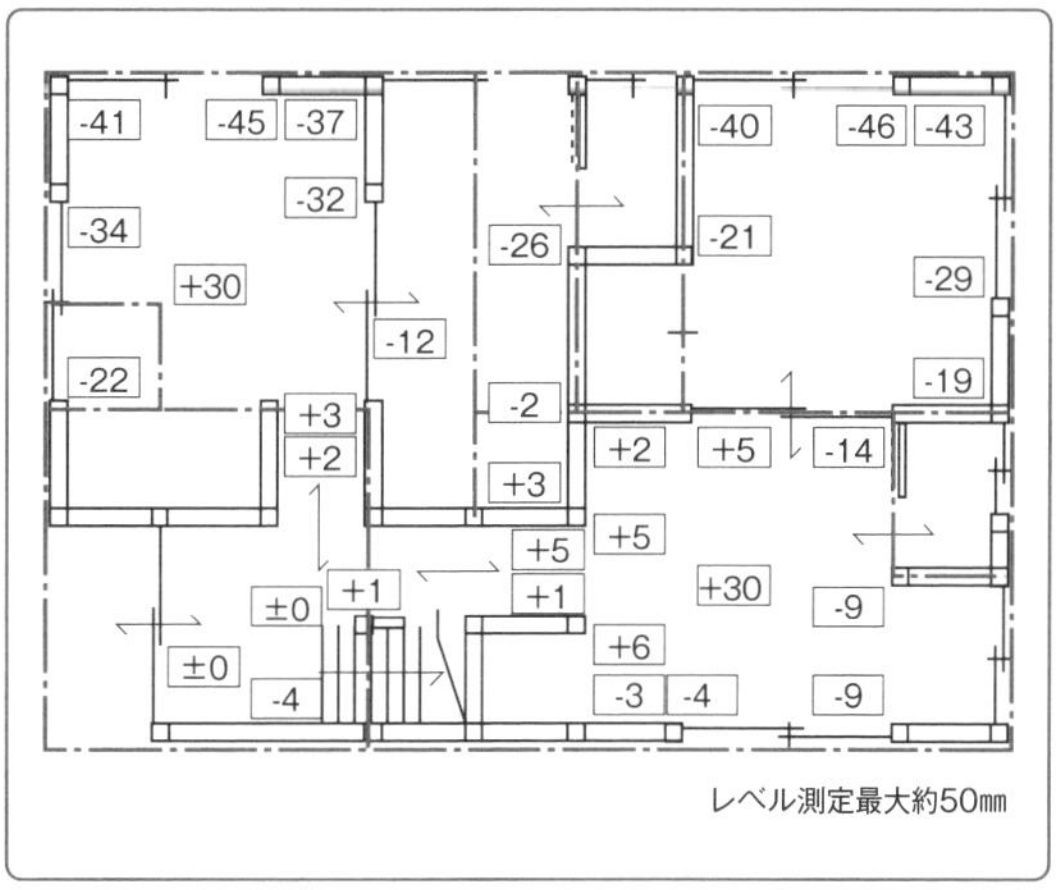

● 地盤改良の事例

● 地盤の締め固め作業

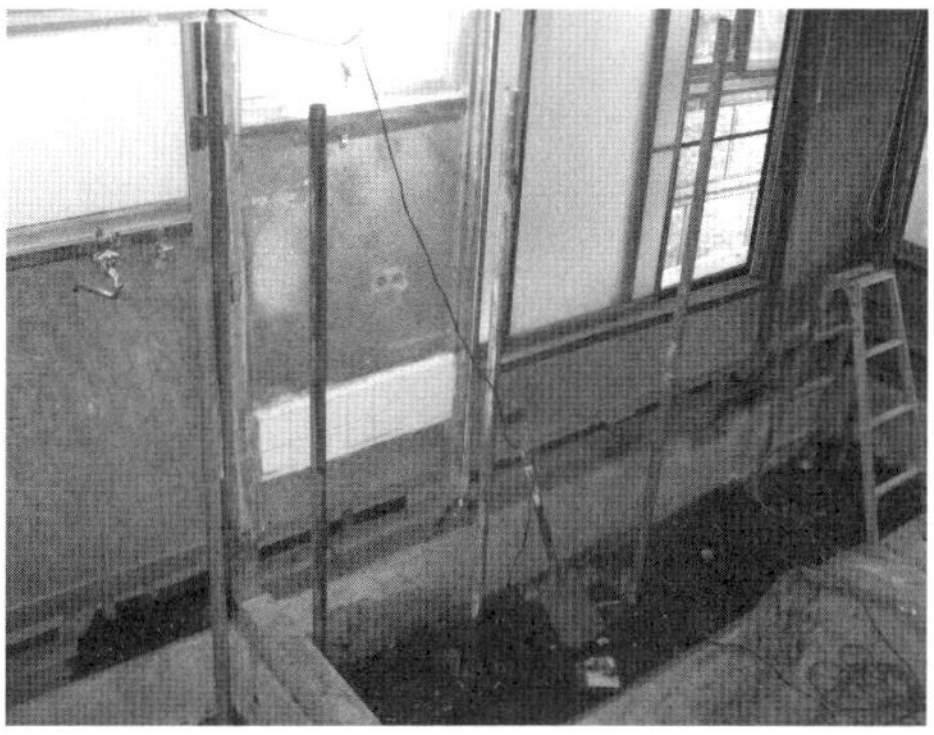

● L=3.0mパイプ打込み

● 鋼管パイプ・地業による表層の締固め

配筋工事などによる地盤、基礎の補強工事

● 基礎の補強

深くするために柱を設置

101

基礎の補強

▶既存基礎の性能を考える
▶既存アンカーボルトの施工方法
▶アンカーボルト補強と基礎の補強

▼既存の基礎

昭和30年代の木造住宅の基礎は、プラントで製造されたコンクリートではなく、現場で手練りしたコンクリートが使われていることも多い。圧縮強度試験において、手練りコンクリートの結果は良好なものでおよそFC＝1.2～1.5 kN／cm²程度である。また、昭和46年以前の基礎は鉄筋がほとんど入っておらず、基礎の連続性にも欠ける。外周布基礎＋内部独立基礎の形式も多い。このような基礎は曲げに弱い。

▼アンカーボルトの補強

アンカーボルトの根入れ深さが250㎜のはずだと思ったら、失望することになる。アンカーボルトの取り付け位置も、正しく土台の継手部や耐力壁部分などにある保障はない。鳶・土工の職人が、建物の出隅周辺からピッチ9尺におおよその見当をつけ、田植え式に埋め込んでいるのが、過去のアンカーボルトの施工慣習である。

▼アンカーボルトの補強と基礎の補強

特に手練りコンクリートの基礎は耐震性に不安が大きいため、AR金物でアンカーボルトを補強するとよい。要はあと施工アンカーを引っ張り側ではなくせん断側で利用し、なるべく既存コンクリートに負担をかけないようにするためである。

左ページの図例では、まず玄関の不連続部X2通りに基礎を補強。そして不同沈下（約40㎜）しているY0通りに基礎を補強しているが、X通り側もX0、X1、X3通りに補強を行っている。

実際、耐震補強工事で基礎の補強まで行えるケースは限られている。ほとんどは費用の問題でアンカーボルトの補強程度しかできないが、まったく例がないわけではない。筆者も伝統工法の建物の改修工事で全面的に基礎補強を行ったことがある。また、独立して耐力壁を設ける場合は、基礎補強から行っている。

基礎の補強

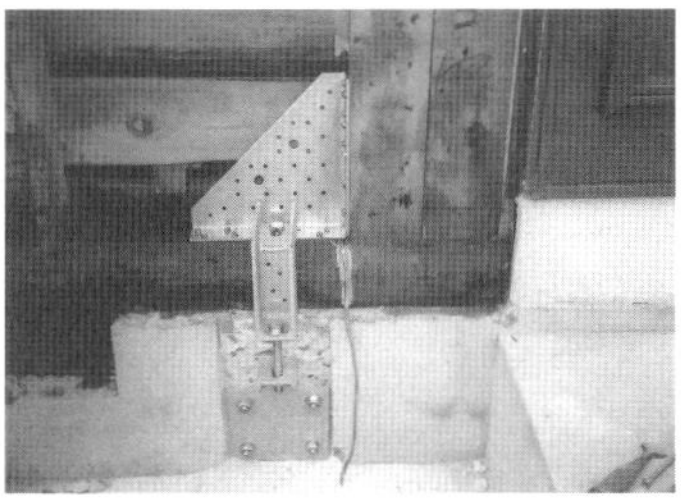

● AR金物によるアンカーボルトの補強

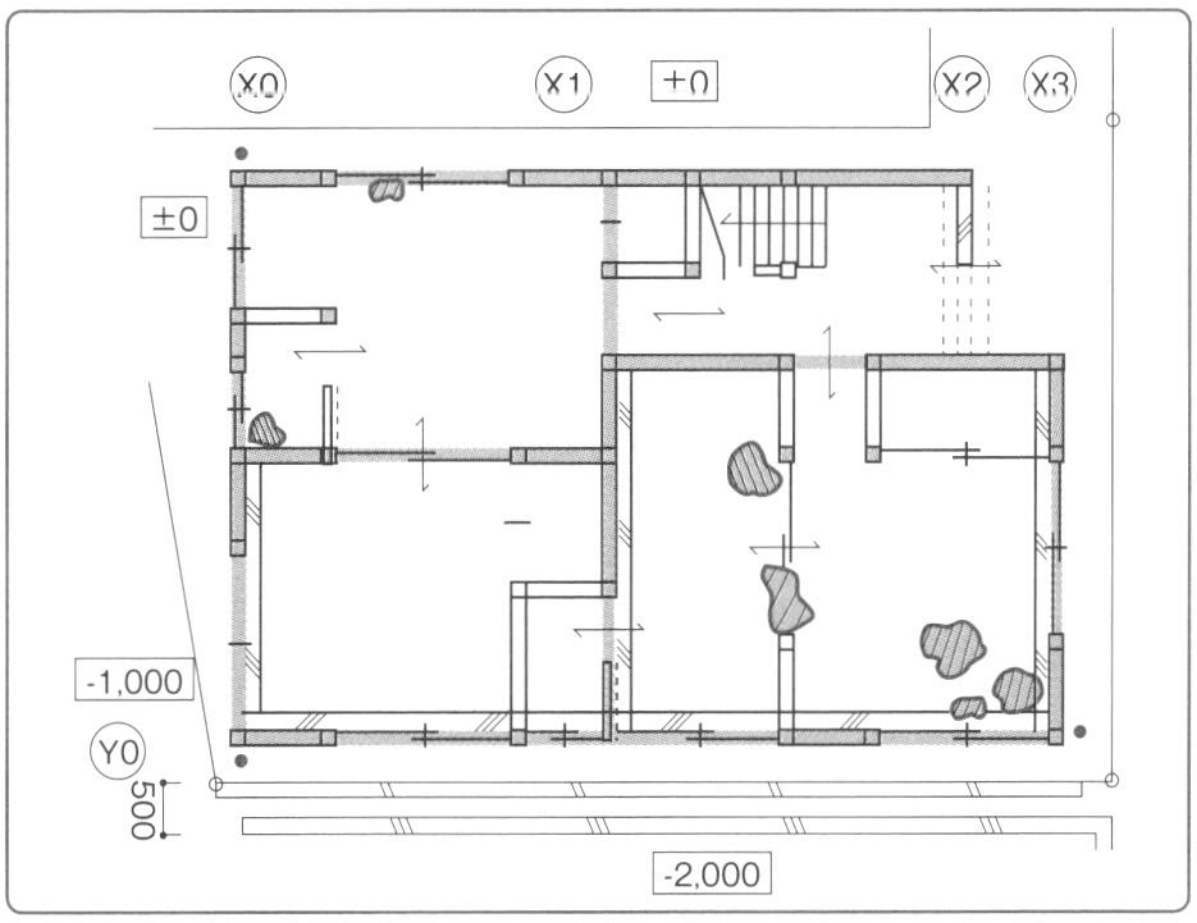

● 基礎の補強

● 引違い玄関の基礎の補強

● あと施工アンカー打ち込み

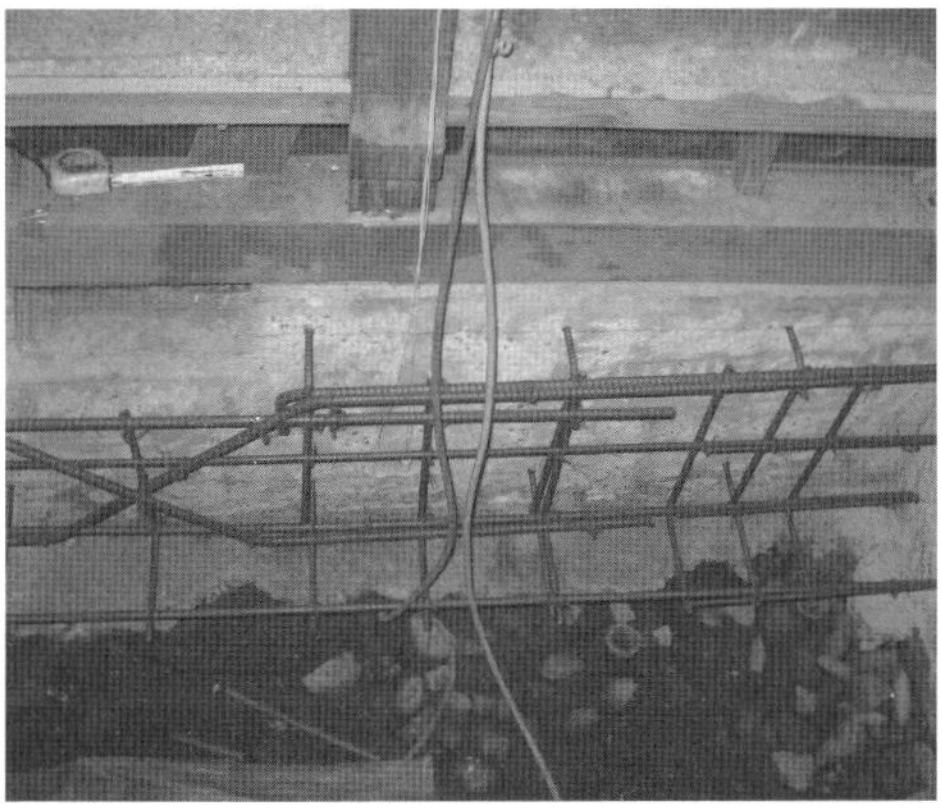

● 基礎配筋工事

● 基礎コンクリート打ち

102

耐力壁の補強

▶耐力壁の実験結果から
▶面材と筋かいが木造耐力壁の代表
▶外部からの補強と内部からの補強がある

▼耐力壁の実験

耐力壁の面内せん断試験では、壁倍率が2倍以下で土台に曲げがかかり浮き上がりが生じてしまう。したがって、これを抑えるためにはアンカーボルトが欠かせないことがわかる。

筋かいによる実験では、圧縮筋かいの場合は、座屈を抑えるために間柱にてN75−2本で留めなければならない。しかし実際には、N75−2本では弱いことがわかる。そのため、面材類により筋かいが面外破壊しないよう補強する。構造用合板の場合には、厚さ7.5㎜以上となっているが、厚さ9㎜以上の構造用合板を勧める。なぜならば、機械打ちの場合、まったくめり込みなしで釘を打つことは困難だからである。

▼面材と筋かい

耐力壁には面材、筋かい、曲げ抵抗型の貫工法などがある。一般に利用されているのが面材と筋かいによる耐力壁である。耐力壁の構成は内壁、軸内（筋かい、ブレース）、外壁とに分けることができる。すなわち壁の強さを足し算してよいが、最大の壁の強さを壁倍率5.0以内としなければならない。

また、耐力壁の面内の仕口の剛性に注意し、土台の浮き上がりもないように基礎の補強、アンカーボルトの補強も忘れてはならない。

▼外部からの補強と内部からの補強

補強方法には、耐力壁を外壁側から施工することと内部の室内側から行うことが考えられる。通常、耐震補強工事では施主が居住していることが多い。したがって、原則的には外部からの方が好ましいと思うが、スペースの問題で外部からできないこともある。

平成9年に（株）竹中工務店、工学院大学宮澤研究室と共同で川崎型補強「内壁側からの耐力壁の補強の方法」として発表した。天井や壁を壊さずに補強する方法である。ML金物とブレースを使用することで可能になる。

耐力壁の補強

● 面内せん断試験

筋かいの実験

構造用合板の実験

● 外壁側からの耐力壁の補強

● 室内側からの耐力壁の補強

● 基礎の補強、土台、柱脚、仕口、アンカーボルト耐力壁（ML＋構造用合板）

● 土台、柱脚、筋かい端部の補強

103

接合部の補強

▶アンカーボルトの補強方法
▶継手部の補強方法を考える
▶仕口部の補強が必須条件

▼アンカーボルトの補強

木造住宅の既存建物において、アンカーボルトの施工は問題が多い部分である。アンカーボルトの役割は基礎と土台を固定する大事な接合部分の1つである。アンカーボルトは基礎の上に据えた土台の両端を接合する。間隔は3m以内、高倍率の耐力壁内、大開口部の柱の廻りに取り付ける。

またアンカーボルトはコンクリートの中に250㎜以上の呑み込みが必要になるが、この規定はあまり守られていない。したがって、アンカーボルトの補強にはＡＲ金物（筆者の開発金物）、ホールアンカー（オールアンカー、ケミカル）などが考えられるが、補強時には基礎コンクリートの圧縮強度などの試験を行うことを望む。

▼継手部の補強

継手とは構造部材を直線的に継ぐ場合を言う。木造住宅は4m程度の木材を継ぎ構成されている。横架材、例えば、土台、胴差し、桁、母屋などの部材の場合には継手が必要になる。

木造住宅の場合、縦方向は柱であるが、継手をなくすため通し柱がある。1階、2階にある柱は管柱という。1階、2階を引き寄せ金物で継ぐ。また、横架材の継手は腰掛け蟻継ぎ、鎌継ぎである。金輪、追掛大栓などの接合強度の高い継手法もあったが、最近はほとんど使われてはいない。しかし接合部は弱く、引っ張った場合は継手部で壊れる。したがって、金物などによる補強が必要になる。

▼仕口部の補強

木造住宅の仕口部は継手部より多くなる。土台と柱、胴差し、桁と柱、横架材間の仕口、筋かいの接合、火打ち梁の接合と、1軒の木造住宅でも多くの仕口部分がある。したがって、その仕口部分にあった強度と接合方法が望まれる。木造住宅の強度には、これらの接合部の強度が必要条件となる。

接合部の補強

● AR金物＋ML金物にての補強

● 引き寄せ金物による補強

● ML金物による仕口補強・1、2階の接合部の補強

● 1、2階の増築物の接合部の補強

● 梁の継手、仕口の補強・横架材と柱の補強

● ホールダウン金物による補強（柱の引抜け防止用）

● ホールアンカー（ケミカルアンカー）によるアンカーボルトの補強（土台の押え用）

104

水平構面の補強

▶水平構面の重要性を検証する
▶２階床の上から行う水平構面の補強
▶１階天井から行う水平構面の補強

▼水平構面の考え方

水平構面は壁と同じように考えればよい。床倍率1.0（変形角は１／150ラジアンと考える）は１ｍあたり１・96 kNの強度を有する。

例えば、吹き抜けを考えた場合、箱にふたがない場合と同じように、横から力を加えれば箱は簡単に歪んでしまう。しかし床を強くすることにより変形が小さくなる。

また２階の床の場合には、１階、２階の耐力壁の位置にずれがあっても、床剛性が高ければ床面が力の伝達を行う。したがって、床の力の伝達力は大きくなる。品確法などで示されている床倍率は0.1〜3.0倍である。

▼２階床の上からの補強

床剛性を高める場合は２階床からの方が望ましい。

左ページの写真のように、横架材の仕口を固め、ブレースを張る。根太は天端を揃え、構造用合板の継手部に受け材を入れ、構造用合板を千鳥状に張る。その他、床材の種類を変える根太レスなどの方法もあるので、状況により検討をすればよい。

▼１階天井から行う補強

床構面の補強を１階の天井から行う場合には、手段が限られてしまう。しかし１階の天井を張り替えるリフォームに合わせて行うなど、比較的簡易にできる利点がある。

補強方法はブレースなどによる補強の場合には、引張り時にしか利かない方法であることから、タスキに使用しても片側の強度で考えることになる。また梁の補強などを行わなければならない場合もある。この場合には１階の天井から施工をすることになるが、梁などの横架材の仕口にも注意が必要である。

震災地ではよく見かける施工例であるが、羽子板金物が入っていない場合には大入れ部分が外れる場合がある。

水平構面の補強

● 横架材の仕口を固めブレースを取り付ける

● 根太の高さをそろえる

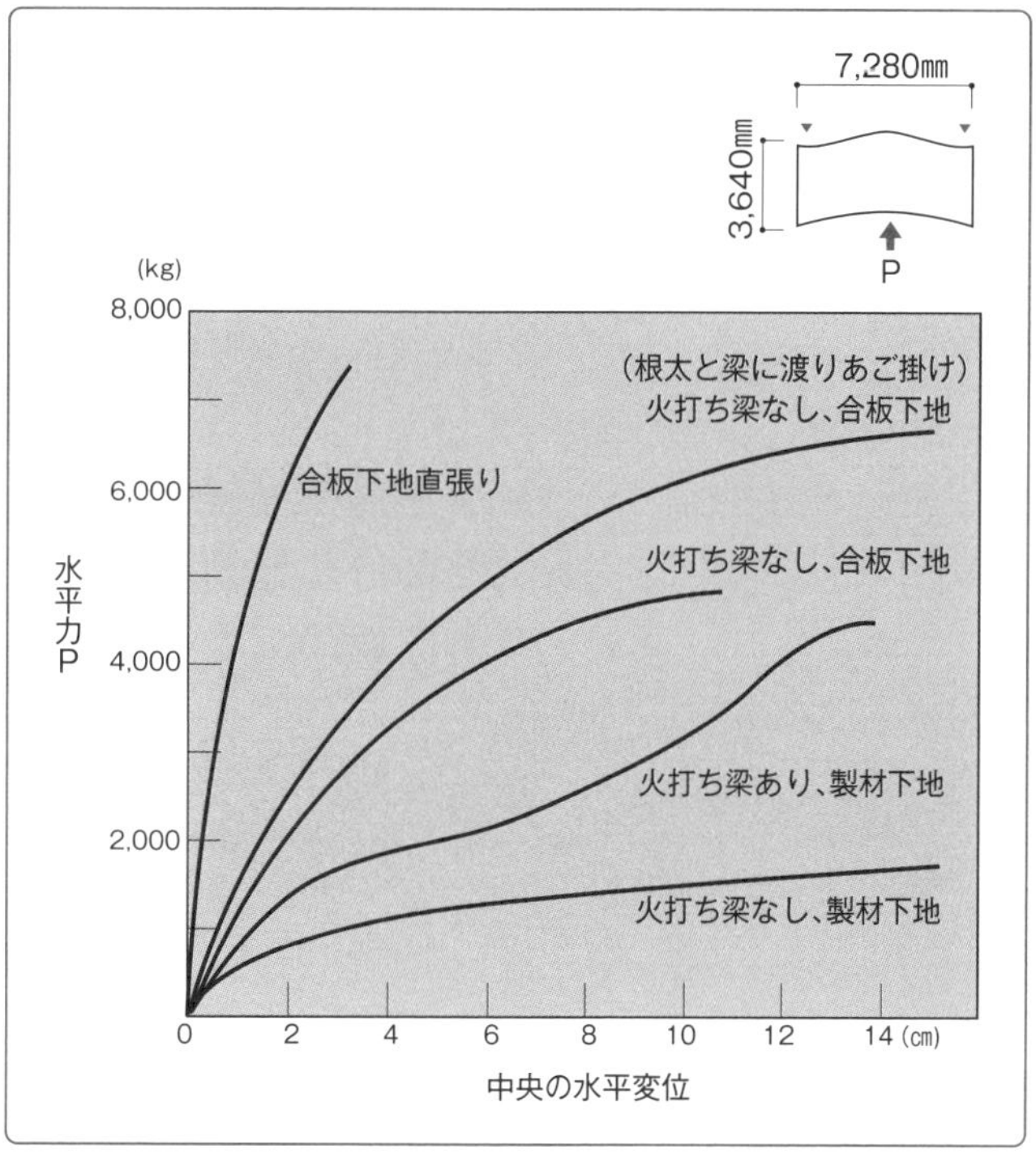

● 各種床構面の水平力と水平変位

出典：『現在木造住宅の耐震・耐火度判定および補強工法に関する研究』（平嶋義彦・金谷紀行・畑山靖男・神谷文夫／昭和55年度科学技術庁特調費）

● ブレースの上構造用合板を張る

● 1階天井からブレースを取り付ける

● 構造用合板を千鳥状に張る

● 1階天井からの補強の例、2階の天井から屋根面の補強も同じように可能である

105

梁の補強

▶２階床梁を補強する理由
▶劣化部分と断面不足の補強例
▶鉄骨梁による補強例

▼２階床梁の補強

梁には大梁、小梁がある。基本的には柱と柱をかける梁が大梁、大梁の間に入れる梁を小梁という。その他に、あまり好ましくはないが、はねだし梁などもある。

補強が必要な梁は、劣化の激しい梁、断面が小さい梁などであるが、中には必要な場所に梁が入っていないなどということもある。何らかの問題で２階床組みに問題がある場合は、２階床が下がる、ドアが開かなくなるなどの問題を生じる。したがって、劣化の激しい梁の取り替え、または断面不足の場合には梁の補強、梁の新設などの補強を行わなければならない。

▼劣化部分と断面不足の補強

左ページの１番上の写真は京都の建物で関西間の８畳和室である。見てのとおり断面が小さく生物劣化による断面の欠損も生じており、歩くと床が沈むような状態であったことから、２階の床梁を入れ替えた。２段目の写真の梁も生物劣化が激しく２階はオーバーハングしていた。劣化していたのはオーバーハングしていた跳ね出し梁である。部材断面も小さく２階床端部は下がっていたことから、右の写真のように梁を新設した。３段目の写真は梁の断面不足、２階の間仕切り下部に梁がなく、梁の補強および梁の新設を行った。

▼鉄骨梁による補強

店舗の場合は間口方向に壁が取りにくく、２階床梁の補強だけでなく、壁量不足から水平耐力が不足する。

一番下の写真は、梁の補強だけでなく水平耐力の向上も検討しなければならず、H形鋼とコラムによりラーメン化を図った写真である。

店舗の正面および写真の位置を含め３カ所に設置した。店舗の一番奥は壁もあることから、耐力壁を木質で行った。鉄骨部の壁倍率は１カ所5.0倍と算定した。

梁の補強

● 旧床組（断面が小さい）

● 床組の掛け替え

● はね出し梁の腐朽

● はね出し梁の掛け替え

● 既存梁の補強

● 梁の新設

● 鉄骨梁の新設

● 柱脚部と地中梁

106

屋根・外壁の改修と補強

▶屋根と外壁の役割を考える
▶屋根の改修工事と劣化対策
▶外壁の改修は耐震補強工事にしなければならない

▼屋根と外壁の役割

屋根と外壁は、風雨、台風、地震などの自然災害との接触点であるとともに、構造的にも屋根、下屋は鉛直荷重を受け水平構面を担っている。

また、外壁は風圧力や地震力などの水平力に抵抗するため、水平耐力の役割をする。外周壁はその構造上の重要な役割を担わなければならない。水平力に対する算定は壁量計算で行われている。屋根も床と同じように水平構面の検討が行われている。

▼屋根の改修工事

屋根は、風雨、太陽光などの自然の過酷な威力に最もさらされる部分である。したがって、建物の中で最も劣化が生じやすく、メンテナンスに配慮が必要とされる。

左ページの上の写真は、既存建物の劣化状況を撮影したものであるが、彩色石綿板の屋根の劣化のみならず、野地板として使用されているコンパネも劣化が進んでいる。原因は、屋根勾配の不足、結露などによるものと推測する。雨漏りと換気に注意しなければならず、屋根材はシングル葺きに変更した。

▼外壁の改修工事と耐震補強工事

外壁は、屋根と同じように風雨にさらされる部分であり、雨漏りという面では屋根よりも多く、雨漏り対策も十分な配慮が望まれる。

建築基準法の変遷の問題もあり、水平耐力の不足の木造住宅が多く存在し、そのため耐震診断、耐震補強が行われている。したがって、壁の検討を中心に耐震性能の判定を行っている。

外壁の改修工事は、そのような意味では耐震補強工事の絶好のチャンスといえる。

左ページ下段の4枚の写真が実例である。構造用合板を下地に耐力壁の補強をしている。また、耐力壁の増設を行い、サイディング張りとしている。

屋根と外壁の改修

屋根材の劣化

野地板の劣化

野地板の張り替え

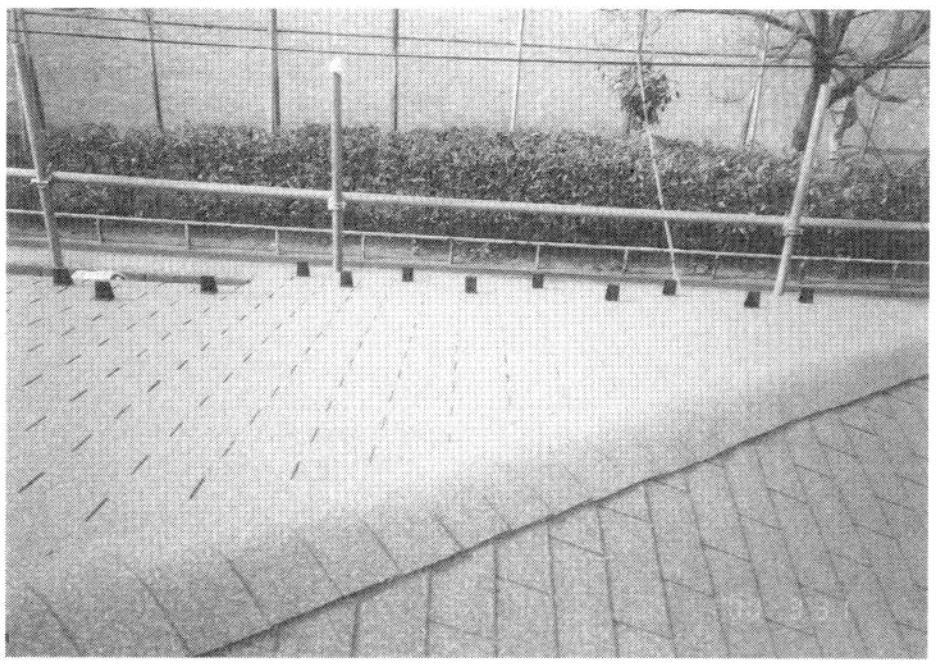

シングル葺

既存板壁:独立性

外壁サイディング張り

外壁構造の合板張り

外壁サイディング張り

107

足元補強

▶足元補強の目的
▶劣化対策は耐震補強を優先する
▶木造軸組構法の問題点

▼足元補強

足元補強という用語を初めて耳にする方もいると思う。木造軸組構法で一番問題が多いのが、外周壁の足元（柱脚）である。費用をかけずにいかに効果的な補強を行えばよいか、筆者が検討した結果が、足元の補強である。

基本的考え方は劣化対策、柱脚部分の接合部の補強、腰壁による耐力壁の補強である。腰壁は性能規定において、高さ360㎜以上、幅900㎜以上2m以内で、両側に耐力壁または準耐力壁があるものと定められている。

したがって、この定めに適合する腰壁部分は壁の補強にもなるということである。参考までに、筆者が行った実験では1mあたり0・36倍の壁倍率が認められた。

▼劣化対策と耐震補強

劣化対策を優先するというのは筆者の意見である。診断法では評点を最大で0.7と低減している。しかし、劣化は評点ではなかなか表現しにくく、構造的にあまり影響のない劣化もあれば、外周壁や鉛直荷重を受けている梁や柱などの場合には評点で表すことは難しい。特に外周壁の壁は劣化が生じやすく、また耐力壁線そのものである。したがって、補強の前に劣化を確認すべきである。特に外壁足元は湿気も受け、最も劣化の生じやすい場所といえる。

▼木造軸組構法の問題点

木造軸組構法の場合は、基礎の上に土台を敷きアンカーボルトで土台を抑える。土台の上に柱を載せ軸組を組み上げていく。そして地震力に対抗すべく筋かいを取り付ける。

しかし最近まで、アンカーボルトは田植え式に埋め込まれており、コンクリートの強度もままならず、アンカーボルトの根入れ250㎜もあまり守られてきたとは言えず、土台の継手、耐力壁の部位などにアンカーボルトの不足が目立つ。

足元補強

● 柱脚部の劣化

● 柱脚部の劣化

● ヒバ油の塗布

● 劣化部分の取り替え、ヒバ油の塗布

● 柱脚、筋かい端部の金物取り付け

● 土台、柱の取り替え、アンカーボルトの補強

● 構造用合板による足固め

● 既存外壁に合わせて仕上げする

108 耐震補強の見積り方法

▶業種別見積りの長所と短所
▶部位別見積りの長所と短所
▶耐震補強の見積り

▼業種別見積り

新築工事を中心に大規模リフォームなどにおいて使われている見積り方法である。この業種別見積りは体系化されており、各業種に応じて歩掛り的な見方も可能であり、見積りを全体的にチェックすることも行いやすい。また、競争入札方式の場合に比較しやすく、今まで一般的に使われてきた見積り方法である。欠点としては、変更工事が生じた時に見積りの部分訂正ができず、全体的な訂正が必要になることである。

▼部位別見積り

リフォームの場合に多く利用される見積り方法である。もちろん新築でも可能だが、大規模工事では煩雑となり、体系的に見るには適さない。業種別でも部位別においても、拾いは部位別に拾い出すものである（仮設、躯体関係は業種別が多い）。それを集計する。変更があった時にも簡易に行えるが、比較しにくく、競争入札には適さない

▼耐震補強の見積り

見積書の目的は、予算を立て、建築工事を計画的に行うことである。では耐震補強ではどのような見積り方式が望ましいのか。まず新築と異なるのは正確な図面が書けず予想計画図にとどまる点である。したがって、詳細見積りは変更工事の原因をつくってしまう。本来、計画的に行うには図面を書いてから見積りを行うものである。

しかし耐震補強は、予想は困難であり、詳細見積りを望めば変更が生じ、煩雑になる。工事の中断と見直し作業が発生する。そしてその間、職人の費用、中間検査、変更作業など、無駄な時間、費用を費やすことになる。追加変更の費用の問題が生じ、意識も時間も変更費用の問題に向いてしまう。したがって、補強工事の場合は、壁などの補強仕様を決め、見積りも補強仕様に基づく詳細見積りとはせず、仕様に基づく見積りが現実的である。

1
2
3
4
5
6
7
8

耐震補強の見積り

業種別見積り

業種別見積りの進め方　部位別の拾い→業種別に分類する。

1. 準備工事
2. 共通仮設工事
3. 建築工事
4. 電気設備工事
5. 給排水衛生的設備工事　他

⋮

- 長所　体系的に見られる。比較が容易。
- 短所　変更が生じた場合は煩雑。

例）和室→洋室への変更（変更に関わる業種：木工事、内装工事、基礎工事、左官工事、電気工事、塗装工事、たたみ工事　等）

部位別見積り

部位別に見積りの拾いを行う（ただし、躯体工事、給排水工事、電気工事などは業種別が望ましい）。

1. 外壁工事（全体または東・西・南・北ごとに行う）。
2. 各室ごとに拾いを行い、見積書を作成する。

- 長所　変更が出たときにも訂正が簡易。
- 短所　比較が難しい。大規模工事では難しい。主に小規模工事が対象。

耐震補強の見積り

耐震補強工事では、業種別、部位別で行うことには無理があることから、補強内容を整理し、補強場所と補強内容を明確にした補強方法が望ましい。

1. 外部からの耐力壁の補強。
2. 内部からの耐力壁の補強。
3. 水平剛面の補強。

- 長所　補強箇所が明確であり、積算も簡易。補強内容が明確。
- 短所　補強仕様書の作成が必要。一般的な認知不足なので説明も必要。

109

柱の引き抜けと曲げ破壊

▶柱の引き抜けが倒壊につながる
▶柱の曲げ破壊は倒壊のおそれがある

▼柱の引き抜け

阪神淡路大震災から議論されるようになった木造住宅の被害に、柱の引き抜けがある。柱が土台から上方に引き抜けてしまうことである。

昭和25年に建築基準法が制定され、この頃から、旧公庫仕様書では、柱はかすがいにより留めるとされた。しかし、旧公庫仕様の建物に限られ、一般の木造住宅には特に明確な規定が示されず、旧公庫仕様の場合にはかすがいを留め、それ以外の場合には短ホゾ差しまたは斜め釘打ちなどという慣習がいつの間にかできてしまった。もちろん、それだけではなく、長ホゾ差しの上込み栓などの加工が行われていた現場もあったのは言うまでもない。

左ページの写真左上は、柱が引き抜け破壊してしまった木造住宅の例である。写真からもわかるように柱の接合は見当たらない。筆者などの実験でも、壁倍率1～1.5倍程度で柱の引き抜けが生じる。

2段目の写真は、既存の基礎にML金物＋AR金物で柱脚接合している。3段目の写真は、既存基礎に鉄筋コンクリートの基礎で補強し、ホールダウン金物で柱脚を接合補強している。もちろん、このように基礎から補強することが一番望ましいが、既存建物の補強工事において基礎から補強できるケースは極めて少ない。

▼柱の曲げ破壊

柱の曲げ破壊とは、柱に横架材（内法材を含む）が柱を横から押すことで、柱に曲げの力が働き柱が折れてしまう被害を言う。1段目右の写真が曲げ破壊による被害である。通し柱なども胴差しにより曲げ破壊している様子が震災地で見かける。これは特に壁がなくなった隅柱に被害が生じやすい。また、開口部の垂れ壁、腰壁などが構造用面材で固められた時に、窓台などの材によって柱に曲げ破壊が生じる。

基礎と土台・柱脚接合と曲げ破壊

● 柱の引き抜け
柱脚の接合は見られない

● 柱の曲げ破壊

● ML金物＋ブレース＋AR金物

● AR金物による柱脚接合

● ホールダウン金物+ML金物＋ブレース

● ホールダウン金物による柱脚接合

● ML金物＋ブレスで柱の曲げ破壊を抑える

● ML金物＋ブレースにより柱の曲げ破壊を防ぐ

110

屋根裏換気

▶換気対策の目的
▶意外と薄い小屋裏換気の認識

▼換気対策の目的

換気対策は、床下においても小屋裏においても目的は同じである。換気を行う、すなわち吸気を取り入れ、排気する。そして床下にあるような湿った空気は通気することで乾かし、壁内も通気し結露が生じないようにする。

また屋根外部からの熱も受けることから、熱い空気は換気し外部に放出する必要がある。換気とは空気の循環をつくることである。これはもちろん床下、壁内、小屋裏に限ったことではなく、室内においても同じことが言える。

筆者も木造軸組構造の3階建ての住宅に住み、1年間を通して、温湿度計を外部と内部の各室に設置して調べてみた。1階の内装材は、床と腰壁がスギ板、壁が火山性ガラス質複層板下地の通気性クロス貼り、天井が石膏ボード下地の通気性クロス貼りである。2階に水廻りがまとまってあり、湿気対策を意識して調湿材を使用した。

結論は、湿度5%程度の差で体感温度1度程度の違いが感じられた。湿度を抑えた寒さと湿度の高い寒さの違いがある。湿度が高くなれば体感温度は冷え込む。したがって、換気対策や断熱対策はエコ対策にもなる。

▼意外と薄い小屋裏換気の認識

調査に行き意外な感じがするのは、床下換気は意識されても小屋裏換気の意識が薄いことである。小屋裏換気の取り方は、左ページの図のように、軒天から吸気し棟で排気することが効果的である。筆者は診断の一環として行っているが、小屋裏換気がない家が多いこと、またあっても吸気、排気の意識が明らかに考えられていない家が多いことである。小屋裏換気がまったくない家もある。上段の写真の例でも小屋裏に小さな軒天（ほとんど機能していない）と通気口がある程度で、小屋裏の木桟にはぬめりが生じていた。下段の写真は棟換気を取り付けた例である。

屋根裏換気の取り方

小屋裏の湿気

軒がなく有効な軒天換気口が取れていない

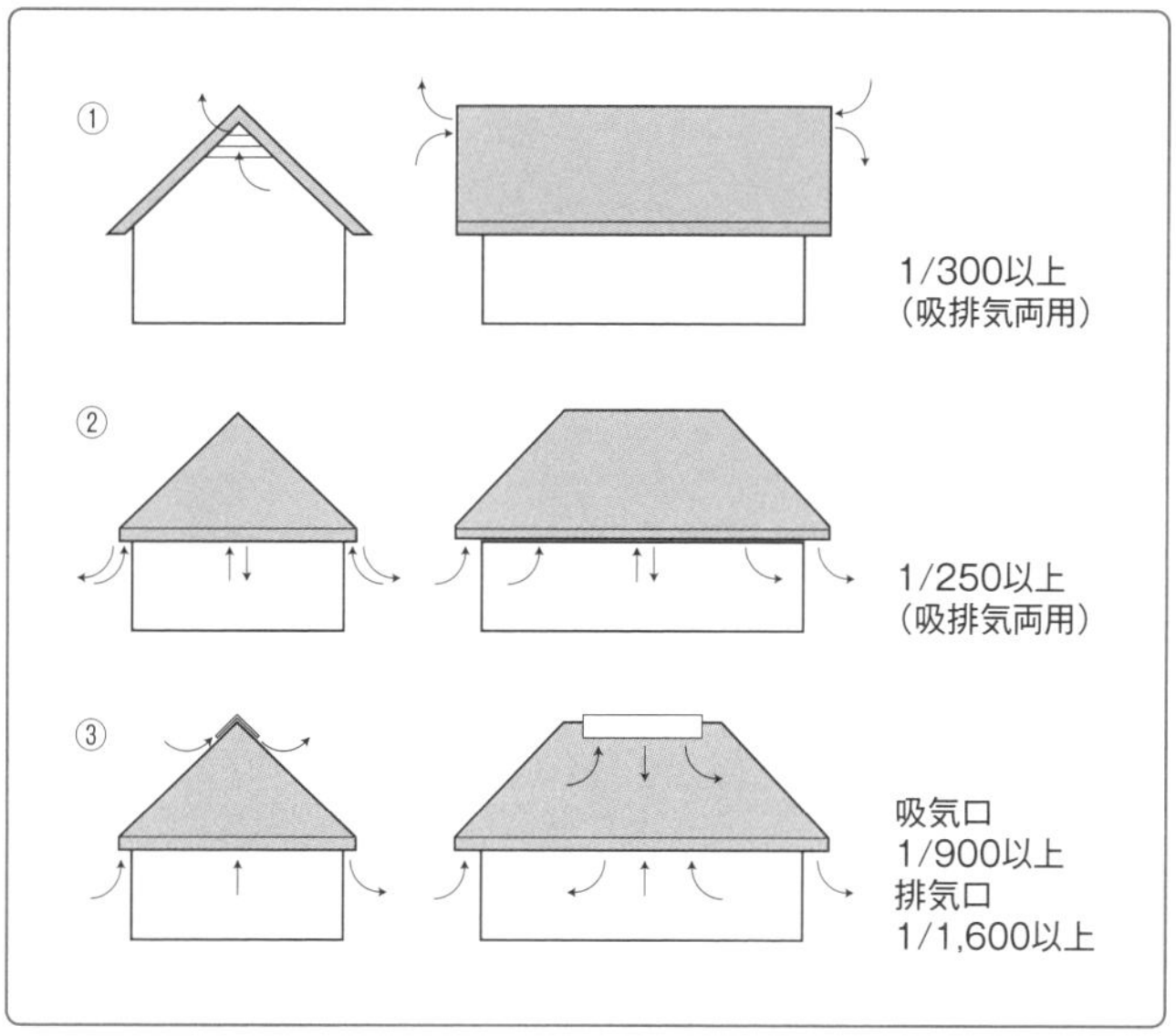

小屋裏換気口の取り方例

換気口面積は天井部分の面積に対して算出

出典:『木造住宅工事仕様書』(住宅金融普及協会)

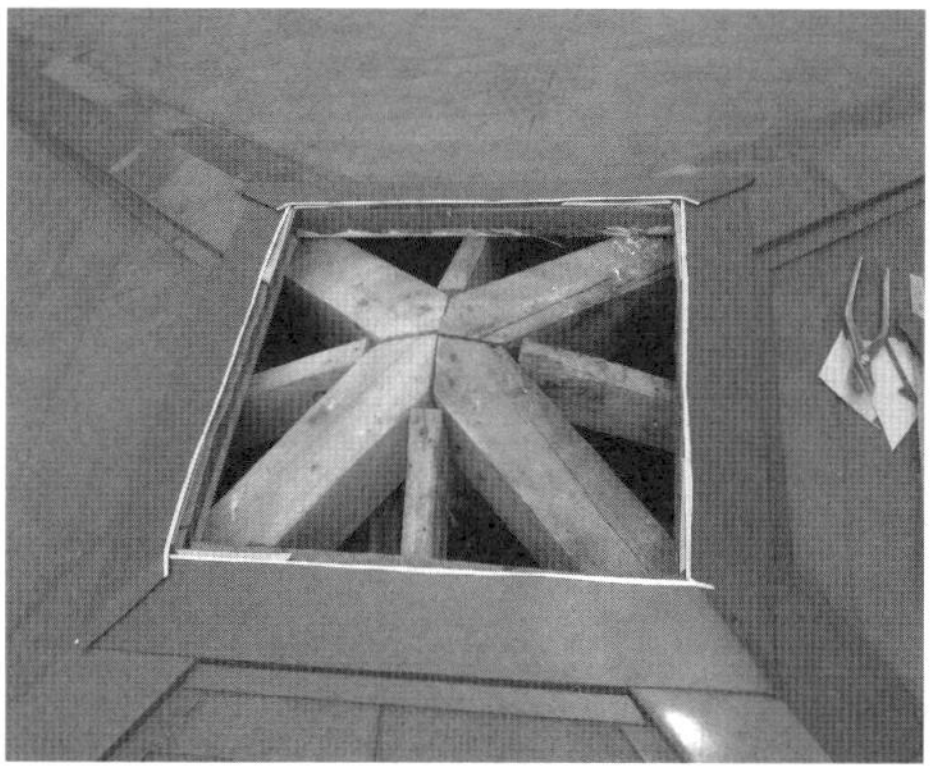

棟換気の排気口

棟換気の取り付け

軒天換気の取り付け

外観写真

おわりに

東日本大震災から10年以上が過ぎた。マグニチュード9.0という観測史上最大のエネルギーは、地震のみならず津波を伴って東日本を襲った。その被害は、多くの死者・行方不明者を生むことになった。また、発生から10年以上経った今日でも、原発被害の終息は見えていない。余震も続いている。

地震国である日本は、今後も首都直下地震、東南海・南海地震などの発生が差し迫っている。木造住宅の耐震化を始め、防災対策を進めていかなければならない。

震災地の調査に行っていつも感じるのは、まだまだ住宅の耐震補強はおろか、適切なリフォームすら行われていない木造住宅が多いということである。適格な耐震補強が行われていれば、ずいぶんと違った結果になっていただろうと思われる。

本書では耐震診断を中心に話をしてきた。第8章では「構造リフォーム」についても少し触れさせてもらった。筆者の想いは、木造住宅の「構造リフォーム」の進展にある。耐震補強はリフォームの一環として考えている。そして、耐震診断は既存建物の調査の一環であり、調査の目的は耐震診断のみならず、「この家で何が一番問題なのか」という視点で調査をすることである。

調査費用が無駄という声も耳にすることがあるが、リフォームとは人の体でいえば手術をすることである。検査もせずに手術をするということは考えられないと思うが、木造住宅のリフォームも同じである。調査もしないでいきなりリフォームをするという乱暴な方法を今後は慎まなければならないと思う。

既存建物の耐震診断とは、調査することで無駄な工事を避け、適格な「構造リフォーム」につなげることが目的である。

（保坂貴司）

保坂貴司（ほさか　たかし）

1948年東京都生まれ。工学院大学専修学校卒業。1974年（有）匠建築設立。現在、（株）匠建築　代表取締役、既存建物耐震補強研究会代表。
主な著書に『木造用構造調査解説書』（私家版）、『強い家づくり』『地震に強い家に住みたい』（ともに暮らしの手帖社）、『耐震診断』『耐震補強』（ともに日経BP社）、『住宅が危ない！シリーズ 1「釘」が危ない』（エクスナレッジ）など

編集・制作　中央編集舎／Tezuka Design Office／A&W Design
カバー・表紙デザイン　秋山伸＋刈谷悠三／schtücco

〈参考文献〉

『木造住宅の耐震診断と補強方法』（日本建築防災協会）
『木造住宅の耐震精密診断と補強方法』（日本建築防災協会）
『小規模建物基礎設計指針』（日本建築学会）
『小規模建物基礎設計の手引き』（日本建築学会）
『建築材料用教材（日本建築学会）
『木造住宅工事仕様書』（住宅金融普及協会）
『木材工業ハンドブック改訂第３版』（森林総合研究所／丸善）
『木造住宅設計・施工のＱ＆Ａ』（日本住宅・木材技術センター／丸善）
『軸組工法用金物規格』（日本住宅・木材技術センター）
『木造住宅のための住宅性能表示』（日本住宅・木材技術センター）
『地盤改良工法』（平岡成明／山海堂）
『平成７年 阪神淡路大地震 木造住宅等震災調査報告書』（木造住宅等震災調査委員会）
『土のはなし（Ⅰ～Ⅲ）』（地盤工学会／技報堂出版）
『木材の耐久性』（十代田三郎／資料社）
『強い家づくり』（保坂貴司／暮らしの手帖社）
『耐震診断』（保坂貴司／日経ＢＰ社）
『耐震補強』（保坂貴司／日経ＢＰ社）
『住宅が危ないシリーズ 1「釘」が危ない』（保坂貴司／エクスナレッジ）
『世界で一番やさしい 木構造』（山辺豊彦／エクスナレッジ）
『木造住宅 耐震診断・改修コンプリートガイド』（木村惇一・田原賢／エクスナレッジ）
『建築知識 2006年1月号』（エクスナレッジ）

世界で一番やさしい　木造耐震診断
最新改訂版

2021年10月25日　初版第1刷発行

著　者　　保坂貴司
発行者　　澤井聖一
発行所　　株式会社エクスナレッジ
〒106-0032
東京都港区六本木7-2-26
https://www.xknowledge.co.jp/

問合せ先
編集　TEL：03-3403-1381 ／ FAX：03-3403-1345
MAIL：info@xknowledge.co.jp
販売　TEL：03-3403-1321 ／ FAX：03-3403-1829